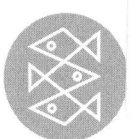

Ludwig Börne

Das große Lesebuch

Herausgegeben von
Inge Rippmann

Fischer Taschenbuch Verlag

Für Peter

Originalausgabe

Veröffentlicht im Fischer Taschenbuch Verlag,
einem Unternehmen der S. Fischer Verlag GmbH,
Frankfurt am Main, Februar 2012

© S. Fischer Verlag GmbH, Frankfurt am Main 2012

Satz: Dörlemann Satz, Lemförde
Druck und Bindung: CPI – Clausen & Bosse, Leck
Printed in Germany

ISBN 978-3-596-90377-1

Unsere Adressen im Internet:
www.fischerverlage.de
www.fischer-klassik.de

Inhalt

Einleitung 7

»Theuerster Vater«
Börne im Generationenkonflikt 15

»Die bekannte Freyheitsgöttinn«
Börne und seine Muse 39

»wie gebannt in diesem magischen Judenkreise«
Börne, Anwalt und Kritiker der Juden 57

»Ich will ein Deutscher bleiben«
Börne, kritischer Patriot 81

»Mein Urteil ... eine Art Kriegsgericht«
Börne, Literatur- und Theaterkritiker 103

»Die öffentliche Meinung ... eine Volksbewaffnung«
Börne, Vorkämpfer für die Pressefreiheit 149

»Herings-Salat«
Börne, der Satiriker 165

»Freiheit geht nur aus Anarchie hervor«
Börne, radikaler Demokrat 209

»*Paris ist ein Strudel*«
Börne, der Flaneur 219

»*Uns Deutschen ist der ›Juan‹ wie das Vaterunser*«
Börne, der Musikfreund 235

»*aimer Dieu et Lisette*«
Börnes Europavision 247

»*Ihn tadeln, heißt ihn achten*«
Börne, der Goethe-Gegner 253

»*Die Zeit läuft wie ein Reh vor uns her*«
Börne, der Zeitgeschichtsschreiber 271

»*gemeinschaftliche Feinde
und gemeinschaftliche Gefahren*«
Börne, Freund und Feind Heinrich Heines 293

»*das Schicksal will unsere Freundschaft
auf die Probe stellen*«
Börne und seine Verleger 305

Daten zu Leben und Werk 323

Literaturhinweise 333

Einleitung

Mit dem im Februar 1837 in seiner Pariser Wohnung verstorbenen Ludwig Börne verstummte ein gutes Dezennium vor der Revolution von 1848 eine Stimme, die dem politischen und gesellschaftlichen Umbruch in Deutschland mit Ungeduld den Weg zu bahnen gesucht hatte. Wie der in denselben Tagen in Zürich entschlafene Büchner hatte Börne, grenzüberschreitend in jedem Sinn, gegen den Geist des Ancien Régime angekämpft, gegen Klassendenken, Machtstrukturen und Nationalarroganz. Als letztes Ziel seines Wirkens sah er die Zukunftsvision eines demokratisch strukturierten Europas befreundeter Vaterländer. Emphatisch hatte Georg Herwegh den »zwei Pfeiler[n] unsrer Kirche« nachgerufen: »Erst als den freisten Mann die Gruft empfangen, / senkt man auch Büchner in den Totenschrein. / Büchner und Börne! – Deutsche Dioskuren, / Weh, dass der Lorbeer nicht auf deutschen Fluren / für solch geweihte Häupter wachsen darf!«

Mit Börne war kein Dramatiker wie Büchner, kein Lyriker wie Heinrich Heine, kein epischer Schriftsteller wie der von ihm verehrte Jean Paul gestorben. Selbst wenn er heute in den Kanon der Literaturgeschichte aufgenommen ist, bleibt der Ruhm des Publizisten zunächst der Aktualität verpflichtet. Nach dem Scheitern der Revolution von 1848, als industrielle Entwicklung und wirtschaftliche Öffnung der Weltmächte den Kapitalismus, nationales Hegemoniestreben den Imperialismus zum Blühen brachten, verhallte das Echo des unbequemen Mahners aus der Frankfurter Judengasse. Das im Zenit des Deutschen Kaiserreichs kühne Unternehmen einer historisch-kritischen Ausgabe von Œuvre und Korrespondenz des Goethekritikers und Preußenhassers Börne durch den Goetheforscher Ludwig Geiger blieb, nicht zufällig, durch den deutsch-französischen Waffengang von 1914 auf der Strecke. Was nach dem Zweiten Weltkrieg mit Hilfe der »Vaterstädte« Düsseldorf und Hamburg für Heinrich Heine gelang, die Finanzierung von Forschung und Edition des Werks eines im »Dritten Reich« Verfemten (oder Totgeschwiegenen), blieb dem bescheideneren Nachlass Ludwig Börnes versagt. Die Geburtsstadt Frankfurt setzte andere Prioritäten. So wurde dem Exilpariser und Demokraten Börne beinahe zum zweiten Mal verwehrt, in Blickfeld und Bücherschrank des deutschen Bildungsbürgers zu gelangen. Der Privatinitiative eines kleinen Verlegers und dem Engagement der Herausgeber verdankt sich die erste vollständige, wenn auch fehlerreiche, längst vergriffene Ausgabe der Schriften und Briefe des Frankfurters. Eine Neuedition wird noch immer vermisst. Die Forschung konnte und kann sich weder auf öffentliche Förderung noch auf privates Sponsoreninteresse stützen. Es scheint, dass das Klima der Zeit der Radikalität Börne'schen Denkens bislang nicht förderlich war.

Anders hatten die Zeitgenossen auf den Weckruf Börnes reagiert: 1839, zwei Jahre nach dem Tod des Pariser Briefschreibers, erinnert sich Karl Gutzkow der Aufbruchstimmung nach der Julirevolution von 1830, als die Literatur »in fast allen ihren Richtungen die Farbe des Zeitgeistes« annahm: »Verdunkelt wurden alle diese Erfolge [junger Schriftsteller, I. R.] von Heine und Börne. An jenem Elfengeiste übte man seine poetische Anlage, an diesem Charakter stählte sich die Gesinnung. [...] Börnen war es nicht entgangen, dass unter der Episode Napoleons und der Alliierten weg sich unterirdisch das Jahr 1789 fortzog. [...] Alle seine Hoffnungen kamen mit 1830 zur schönsten Erfüllung« (*Jahrbuch der Literatur 1839*). Karl Gutzkow, einer der bedeutendsten Publizisten des 19. Jahrhunderts und Börnes erster Biograph, betonte nicht nur die unterschiedlichen Begabungen, sondern auch die verschiedenen Ausstrahlungen der beiden die Grenze des damaligen Judentums sprengenden Autoren, die zu den »Vorschwimmern« der jungen deutschen Literatur werden sollten.

Ab 1818 hatte sich Louis Baruch, jetzt Ludwig Börne, nach Taufe und Namensänderung öffentlich zu Wort gemeldet. Das angespannte Interesse des, im römischen Sinn, *rerum novarum cupidus* galt von Anbeginn, um im Bild zu bleiben, der *res publica*; entsprechend verstand er sich selbst auf der Höhe seiner Aktivität als *rerum scriptor*, als Zeitgeschichtsschreiber.

Wie einen roten Faden lässt sich das Stichwort »Freiheit« durch sein schmales, jedoch formal wie inhaltlich breit gefächertes Œuvre verfolgen: vom Triasprogramm seines ersten eigenen Periodikums (*Die Wage* [!]: *Eine Zeitschrift für Bürgerleben, Wissenschaft und Kunst*) über die stimmungsreichen Pariser Impressionen der Restaurationszeit (*Schilderungen aus Paris*), die reflexionsreiche, anarchieverdächtige Essayistik und Kritik der zwanziger Jahre bis zu den offen widerständigen, buntgewebten Nachjulibriefen aus der »Hauptstadt der Revolution«. Noch einmal ließ er das Pendel zurückschwingen in seinem letzten, im offiziell reaktionären Klima des Metternichgelenkten Deutschen Bundes kaum wahrgenommenen Journal: Seine kurzlebige *Balance* wollte auf bildungsbürgerlichem Niveau die deutsch-französische Verständigung als eine gelebte Freundschaft der Völker, nicht der Fürsten, fördern.

Zwischen zwei ausgedehnten Schweizer Reisen widmet sich Börne in den Jahren 1832 und 1834 intensiven Studien zur großen Französischen Revolution. Dieses umfangreiche, im Stadium des Fragments überlieferte Manuskript stellt ein wenig bekanntes und noch kaum aufgearbeitetes Werk von zu dieser Zeit erstaunlichen historischen Einsichten dar. Als Jakobinersympathisant versteht Börne, ähnlich wie der bedeutende französische Historiker Michelet, das Volk als den eigentlichen Helden der Revolution. Sein immer auf Zukunft gerichtetes Interesse bleibt dabei auf die Dialektik von Macht und Freiheit fokussiert, das Thema, das alle seine geschichtsphilosophischen Überlegungen grundiert.

»Ich habe keine Werke geschrieben, ich habe nur meine Feder versucht, auf diesem, auf jenem Papiere« – bekannte Börne 1829 mit kaum gespielter Bescheidenheit in der *Ankündigung* seiner *Gesammelten Schriften*. Dieses auktoriale Werkverständnis erlaubt uns im vorliegenden Lesebuch, Facetten seines Schreibens unter seinen eigenen Stichworten kaleidoskopartig in den Blick zu nehmen. Die Datierungen der vielfach aus ihrem Kontext gelösten Texte geben an, aus welcher Periode seines Schaffens sie stammen. Gleichzeitig verweisen die Daten auch auf den möglichen, nicht immer leicht erkennbaren Zusammenhang mit der Zeitgeschichte, ein für das Verständnis des Publizisten Börne wesentlicher Gesichtspunkt.

Die Reihenfolge der kleinen Kapitel ist nicht zwingend; sie kann vom Interesse des Lesers bestimmt werden. Dem assoziativen Denken Börnes entsprechend sind thematische Überschneidungen unvermeidlich. Als biographischen Zugang bietet sich der *Brief an den Vater* an. Dieses Dokument eines Generationenkonflikts zeigt bereits die dezidiert emanzipatorische, über das Persönliche hinausreichende Grundrichtung des jungen Baruch. Im Gegensatz zu dem vergleichbaren Brief Kafkas erreichte Baruchs Schreiben seinen Adressaten! Ergänzt wird dieses selten überlieferte Dokument durch die Tagebuchnotizen und Briefe an die Berliner »Ersatzmutter« Henriette Herz, Spiegel der *éducation sentimentale* eines Frühreifen, Zeugnis auch der zunehmenden Profilierung von Charakter und Selbstbewusstsein.

Bedeutender noch für sein Schreiben wurde die lebenslange Bindung an die Freundin Jeanette Wohl. Man kann die unbekannte Frankfurter Jüdin durchaus in die Reihe der zugleich geliebten wie erzieherisch wirkenden Musen à la Frau von Stein stellen; Impulsgeberin, Kritikerin und Bewunderin zugleich. Ihrer Anregung ist die Druckfassung der ursprünglich privaten *Briefe aus Paris* zu verdanken, die heute als *opus magnum* ihres Verfassers gelten.

In jedem Lebensabschnitt für Börne zentral erweist sich seine immer wieder dialektisch aufgearbeitete doppelte Identität als Jude und als Deutscher. Von ihr sind seine Bürgerrechtsstudien, sein publizistisches Eintreten für marginalisierte Gruppen, sein kritischer Patriotismus und schließlich sein integrativer Kosmopolitismus motiviert.

Mit den Literatur- und Theaterkritiken der *Wage* erregte Börne bereits um 1819/20 überregionales Interesse. Durch sein kämpferisches Eintreten für die liberalen Forderungen nach Pressefreiheit und Öffentlichkeit der Gerichtsbarkeit in der etwa gleichzeitig von ihm redigierten Tagespresse weckte er die Aufmerksamkeit der staatlichen Institutionen; die repressiven Karlsbader Beschlüsse vom Spätsommer 1819 brachten seine Medien zum Schweigen und ihn in vorübergehende Haft. Nun instrumentalisierte er zensurbedingt seine Satire zur Waffe politischer Opposition, ohne dabei ihren Unterhaltungswert zu schmälern. Sein erster größerer Erfolg in diesem Genre, die *Monographie der deutschen Postschnecke*, galt nicht nur dem Thurn- und Taxis'schen Postschlendrian: Mit seinem Spott führte er ebenso die Germanomanie der von Jahns Turnbewegung inspirierten Burschenschaft vor und geißelte gleichzeitig die Exzesse der gerade dieser geltenden »Demagogenjagd« durch die nach dem Mord an Kotzebue eingesetzte Mainzer Zentraluntersuchungskommission. Nicht minder janusköpfig ist der Panegyrikus auf die deutsche Sprache in dem der Zeitungsschelte gewidmeten Essay *Der Narr im weißen Schwan*. Anders als diese Auseinandersetzungen mit den Tendenzen des Zeitgeistes ist Börnes wohl schärfstes Pasquill, der »Häringssalat« in den *Briefen aus Paris*, personenbezogen: Dort nimmt er den verletzenden Tenor seiner Berliner Kritiker auf, um sie mit zum Teil ausuferndem Witz ad absurdum zu führen. – In seinen kritischen Rezensionen, Essays und Aphorismen verfolgte er seit den 1820er Jahren mit zunehmender Schärfe weiterhin alle Zeichen von Herrschaftsstrukturen.

Wie die meisten seiner liberalen Zeitgenossen begrüßte Börne die Julirevolution zunächst als entscheidende Zeitenwende.

Der neu gewählte Standort Paris befreite ihn inhaltlich wie stilistisch vom Zensurdruck. Von der erzwungenen Eleganz seiner Schreibart wechselte er zu einer direkten, zwischen Provokation und Pathos oszillierenden Mitteilungsform. Er tauchte ein in die Vielfalt großstädtischen Lebens, wie sie ihm Straße, Theater und Gesellschaft boten. In den Pariser Lesekabinetten öffnete sich ihm die Welt als aktuelle Zeitungslandschaft. Gleichzeitig förderte der erkenntnisstiftende Standortwechsel seine Wandlung vom konstitutionellen Monarchisten zum überzeugten, von der Degeneration der Julimonarchie enttäuschten Republikaner.

Schon während seiner ersten Pariser Zeit 1822/23 hatte er mehr als nur seinen politischen Horizont erweitert. In der Sprache auch der Gebildeten hatte sich Börne der französische Nationalcharakter offenbart, den er mit Ironie und nicht ohne chauvinistische Untertöne in den Feuilletons jener Jahre schilderte. Jetzt genoss er mit fast naiver Begeisterung des Provinzlers das Spitzenangebot der Pariser Kulturtempel; er wurde zu einem der prominentesten Zeitzeugen nicht nur des Stars des Italienischen Theaters, der überragenden Sängerin Maria Malibran, sondern auch des politisch motivierten Kulturkampfs zwischen englischem und französischem Theater.

Börnes Analyse der zeitgenössischen »Meinungskämpfe« und ihrer multipolaren Lösungsvorschläge hat nichts von ihrer Aktualität verloren, denkt man im Blick auch auf heutige europäische Randzonen an seine Frage: »Ist der Staat Zweck oder der Mensch in ihm?« Gleichzeitig verfolgte er mit kritischem Auge nicht nur den retrograden Kurs der deutschen Bundesstaaten; er ließ auch die Leser der Pariser Briefe teilhaben an seiner aktuellen Lektüre: Mit bewährt satirischer Geste holt er die Heroen der deutschen Klassik, Goethe und Schiller, von ihrem Piedestal und klagt sie der in seinen Augen unverantwortlichen Politikabstinenz an.

Im antirevolutionären, zur Herrschaft des Kapitals tendierenden Klima der jungen Julimonarchie wurde Börne vorübergehend zum Agitator der insgeheim wachsenden deutschen Arbeiterbewegung in der französischen Hauptstadt. Heinrich Heine verdankt man den Bericht von der rhetorischen Ausstrahlung des Kollegen auf die revolutionsbereiten jungen deutschen Republikaner.

Aus der politischen Aktivität wieder zurückgezogen, wendete Börne sein Interesse den historischen Wurzeln der zeitgenössischen Situation zu: Die günstige Quellenlage in den Pariser Archiven ermöglichte es ihm, den Gruppierungen und Tendenzen der Großen Revolution nachzuforschen; der Zeitgeschichtsschreiber wird für einige Zeit zum Historiker, bis der Publizist mit der Gründung der *Balance* noch einmal die Oberhand gewinnt. In einem letzten großen, kurz vor seinem Tod erschienenen Essay *Menzel der Franzosenfresser* antwortet Börne dem Chauvinisten Wolfgang Menzel mit einem souveränen Bekenntnis zu den Grundfragen seiner Lebensarbeit: Freiheit und Kosmopolitismus als Voraussetzungen für eine europäische Zukunft.

Immer wach blieb Börnes Seitenblick auf Heine, zunächst mit kollegialer Erwartung, zunehmend mit Konkurrenzgefühlen, schließlich mit feindseliger, von ihrem unterschiedlichen Revolutionsverständnis gespeister Gehässigkeit. Heines Antwort in seinem Börne-Buch von 1839 konnte der Kontrahent nicht mehr wahrnehmen.

Nicht ganz so dramatisch, wenn auch keineswegs unproblematisch gestaltete sich das Verhältnis des Autors Börne zu seinen beiden Verlegern: Cotta, dem Editor Goethes, und Campe, dem Verleger Heinrich Heines. Interessant ist der unterschiedliche Umgangsstil: Während sich der Newcomer Baruch dem grandseignoralen Unternehmer Baron Cotta noch respektvoll unterordnet, begegnen sich der arrivierte Schriftsteller und sein junger, risikobereiter Verleger Campe auf Augenhöhe, wovon der offen freundschaftliche, wenn auch nicht selten kontroverse Ton ihres Briefwechsels zeugt. In diesem Stilwechsel zeigt sich bereits ein gesellschaftliches Gefälle vom Nachhall des Ancien Régime zu einer modernen Medienkultur.

Im beschränkten Umfang eines Lesebuchs kann ein Autor vom noch immer geringen Bekanntheitsgrad Ludwig Börnes kaum umfassend zu Worte kommen. Einige wesentliche in diesem Rahmen beleuchtete Partien seines Schreibens sollten neugierig machen auf größere Texte eines Schriftstellers, der bereits zu seiner Zeit die wichtige Funktion der Medien für den Demokratisierungsprozess erkannte, ebenso wie die Bedeutung der Verbindung von Frankreich und Deutschland zum zentralen Kern eines künftigen Europa – ein Prozess, der nahezu 200 Jahre auf sich warten ließ.

Inge Rippmann

»*Theuerster Vater*«

Börne im Generationenkonflikt

Heidelberg, 24. Juli 1807

Theuerster Vater!

Ich beginne in sehr ernster Stimmung diesen Brief, und ich werde allen meinen Muth bedürfen, um ihn an das Ziel zu führen, das ich ihm vorgesteckt. Denn wenn ich dadurch nicht erlange, was ich möchte, so wird dieses Schreiben nicht blos seinen Zweck verfehlen, sondern gerade das Entgegengesetzte hervorbringen, statt Dich zu beruhigen, wird es Dir Verdruss machen, statt Deine Zufriedenheit wird es mir Deine Vorwürfe zuziehen. So oft du auch mit mir sprachst, war es immer der kränkendste Tadel, der dem Gespräche die Einleitung gab, oder womit es schloss. Ich hätte jedesmal mich rechtfertigen können, sogar auf Deine Art mich rechtfertigen können, aber ich musste bald bemerken, dass Du es für einen Mangel kindlicher Achtung hieltst, wenn ich Dir widersprach, darum schwieg ich, denn Du hättest die Vertheidigung selber nur für ein Verbrechen mehr gerechnet. Darum, weil meine Abwesenheit Dir eine kältere Prüfung meiner Rede verstattet, will ich es jetzt versuchen, nicht mich mit Dir zu verständigen, sondern zu beweisen, dass keine vollkommene Verständigung zwischen uns Beiden möglich ist, und dass jede Erörterung sich dahin beschränken muss, die verschiedenen Standpunkte aufzuzeigen, auf denen wir stehen, die keine Harmonie zulassen, als die des Herzens und der Liebe, aber die Eintracht der Köpfe gar nicht gestatten. Doch vor allen Dingen muss ich Dich daran erinnern, dass es nie meine Handlungen, sondern immer meine Reden waren, die mir Deinen bleibenden Unwillen zuzogen.

Wenn ich zu viel Geld verschwendet, wenn ich wider Deinen Willen nach Berlin gereist war, so hattest Du es freilich gerügt, aber auch bald wieder vergessen und vergeben. Aber Du vergissest nicht die Gesinnungen, die ich bei solchen Gelegenheiten geäussert, Du konntest nicht vergeben den anscheinenden Mangel gewisser Empfindungen, von denen ich doch ganz durchdrungen bin, und deren Dasein Du nur darum nicht erkanntest, weil ich nie davon sprach. Aber es gibt gewisse Dinge, wie kindliche Liebe, deren Heiligkeit durch Worte nur entweiht wird. Ich liebe Dich, nicht weil ich soll, sondern weil ich muss. Hättest Du denn ja nöthig ein Register der Pflichten nachzuschlagen und zu erfahren, wie viele tausend Thaler Du verbunden seiest an meine Erziehung zu verwenden? Hat Dich Dein Herz nicht immer gezwungen, alles das Gute mir zu erzeigen, was ich von Dir genossen habe? Glaubst Du, dass Deine väterliche Liebe Grenzen habe? Glaubst Du, dass ich sie verwirken könne? Wenn Du dies denkst, so kennst Du Dich selber nicht und nicht das menschliche Herz. Liebe und Hass lassen sich nicht verdienen. Deine Sorgsamkeit für mich könnte nie aufhören, auch wenn ich zum grössten Bösewicht an Dir würde, nicht.

Ich habe oft von Dir hören müssen, ich sei ein schlechter Sohn; es schmerzte mich, nicht der Vorwurf, denn er traf mich nicht, aber es schmerzte mich, dass unsere Naturen von der Art sind, dass wir in den Gesinnungen uns feindlich begegnen müssen. Es ist so und kann nicht anders sein, denn die Natur hasst alle Einförmigkeit in ihren Schöpfungen. Aber wenn der Sohn immer den Geist des Vaters hätte und so fort durch alle Geschlechter, was würde aus der Menschheit, was aus der ganzen Welt werden? Wenn ich dieselbe Ansicht der Dinge hätte, die Du hast, so müsstest Du die Deines Vaters haben, und so bis in die fernste Vergangenheit hinauf, ständen wir alle auf derselben Stufe der Erkenntnisse. Aber das wäre dem Zwecke des Lebens zuwider, das sich immer vervollkommnen soll. Dass ich ein paar Worte lateinisch, oder ein bischen Chemie verstehe, was Du nicht verstehest, das kann mich doch wahrhaftig nicht so viel besser machen. Es ist überhaupt von besser nicht die Rede, ich brauche gar nicht klüger zu denken, aber dass ich nothwendig anders denken muss als Du, davon möchte ich Dich überzeugen können, denn das Glück meines Lebens hängt davon ab. Ich bin dessen gewiss, theuerster Vater, dass ich mir noch einst Deine Achtung erzwingen werde, aber bis dahin könntest Du noch Manches von mir erfahren, was Dir missfällt. Und es ist nicht zu ändern. Mehr noch als Dein Tadel schmerzt es mich, dass Du mich zwingst, mich selber zu loben. Ich kenne ja die höchsten Hoffnungen, die Du von mir hast, aber bei Gott, die geringsten Ansprüche, die ich an mich selber mache, übertreffen weit Deine grössten Erwartungen. Ich weiss es, dass Du vollkommen zufrieden sein wirst, wenn ich einst so geschickt werde, wie ein Dr. U. oder K., mein ehrliches Auskommen habe, bis endlich nach 20jährigem Streben mein Ruhm durch den vielgeschäftigen Mund der Tanten und Cousinen, bis an die äusserste Stadtmauer dringt, wo mich ein Bankier N.N. beglückt, mir, wenn er den Schnupfen kriegt, ein Recept abzufordern. – Glaubst Du, dass sich mein Stolz begnügen würde, in die Wette mit einem gewöhnlichen Doctor um die Gunst der Judengasse zu buhlen? – Dein Sohn ist zu etwas Besserem geboren, als sich herum zu wälzen im Staube der Gemeinheit, und seinem Gott zu danken, wenn der erste beste Krämerjunge ihm nachsagt: »der Baruch ist gar kein übler Mensch, nur schade, dass er ein Jude ist.« Ich hasse das gemeine Volk und es ist mir zuwider. Du glaubst, theuerster Vater, mich durch und durch zu schauen; wollte Gott, es wäre wahr, dann hätte ich nicht nöthig, diesen Brief zu schreiben. Was Du von mir kennst, sind nur einige Fehler, die ich Dir gar nicht abstreiten mag, ich habe auch noch Fehler, von denen Du nichts weisst. Aber kennst Du auch das Gute, was in mir ist? Nein, und woher auch solltest Du Gelegenheit genommen haben, dieses zu erforschen? Der ausgebildete Mann im bürgerlichen Leben, den kann man wohl beurtheilen, seine Handlungen sprechen für ihn und für seinen Werth. Aber nicht so einen jungen Menschen, der noch Lehrling ist. Was sollen denn das für

Thaten sein, die meine Würdigkeit oder Unwürdigkeit auszusprechen vermögen? Was habe ich zu thun, was zu lassen? Glaubst Du denn, dass meine schlechte Seele sich vollkommen in einem Glas Wein abgespiegelt, das ich zu viel getrunken? Oder, dass meine bessere Natur sich in einigen Worten von der Wassersucht und den Blattern so schnell aussprechen lässt? Und dass Du die Kraft schätzen lerntest, die mir beiwohnt, hätten wir länger beisammen sein müssen, denn ich bin Keiner von jenem Volke, denen man es in wenigen Stunden anmerkt, was sie sind oder nicht sind. Was waren auch das für Menschen, unter denen Du mich beobachtet hast? Hättest Du mich zu Männern geführt von Geist und Herz, Du hättest sehen sollen, dass Dein Sohn dem Besten nicht nachsteht. Aber unter solchen Menschen! Ich bitte Dich! Das ist mein Stolz, dass solche Sklavenseelen mich nicht begreifen, und darin besteht meine Würde. Erröthen müsste ich ja auch vor mir selber, wenn ich mein Herz auf der Schwachheit ertappte, nach dem Beifall Dieser zu streben, solcher Menschen, die sich vor dem Genius ihrer Geschicklichkeit froh überrascht fühlen, wenn es ihnen einmal gelungen ist, ja und nein richtig auszusprechen oder zu schreiben; solcher, die nichts wissen als fades Zeug französisch zu sagen, solcher deren höchste Wissenschaft darin besteht, 7 Zahlen aus dem Kopfe zu multipliciren, oder wenn's hoch kommt, ein fades Register zu machen von den Drangsalen der Juden? Nur dem Starken zeige ich meine Stärke, mit Kindern ringe ich nicht. Du hast mich zum Dr. Oppenheimer geschickt, damit ich vor ihm meine Kenntnisse bewähre, denn Du wolltest erfahren, was an mir ist. Aber ich will Dir zeigen, dass Du durch ihn nie auf ein bestimmtes Resultat hattest kommen können. Hätte ich ganz schlecht vor ihm bestanden, so müsste er wahrhaftig ganz dumm sein, Dich so zu kränken, und Dir die Grösse meiner Unwissenheit zu verkünden. Was hätte es auch Dir genützt, was mir? Aber hätte ich mich als sehr trefflich in meinen Gesprächen bewährt – und meine Begriffe von Trefflichkeit gehen weiter als die seinigen – dann sei versichert, dass die egoistische Furcht, sich von mir meist übertroffen zu sehen, sein Urtheil so würde geblendet haben, dass sein Bericht von mir doch nur mittelmässig ausgefallen wäre. Du wirst nun diese Reden übel nehmen, Du wirst sagen: der Doctor ist ein braver Mann, der mir Gerechtigkeit würde widerfahren lassen. Ich bitte Dich, lieber Vater, habe doch das Zutrauen zu mir, dass ich auch weiss, was es mit der Bravheit dieser Leute für ein Bewandtniss hat. Wenn er gegen mich auf den Doctor Neuburg loszieht, der doch wenigstens so geschickt ist als er, glaubst Du denn, er würde es mir einst besser machen. Überhaupt war es mir verdriesslich, mich von dem Doctor examiniren zu lassen. Er hätte es verstehen sollen, das Gespräch auf die Medicin zu leiten, aber da wurde sie so mit Gewalt herbeigezerrt, und ich kann es nicht leiden, wenn mir ein Gegenstand der Unterhaltung aufgedrungen wird.

Ich spreche gerne von Allem, was die Gelegenheit mit sich bringt, und es schwindelt mir, wenn ich mich um einen Punkt immerwährend herumdrehen soll. Ich muss Dich bitten, lieber Vater, beim Lesen dieses Briefes nie aus den Augen zu verlieren, was ich gleich anfänglich gesagt habe, dass es mir nämlich nicht darum zu thun ist, gewisse Dinge an mir, die Dir missfallen, zu beschönigen, sondern die Unabänderlichkeit dieser Differenzen zu beweisen. Du könntest mir erwidern, Du seiest zweimal so alt wie ich, über die Jahre der Leidenschaft hinaus, also viel erfahrener, es wäre also der Klugheit gemäss, Dir in Allem zu folgen. Ich sage, Du hast Recht, sobald es auf Handlungen ankommt. Wenn ich den Stock aufhebe, um jemanden zu schlagen, Du kommst dazu, um mich abzuhalten, gut, ich würde es sein lassen aus Liebe zu Dir, zuschlagen würde ich nicht, aber dass ich nicht zuschlagen will, vermagst Du auch dieses zu verhindern? Das kann kein Gott, das kann ich selber nicht. Wie leicht wäre es mir gefallen, die kurze Zeit, die ich jedesmal mit Dir zusammen war, Deine Sprache zu reden, eine Gesinnung zu heucheln wie Du sie nur wünschest, und im Herzen ganz anders zu denken. Wäre Dir aber damit gedient gewesen oder mir geholfen? Wenn ich jenen Secretär auf der Hochzeit, statt ihn laut herauszufordern, bei Seite gezogen hätte, die ganze Sache wäre Dir verschwiegen geblieben, Du hättest eine Dummheit weniger von mir gewusst, und die Veranlassung den andern Tag mit mir zu zanken, hätte nicht stattgefunden. Aber hätte mich das klüger gemacht oder besser? Du warfst mir vor, ich sei ein Schlemmer; wenn ich auch einer bin, sehr leicht hätte ich es Dir verhehlen können. Seit sieben Jahren sind es nur wenige Wochen, dass Du Gelegenheit hattest, mich hierin zu beobachten, wer hätte mir verwehrt, in Deiner Gegenwart eine Mässigkeit zu affectiren, die mir nicht eigen ist? Du wärest dann zufriedener mit mir gewesen, aber ich doch nicht besser. Vielleicht wendest Du mir ein: Das ist eben der Beweis Deiner Schlechtigkeit, dass Du selbst unter meinen Augen nicht vermagst, eine kurze Zeit nüchtern zu sein, so sehr hat die Liederlichkeit Gewalt über Dich. Wenn Du das meinst, lieber Vater, so kennst Du mich gar nicht. Wohl kann ich ausschweifen, so gut wie viele Andere, aber Wenige vermögen es mir nachzuahmen, wenn es darauf ankommt zu hungern und zu dursten, wenn es darauf ankommt wochenlang sich mit Wasser und Brod zu vergnügen, oder in der Gluth der höchsten Leidenschaft sich den Genuss zu versagen. Das kann ich und nicht Jeder. Warum willst Du mir das nicht anrechnen?

Ferner hat es Dich verdrossen, dass ich in meinem letzten Brief an Simon und sonst öfters, so über und gegen Juden gesprochen habe. Sieh nur, wenn meine Liebe zu Dir gleichen Schrittes mit der Unterstützung, die Du mir zukommen lässt, ginge, so würde ich zu mir selber sagen: warum sprichst Du von Dingen, die Deinen Vater ärgern? Warte noch so lange, bis Du Dein Brod verdienen kannst, bis Du ihn nicht mehr brauchst, dann kannst Du ja immer noch reden und thun was Du willst. Aber solche schändliche Gedanken sind mir fern. Wenn meine kindliche Liebe eines Zuwachses fähig wäre, so könntest Du sie nicht vermehren, auch wenn Du mir Millionen schenktest, aber sie könnte noch weniger vermindert werden, wenn Du mich an einer schwelgenden Tafel verhungern liessest. Bei Gott, ein

Vatermörder ist in meinen Augen nicht so schrecklich, als ein Sohn, dessen kindliche Liebe keine andere Quellen kennt, als die der väterlichen Wohlthaten. Wozu bedarf ich des albernen Geschwätzes von Moral und Pflichten, das von Cicero bis zu unseren Zeiten herabgeführt worden ist, um ein Gesetz zu beachten, das die Natur so allmächtig in unser Herz gelegt hat, dass selbst der ärgste Bösewicht nicht vermag, sich ganz davon loszureissen? Da dem also ist, da ich glaube, dass, wenn ich auch Dein Brod nicht mehr esse, darum das Band zwischen unseren Herzen doch nicht schlaffer werden soll, und dass, wenn Du je Ansprüche an mein Leben hattest, auch der geringste nicht aufhören darf, sobald ich mich selbst ernähre; wenn ich davon überzeugt bin, warum soll ich mich bemühen, gewisse Gesinnungen, die Deinen Beifall nicht haben, Dir noch einige Zeit zu verbergen, da sie Dir doch einmal kund werden müssen, weil ich weiss, dass sie mich nur mit dem letzten Athemzug verlassen werden? Ich muss den Sohn vergessen, sobald ich daran denke, dass ich ein Jude bin. Hier stehe ich fest wie eine Mauer, die Thränen der Liebe, die Dolche der Hasser, Himmel und Erde sollen an meinem Starrsinn scheitern. Man mag mich plündern bis auf das nackte Leben, aber die angeborenen Majestätsrechte der Menschheit lasse ich mir nicht rauben. Wohl weiss ich wie es in der Welt zugeht, und dass es nicht Jedem nach Wunsch gehen kann. Ich weiss wohl, wie viel tausend Hindernisse sich einer Sache entgegensetzen, die auf dem Papier so leicht ausgeführt ist, Du darfst mich nicht unter die Zahl jener thörichten Jünglinge setzen, die in ihrer Schwärmerei himmelhohe Pläne machen, und die gleich erschlaffen, sobald der Schneckengang der Wirklichkeit ihrer fliegenden Wünsche spottet. Ich bin nicht ein solcher. Aber ich weiss auch, dass ohne Mühe und Gefahr nichts erlangt wird, und dass das Glück sich dem Muthe nur ergibt. Ich weiss es und werde es geltend machen. Ich werde nie murren gegen die Aristokratie eines Standes, der erworben werden kann, aber die Aristokratie der Geburt verabscheue ich, und werde dagegen kämpfen mit aller meiner Kraft. Wenn in irgend einer

Sache dem Reichen der Rang vor mir eingeräumt wird, das braucht mich nicht zu kümmern, denn ich kann so gut wie ein Anderer Millionen erwerben. Wenn der Geschicktere mir vorgezogen wird, so bleibt mir der Trost, mir seine Talente anzueignen. Wenn mir die Dummheit den Vortritt abgewinnt, wer wehrt es mir denn, mich auch dumm zu stellen, und durch fade Schmeichelei die zu gewinnen, die mein Glück machen können?

Aber wenn ich darum zurückgesetzt werde, weil ich ein Jude bin, was bleibt mir dann übrig, als mit Wort und Schwert das graue Vorurtheil zu vernichten und meine Rettung in meinem Muthe zu suchen? Soll denn die erstorbene Zeit aus ihrem Grabe heraufsteigen, soll sich die Gegenwart verjüngen um zwanzig Jahre, und dem Schicksal befehlen mir eine Christin zur Mutter zu geben?

Es sind noch einige Punkte, die ich berühren muss, ehe ich diesen Brief schliesse. Ich habe bemerkt, wie ungern Du es sahest, wenn ich mich während meines Aufenthalts in Frankfurt mit gewissen Menschen abgegeben habe, die Du gemein nennst. Ich bitte Dich, lieber Vater, wie kannst Du mir zutrauen, dass ich mich herablassen werde, gegen gemeine Leute stolz zu sein? Setze mich einem Fürsten gegenüber, und Du sollst mich stolz sehen, aber nicht bei Menschen, deren Geburt und Erziehung allein ihr Vorwurf ist. Ich müsste mich ja wahrhaftig schämen, wenn ich meine Würde gefährdet glaubte, sobald ich mit solchen Jungen freundlich thue. Soll ich etwa mein Gesicht in ernste Falten legen, um Kinder zu schrecken? Löwen will ich zittern machen, aber bei Bornheimer Petitmaitres ziehe ich einen Schafpelz an, damit sie keine Krämpfe kriegen, wenn sie meine Klauen sehen.

Mit bangem Herzen, wie ich diesen Brief begann, schliesse ich ihn. Denn der Versuch, den ich darin gemacht, ist von der Art, dass der erste zugleich der letzte und der einzige bleibt. Wenn er mir misslingt, bleibt mir nichts mehr zu sagen übrig, und ich muss warten bis die Zeit für mich spricht. Wiederholen muss ich es, dass mich nichts mehr schmerzt als der eitle und prahlerische Ton, in dem ich zuweilen zu reden gezwungen worden bin. Ich musste so. Denn wenn ich von meinen Thaten nicht sprechen kann, muss ich von meiner Kraft reden, aber jede Kraft ist unendlich, also auch die Rede davon. Dein Dich liebender Sohn

Louis.

An Jakob Baruch (24. Juli 1807):
Börne-Index, 2. Halbbd., S. 1167–1172.

*

Tagebuchblätter – Billetts – Briefe an Henriette Herz

(Nachts 11 Uhr)
Welche Augen! Welch ein holdes Lächeln! Welche Freundlichkeit umfließt den Mund! – Ich habe keine Worte. – Wer die Sprache erfand, hatte kein Gefühl für Schönheit; das erste schöne Weib hätte seiner Erfindung gespottet. – Ich habe keine Worte ... O, daß es mir gelänge, die Zufriedenheit und den Beyfall dieser liebenswürdigen Frau zu erlangen. – Ich will alles thun was ihr gefallen muss: alles was gut ist und schön. – Gott des Traumes! Schicke mir liebliche Träume ...... So wäre nun der erste Tag vorüber. Und so wird der zweite und der dritte, so werden sie alle verfließen. – *Furcht und Hoffnung.* – Ich bin schwach, sehr schwach, und nicht gewohnt meinen Leidenschaften Zügel zu geben, und bin in einer Stadt, wo mich Verführungen, Reizungen und Lockungen aller Art umgeben. Werde ich mich nicht sehr bald zum Bösen verleiten lassen? Und mein heißes Blut? – Nein. – Madam Herz. – Nein. – Schon 12 Uhr? – Bescheine mich freundlich, morgende Sonne, bescheine mich freundlich und sey mir hold! – Ich bin noch gar nicht schläfrig. – –

Tagebuch (9. Nov. 1802):
SSB, Bd. 4, S. 4f.

25

Mittwoch, den 19. January (Morgens 9 Uhr)
Er ist tod, und alle meine Freuden sind hin. Ich muß Madam
Herz verlassen und das schönste Glück! – Alle meine Gefühle
sind abgestumpft; und ich brüte dumpf über mein schreckliches
Geschick. Und keinen Freund, an dem ich mich festhalte; einsam und verlassen stehe ich da. *Er* lebt nicht mehr, und man
blickt nicht auf mich; ich bin wie unter der Menge verlohren,
und man sucht mich nicht. – Von meiner Liebe soll ich scheiden,
von meiner Liebe, die an meinem Leben hängt. – Dies Unglück
kam mir zu schnell, ich *kann* es nicht ertragen. – Ein schöner
Traum war's, ein wonnevoller Traum, und jezt habe ich ausge-
schlafen. – Und wie wird *sie* ihr Unglück tragen können? – All-
gütiger! Nimm nur von *ihr* die Last, lege *mir* sie auf, daß ich völlig zu Boden gedrückt werde. Mache *sie* nur froh und glücklich
und laß mich sterben. Sterben? Wie kann ich sterben, ist denn
ein Leben ohne sie?? – – Könnte ich meinen Schmerz nur denken, dann wollte ich mich eher beruhigen; hätte ich nur Worte,
ich würde mich trösten. –

(Nacht 12 Uhr)
Sie will mich behalten, ich soll nicht weg von ihr. Hört Ihr's Ihr
Menschen?

Tagebuch (19. Jan. 1803):
SSB, Bd. 4, S. 15.

Dresden, den 15. September 1804
Aus dem herrlichen Dresden schreibe ich Ihnen, aus dem Orte,
den Sie so sehr lieben. Die Ferien erlauben mir von Halle ab-
wesend zu seyn, und mich hier einige Zeit aufzuhalten. Ihren
letzten Brief, liebe Mutter, habe ich erhalten. Ich verdiene es
nicht, daß Sie sich meiner so annehmen; nein, ich verdiene es
nicht. Ich sage dieses nicht aus einer seynsollenden Bescheidenheit, Sie kennen mich ja, und ich weiß es, Sie trauen mir

keine Verstellung zu. Mich abgesondert fühlend von allen Menschen um mich her glaube ich, Sie wären die einzige Seele, die mich an die Menschen bindet; ich *glaube* es nur, denn die Vernunft spricht, daß es nicht so ist, und so nicht seyn kann. Doch gebe ich ihn nicht gern auf, diesen Glauben, der mich selig macht. Meine Reden, beste Mutter, mit denen ich Ihnen vielleicht schon oft beschwerlich gefallen bin, alle meine Reden über mich, mein Wesen und über das Wesen der Dinge – lächeln werden Sie diesmal, und mich nicht verdammen – alle diese Reden hat Kränklichkeit erzeugt. Dieses fühle ich nicht nur, es ist mir klar, ich bin davon überzeugt. In einer unendlichen Täuschung gefangen, vermag ich nicht mich frey zu machen. Mir fällt eben ein, was Ihnen einmal Fichte sagte: ein junger Mensch muß nie an sich denken, und immer thätig seyn. Jezt weiß ich, was er damit sagen wollte, aber jezt erst weiß ich es. – Mir ist sehr wohl im paradiesischen Dresden; ich fühle mich nicht, ich denke nicht an mich, und dieses Glück genieße ich selten. Auch ist der Himmel mir günstig, denn das Wetter ist schön, so schön als ich nur wünschen kann. […] Könnte ich Sie nur einmal wiedersehen, meine liebe Mutter, oder auch nur einen aus Ihrem Kreise. Kömt der Socrates Schleiermacher bald nach Halle? Ich werde ihn lieben, weil er Ihr Freund ist; und ich wünsche, daß ich ihm nicht mißfalle, weil Sie seine Freundinn sind. Ich werde verlegen seyn, wenn ich ihn zum Erstenmale spreche; denn ich weiß, Sie werden mich ihm gemahlt haben, und dann muß ich mich schämen. Man spricht schon in Halle von ihm, und die Studenten sind begierig auf seine Vorlesungen. Eine Dame sagte mir ohnlängst, sie habe gehört, er wäre ein Jakobiner. Soviel ist vorauszusehen, er wird in Halle mit manchen Herren hart zusammenstoßen, besonders mit den Theologen. Ich werde seine Vorlesungen besuchen, wenn ich Zeit habe, und seine Predigten fleißig hören, damit ich ein bessrer Mensch werde. Dieses ist aber eigentlich mein Scherz, denn ich denke Predigten, sie mögen noch so gut seyn, vermögen keinen zu bessern; und der Eindruck, den Reden zuweilen auf unser Herz machen, ist nur ein sinnlicher, der bald vorübergeht, und keine Spuren zurückläßt. […]

An Henriette Herz (15. Sept. 1804):
SSB, Bd. 4, S. 91–93.

Den 13. November

Schleiermacher ist ein wahrhaft göttlicher Mensch, und lächeln muß ich doch über diesen Ausspruch. Denn daß mir je ein *Mann* gefallen könnte, das setzte ich immer in das Reich der lunarischen Möglichkeiten. Ach, liebe Mutter, mir ist so wohl, wenn ich bey ihm bin, und oft so ungezwungen kann ich seyn, daß in diesen Stunden der jeden Menschen anhaftende Egoismus bey mir weit zurücktritt. Ich rede *wie* ich denke, und ich rede *alles* was ich denke. In seiner Gegenwart spotte ich meines eignen Herzens, und spotte wiederum dieses Spottes. Ich kann die Ethik nicht bey ihm hören, weil ich die Stunde schon mit einem andern Colleg besezt habe. Mit seinen Vorlesungen ist man sehr zufrieden, er hat aber doch wenige Zuhörer. Er wird nicht verstanden. Wie aber die meisten Studenten so elende, dumme, erbärmliche Philister sind, das übersteigt alle Einbildung. Während Schleiermacher in seiner Ethik nicht mehr als 20 Studenten hat, zählt der Prof. Maas in eben dieser Vorlesung an 120 Zuhörer. Und wenn ich Ihnen erzählen wollte, was der Maas für ein flacher Mensch sey, ich würde in ein paar Stunden nicht fertig werden. Ja, liebe Mutter, wenn mir ein Compendium der Ethik einer dieser Herren in die Hände kömt, so könnte ich den ganzen Tag dasitzen und mich zu todt lachen über das dumme Zeug. Und wenn ich mir Mühe geben wollte, diese tolle Ideen zusammenzureimen, ich könnte rasend werden über dieses Geschäft. Denn gar lächerlich ists was diese Menschen Begriffe haben von Pflicht und Tugend und Seligkeit. Wie Gewürzkrämer haben sie Pflichten von verschiedener Güte, von verschiedenem Preise und Range. Da giebt es Pflichten gegen sich, gegen seinen Nächsten, und Pflichten gegen den lieben Gott, und eine ist immer mehr werth als die andere. Aber wer um aller Welt willen kann sich aus diesem Labyrinthe herauswickeln, wenn er hört, daß es mehr als *eine* Pflicht gäbe, und daß es wohl kommen könnte, daß man eine Pflicht müßte fahren laßen, um eine andere, höhere zu erfüllen? – Da hat jezt Lafontaine ein Buch herausgegeben, das heißt: Sittenspiegel für das weibliche Geschlecht. Schon der Titel ist mir zuwider; denn warlich so lange man besondere Sittenbücher wird schreiben für Männer, besondere für Jünglinge, besondere für Knaben, und besondere für Mädchen, solange wird man Sitten auch nicht *außer* den Büchern antreffen. Ueberhaupt, denke ich, können alle Schriften und Vorlesungen dieser Art nur eine negative Tendenz haben, die nämlich: die alten Vorurtheile wegzuräumen und zu zeigen, was *nicht* Tugend, was *nicht* Pflicht sey. Und hat man einmal dieses Bestreben erreicht, dann sehe ich nicht ein, was einem weiter zu thun könnte übrig bleiben? Denn das wahre Wesen der Tugend läßt sich in einigen Worten ausdrücken. Was ist Tugend? Tugend ist Seligkeit. Und Seligkeit? Ist Freiheit. Es läßt sich nicht weiter fragen was Freiheit sey, denn sie ist das ewige, ursprüngliche schlechthin Eine, das eins ist mit der Vernunft, eins mit Gott, eins mit dem Unbedingten, das sich selbst erklärt. Der Trieb nach Glückseligkeit ist gleich dem Triebe der Erhaltung, dieser ist eins mit unserm Seyn, und unser Seyn ist das Produkt der gefesselten Freiheit. Der Tod zerbricht die Ketten – um ihr neue anzulegen. Wir sind unsterblich, und in einem höheren Planeten werden wir mit einer vollkommneren Organisation wieder ein neues Leben beginnen. So denke ich über die Unsterblichkeit. In meinem Geiste ist es unauslöschlich eingeschrieben: ich werde fortleben. Aber ich denke nicht, daß wir etwa ein *besseres* Leben führen werden, und daß wir vollkommener seyn werden. Schon das Wort *vollkommen* als ein Comparativ hat gar keine Realität, so wie überhaupt die Unentbehrlichkeit der Comparative und Superlative, ja die Nothwendigkeit einer Sprache selbst deutliche Beweise sind von der Schwäche der menschlichen Organisation. Gott ist nur da, wo keine Sprache ist. Denke ich mir nun unser künftiges Leben *absolut* vollkommner als unser jetziges, so hieße das soviel als: der Punkt unseres kommenden Seyns läge dem Punkte der Vollkommenheit näher, als der Punkt unseres wirklichen Seyns; also wäre doch die Vollkommenheit als ein *Punkt* begrenzt, und das widerspricht sich selbst, denn die Vollkommenheit als das Ewige Eine, ist Gott selbst und unendlich. Denke ich mir aber die Zukunft *relativ* vollkommner unter einer *bessern* Organisation, so wäre das nicht anders möglich, als mit dem Bewußtseyn unseres vergangenen Lebens, und unserer *niedrigern* Organisation. Daß wir aber in einem höhern Planeten lebend, uns unseres irdischen Seyns nicht erinnern werden, das *weiß* ich. Denn wäre dies, so müßten wir uns auch unseres *vergangenen* Lebens bewußt sein können (denn sind wir unsterblich, so sind wir nie gebohren). [...] Ja hätte ich nur die Gabe es auszudrücken, so wie ich es fühle, wäre meine Darstellung nicht so verworren und unbestimmt, ich weiß gewiß, liebe Mutter, daß Sie alles was ich hier sagte, übereinstimmend finden würden, mit Ihren eignen Ideen. – –

Ich komme ohngefähr alle 5 bis 6 Tage zu Schleiermacher, ach, ich käme gern alle Tage, wenn ich nicht fürchtete ihn zu stören. Er war auch schon einmal bey uns zu Tische. Ich glaube schwehrlich, daß ihm Reil möchte gefallen haben. Ich fand Schleiermacher's Physiognomie sehr ironisch, gleich im ersten Augenblicke meiner Bekanntschaft. Ich fragte ihn hernach selbst, ob er wohl so wäre? Er verneinte es, sagte aber zugleich, daß ihn schon viele seiner Bekannten dafür gehalten hätten, und Brenna nenne dieses sein Wesen *Canaillerie*. Das Wort drückt in der That die Sache sehr gut aus. [...]

An Henriette Herz (13. Nov. 1804):
SSB, Bd. 4, S. 100–103.

Ich fühle mich glücklich, liebe Mutter, und sehr geschmeichelt, daß Sie mir nicht vorenthalten was meinem Herzen gebührt, die Kunde Ihrer Freuden und Leiden. […] Auch meine Jugend verfinstern oft der Zukunft unglücksschwangere Wolken, und mich drückt die bange Erwartung. […]

Sie glauben, liebe Mutter, daß ich nicht die wahre Ansicht des Verhältnisses habe, in welchem ich mit Schl. stehen könnte, doch bin ich überzeugt, daß sie mir nicht fehlt. Er hat ein Etwas, was mich immer abhalten wird, ihm ganz zu vertrauen, und mich ihm warm und innig aufzuschließen. Aber halten Sie dieses Etwas nicht für ein antipathisches Gefühl, das mich abschrecke, es ist vielmehr die Reflexion, die mich warnt. Denn mit der höchsten Ausbildung des Verstandes, der uns zum Bewußtseyn unsrer Individualität, und der Kraft sie zu behaupten, bringt, auch jenes Gefühl zu verbinden, bei dem, wenn es uns beiwohnt, wir uns nur als *Glieder* eines Ganzen erkennen; das ist den Männern nie, den Frauen selten nur gegeben. So ist es mit Schl. Was ich mit Gefühl rede, fürchte ich, wird er für Deklamation, was ich mit Verstand sage für Eloquenz halten, so daß ich selbst nie meine Befriedigung dabei finde. Darum entsank mir auch immer der Muth, wenn er im Dialog mich so bedächtig mit seinen dialektischen Augen ansah, und mein Vertrauen war zu Ende.

Sie wollten wissen, wie es mit mir steht. Ich stehe nicht, ich werde gestellt. Der Mann, der mit starker Seele thut, was er will, der ist zu beneiden; der Jüngling, der von seinen Gefühlen beherrscht, thut was er muß, auch der ist glücklich. Doch ich bin der Beklagenswerthe, der in der Mitte steht, schwankend zwischen Tugend und Leidenschaft, zwischen Freiheit und Sinnlichkeit, zwischen theoretischer Weisheit und praktischer Thorheit. Und so komme ich mir vor, wie ein Krieger in der Schlacht, der, wenn er durch seine Tapferkeit auch den Sieg erringt, doch mit Wunden bedeckt zurückkehrt. Aber die Wunden, die uns der Leichtsinn schlug, vernarben nie völlig, und jede schlimme Witterung der Seele, läßt uns die alten Schmerzen fühlen.

Ich höre bei Schl. die Ethik; es ist mir die angenehmste Stunde im ganzen Tage. Man lernt so vieles, und ich ergötze mich auch darin. Denn es ist mir nichts angenehmeres, als zu beobachten die Gewandheit seiner Sprache, und wie leicht und besonnen er sich durch die schwersten Dinge windet, ohne anzustoßen, und unverständlich zu seyn. Jedoch wird der arme Mann von mir um sein Honorar geprellt. Denn ich kann nicht überwinden, es ihm zu bringen, und es ihm zu schicken, das kömmt affectirt heraus. Indessen weiß er nicht, daß ich sein Zuhörer bin, weil ich mich in der Menge verliere, und überdies auf der letzten Bank sitze, daß ich nicht gesehen werden kann.

Louis.

An Henriette Herz (20. Jan. 1806):
SSB, Bd. 4, S. 134–137.

Halle, den 30. März 1806
Vor allem, liebe Mutter, scheinen mir die zu irren, die das bürgerliche Leben für einen Kerker ansehen, der die Kraft ihres Geistes gefangen hält, oder auch nur als etwas Aeußeres, das mit ihrem Innern nichts gemein hat, und nichts gemein haben darf. Auch begreife ich wohl, wie Sie mich unter die Zahl jener rechnen können, denn es giebt der bedaurungswürdigen Jünglinge gar viele, die da wähnen, weil sie die Kraft nicht haben nach etwas (wie sie's nennen) *Aeußerem* zu streben, sie hätten den Muth solches zu verachten, um daraus schließen zu können, es müsse wohl die Größe ihres Geistes seyn, die sie dafür schadlos hält. Es hat vielleicht jeder einmal so geurtheilt. Einige giebt es, die noch nicht einmal bis dahin gekommen, andre, die darüber hinaus sind. Ich darf mich unter den letzteren zählen. Ich sehe im Leben nichts höheres und niederes, nichts äußeres und inneres, nicht Zweck und Mittel, mir ist alles das höchste und alles gleich. Das Stück Brod, das der Gesundheit und der Dauer mei-

nes Leibes wahrhaft gedeihlich ist, dünkt mir ebenso wichtig als eine Offenbarung der Wissenschaft, die meinen Geist bereichert. Und daß meine Ansicht von der Sache die wahre sey, erkenne ich daraus, daß mir kein Widerspruch dabei aufzulösen übrig bleibt. Es ist für mich kein Problem, wie man ein edler Mann und ein Weltbürger zugleich sein könne, wie man bei dem Streben nach Güter und Würden, dennoch frei und weise leben könne. Ich habe lange nach einem Worte gestrebt, womit ich bezeichnen könnte das, was ich für die Bestimmung des Lebens halte. Ich habe *gerungen* darnach, eingedenk, daß, wie jeder Geist seine Verherrlichung erst im Leibe findet, so auch jeder Gedanke seine Vollendung im Worte sieht. Und ich habe dieses Wort gefunden. Es heißt *Genuß*, und das *Streben* nach diesem Ziele, *herrschen*. Es ist mir merkwürdig, daß diese Ansicht, die mir sonst so verächtlich schien, nun, Rache nehmend, sich mir zum zweiten mal nahte, und sich nicht mehr von mir trennen will. Wer überhaupt in seiner fortschreitenden Bildung sich beobachtet, der wird finden, daß oft, was ihm sonst das niedrigste und gemeinste dünkte, ihm später das höchste geworden ist. Und was ist herrlicher, als diese immer steigende Individualisirung des – ich weiß nicht wie ich's nennen soll! Losgeschleudert vom Chaos des Mikrokosmus, bildet es sich krystallinisch zum Instinkte, und geht dann durch Ahndung, Aberglaube, Vorurtheil bis zum Gedanken hindurch. Dann, bis zur Idee gereift, führt es ein selbständiges Leben, ernährt sich, und scheidet aus, bis es mit Bewußtsein geworden, was es bewußtlos war. Und nun in der Blüthe seines Lebens dient es dem menschlichen Geiste zur gesunden Nahrung, bis es endlich als *Gefühl* und *Glaube*, in das Chaos zurückkehrt, woraus es gekommen. [...]

An Henriette Herz (30. März 1806):
SSB, Bd. 4, S. 139 f.

Halle, den 26. July 1806

Mit tausend Freuden, liebe Mutter, ergreife ich die Feder, um Ihnen, nachdem ich so lange geschwiegen habe, wieder etwas von mir zu sagen, von meinem Seyn, und von meinem Werden. Doch zuförderst wünsche ich, daß Sie sich wohlbefinden mögen, wie ich mich wohlbefinde. Ich denke eben dran, wie Sie längst davon sprachen, einmal nach Halle zu kommen. Wird dieses denn geschehen, und wenn? Wenn es doch würde, weil ich noch hier bin, und nicht zu meinem Mißgeschick, später. Auch werde ich nur noch ein Jahr in Halle bleiben, ich habe mir's so vorgesetzt. Mir ist überhaupt das Bewußtseyn sehr übel bekommen, daß meines Vaters Vermögensumstände es mir verstatten würden, so lange als ich nur will, auf der Universität zu bleiben; es hat mich sehr faul gemacht. Denn wenn es auch wahr ist, daß den innern Trieb zur Thätigkeit nichts äußeres ersetzen kann, da wo er fehlt, so sieht man es doch täglich, wie vielen der Gedanke der nahebevorstehenden Prüfung ein Sporn wird zum Fleiße, der sie auch würklich zum Glücke treibt, weil sie ferner auf dem *gewohnten* Wege fortfahren. Und darum habe ich mir eine Zeit bestimmt. Und dann hinauszutreten in das stürmende Leben, gewappnet und gerüstet, und drein zu schlagen mit allen Gliedern des Leibes und des Geistes, daß man wisse, daß ich da bin, ich in Nord und Süd, in Ost und West, so ist mein Wille und meine Lust. Doch was bin ich, der ich so zuversichtlich hoffe, was bin ich Ohnmächtiger, daß ich trotze. – O gute Mutter, was bin ich, und was könnte ich seyn. Wenn ich vor den Spiegel trete, mein sieches Antlitz betrachtend, und die Blüthenfarbe der Jugend, der Stärke und des Muths, in einer Schaamröthe über deren Verlust, auf einen Augenblick sich mir mahnend vorstellt, o wie zerknirscht trete ich dann zurück, und alle böse Geister rufen in mir: Du kriechst ewig in dem Staube. Wenn ich höre von der Tyrannei des einzig Großen, und von dem Sclavensinn der Vielen, Vielen, wenn die Kriegshörner an mein Ohr schlagen, und die Trommeln mein Innerstes aufrühren, wie oft zuckt da mein glühend Herz nach dem Schwerdte, aber der welke Arm

34

sinkt kraftlos zur Erde nieder, und spottet meines siechen Willens. So bin ich oft thöricht genug, es nicht zu begreifen, wie so viel Widerstreitendes ist, in meinem Wesen, so viel feindliches in meinem Geschick. Muth ohne Kraft, Liebe ohne Gegenstand, Wünsche und kein Ziel. Sterbend [Strebend?] doch ungesucht, schmachtend doch unbefreundet, kennend und ungekannt. Hundert Arme streckte ich aus, doch keiner reichte mir seine Hand, von allen die da kamen. Viele habe ich geprüft, die meisten verachtet, doch fand ich sie alle zu schlecht. Wie mir ekelt vor dem unschmackhaften Volke, das mich umgiebt, daß ich keine Augen haben möchte zu sehen ihre Gräul, und keine Ohren ihre Mißtöne zu vernehmen. Und wenn ich erst sehen muß, wie der Eine, den ich liebe, mich den Kranken darum verachtet, daß er die Kraft nicht hat nach dem Kraute zu laufen, das ihn heilen könnte, unbedenkend, daß Schwäche und Unbeweglichkeit ja selbst der Krankheit Wesenheit sey, dann ist es aus mit meiner Hoffnung und Sehnsucht. Doch auch mit meiner Furcht und Qual. Wie lange war ich nicht der gutherzige Narr, wenn kein Freund mir begegnen wollte, die Schuld auf mich allein zu schieben, meiner Hypochondrie es zuzuschreiben, und wenn ich damit nicht ausreichte, meiner Grobheit. Ich bin jetzt klüger worden. Und viel bequemer scheint es mir und angenehmer, mich von meinem erhabenen Misthaufen herunter zu blähen, und zu denken: ich bin der Einzige unter euch. O käme einst die Kraft mir bei, zu können was ich wollte, und der Muth, zu wollen was ich könnte, hätte ich einen Arm von Eisen, und eine Brust von Stahl, das Philistervolk sollte vor mir zittern, wie es mich jetzt belächelt. Niederdonnern möchte ich sie alle, die da thronen in ihrer jämmerlichen Allmacht, einen Eselknochen als Scepter in den Händen, um den frech sich schlingelt der buhlerische Witz. Man braucht wenig zu wissen von dem Bau des menschlichen Leibes, um rasend werden zu können von der folgenden Betrachtung. Schlägt mein Herz nicht so stark wie das ihrige, sind meine Glieder nicht so mächtig wie die ihrigen, ist mein Hirn schlechter wie das ihrige, steht mein Geist dem ihrigen nach, und sie sind die Herrn und ich der Sclave? – Hier ist ein Punkt, wo man das Menschengeschlecht könnte verachten lernen, (unsers Zeitalters) und hier habe ich es gelernt. Da schleicht es dumpf und traurig hin in dem schmalen Bette, das *ein* mächtiger ihm gegraben; froh wenn es an seinem Ufer faule Trümmer findet, die es verschlingen kann, glücklich wenn es den Leichnam eines lebendigen Wesens findet, mit dem es ungeahndet spielen darf; – es schleicht und schleicht und schleicht, daß einem Angst wird bei dem Anblick. Und Tugend nennen sie ihre faule Trägheit, Gerechtigkeit ihren feigen Sinn. Wie beneidenswerth finde ich mich und alle Jünglinge, daß wir in einer Zeit geboren worden, wo wieder Götter auf Erden walten, und kein Zufall unser Herr ist. Ja glücklich fühle ich mich, daß ich sagen darf: ich *bin*, was ich *will*.

O mir ahndet, es werden herrliche Zeiten kommen (schwer und theuer nennen sie Philister), wo das Schaaf nicht mehr wird weiden dürfen mit dem Wolfe, wo der Esel nicht mehr wird herrschen über den Löwen, wo ich werde erkämpfen müssen das Brod das ich esse, mit meinem Blute erkaufen das Mädchen, das ich liebe. Meine Zähne will ich schärfen, meinen Arm will ich stählen, das Haupt im Sturmwinde baden, und die nackte Brust dem Blitze darzubieten mich erkühnen lernen, daß ich würdig werde dieser kommenden Zeit. Ich will – liebe Mutter, kennen Sie das Ding, was man *gutes Herz* nennt? Auch ich habe ein solches Ding, doch einen Finger meiner Hand gäbe ich drum, ich hätte es nicht. Es ist wahrlich nicht gut, gut zu seyn unter den Bösen; es ist nicht klug, klug zu sein unter den Dummen; es ist nicht schön, unter Häßlichen schön zu seyn. *Sie* können das nicht wissen, liebe Mutter, Sie können das nicht *fühlen*, so wie ich, weil Sie kein *Mann* sind. Den Frauen macht man nie die Herrschaft streitig, weil man sie nicht fürchtet, ihnen huldiget alles, weil sie die Stufen sind, die zum Gipfel führen. Darum kann Ihnen nie die Bosheit der Männer und ihre Selbstsucht so stark erscheinen, als sie würklich ist. Wer kann unbedeutender sein als ich, in der bürgerlichen Gesellschaft? – Jung, wie ich bin, und ohne Stand und Würde, wer hätte nöthig mich zu fürchten? Und doch giebt es der Bösen genug, die mich nekken, weil sie meine Zurückhaltung für Feigheit halten; Thoren genug, die mich hassen, weil sie meinen Spott fürchten, genug der Dummen, die mich belachen, weil sie mich dumm und lächerlich finden.

Kommen sie dir jetzt schon so, wirst du jetzt am Ufer schon so gedrängt von den lasttragenden Eseln, von dem Schiffsvolk und dem ganzen Troß? – Wie wird dir's erst auf offnem Meere gehen, wo unter dir der Boden wankt, und über dir der Donner kracht, und alle Blitze auf dich zielen. Wenn sie erst kommen und dir sagen, daß du ein Jude bist, wenn sie den Mauschel beohrfeigen, daß man sich kranklachen möchte. O, wenn ich dies bedenke, wie ein Sturm braust es in meinem Innersten, es möchte die Seele aus ihrem Wohnhaus stürzen, und sich den Leib eines Löwen suchen, daß sie den Frechen begegnen könnte mit Klaue und Gebiß. – – – So weit hat sich mein weiches Gefühl dem Sturme meiner Seele nachgeschleppt; ach, das arme gute Herz sinkt jetzt entkräftet nieder, es kann nicht mehr hinter dem rasenden Troß. Es ist ja noch nicht lange, daß ich ihn pflege, diesen weltklugen freudetödtenden Sinn. Wie träumte ich sonst so süß von Tugend und von stillem Glücke, doch die Lösung aller meiner Ahndungen war nicht für diese Welt. Abgebrochen ist die Brücke, die mich aus dem Garten der Unschuld in das wilde Land der Weltgedanken führte, und ich kann nicht zurück. Scheu verschließ' ich meine Augen dem milden Schein des Mondes, der mir vergangene Gefühle zurückzaubert, furchtsam verstopf' ich mein Ohr dem Gesange der Vögel, der mich in den alten süßen Schlummer hineinlullen will.

In der Mittagsgluth des Tages, wo es recht wild ist um mich her, wo Waffen klirren, Schneegestöber und Wind um mich toben, da ist mein Element, da fühl' ich Harmonie, ich erkenne, daß das Leben ein Kampf ist, da darf ich's denken; auch ich will leben, auch ich will kämpfen. So wäre denn in mich hineingekommen, was meine Gönner in mir vermißten – Ehrsucht – o, ich werde Ehre haben, man soll von mir sprechen, und so wäre ich ja gebessert zu Aller Freude! –

[...]

Ich grüße alle Ihre Lieben herzlich und tausendmal.

Louis.

An Henriette Herz (26. Juli 1806):
SSB, Bd. 4, S. 144–149.

---

1 Heinrich Heine: *Ludwig Börne. Eine Denkschrift.* In: Historisch-Kritische Gesamtausgabe der Werke. Hg. von Manfred Windfuhr. Hamburg 1973–1997, Bd. 11, S. 19.

»*Die bekannte Freyheitsgöttinn*«[1]

Börne und seine Muse

[…] Ach, teuere Freundin, wie mich diese Trennung von Ihnen schmerzt; ich will es auch nicht einmal versuchen, dieses mit Worten auszudrücken. Wenn ich nur wenigstens Abschied von Ihnen hätte nehmen können. Und besuchen kann man Sie nicht bei Ihrer Schwester? Nicht eine kleine Minute? Nicht auf so lange, als ich Zeit brauche, Ihnen meinen Kummer und meine Freude zu zeigen? Nur ein einziges Wort von der lieben Hand geschrieben, die ich so lange nicht habe küssen dürfen, wie glücklich hätte es mich gemacht. Sie wollten es nicht, und vielleicht hatten Sie recht, es zu unterlassen, es hätte mich doch nicht gesättigt. Liebe Freundin, ich habe es in diesen Tagen Ihrer Abwesenheit mit Schrecken erfahren, wie unentbehrlich Sie für meine Ruhe geworden sind – mit Schrecken, denn ist es nicht töricht, sein Glück an ein Gut zu binden, das nicht unser gehört und uns in jedem Augenblicke entzogen werden kann? Und wenn dieses so ist, bin ich dann nicht auch ein Tor? Ob ich ein Tor sei oder nicht, möchte ich es in den Blicken meiner Freundin lesen, wenn ich sie wiedersehe! Aber wie undankbar ich bin. Mit welcher Milde und Gutmütigkeit haben Sie nicht schon meine Freundschaft und ihre Ausdrücke geduldet, und nun dringe ich Ihnen vielleicht das peinliche Gesetz auf, meine wärmere Neigung von sich abweisen zu müssen – Ihnen, himmlische Seele, die Sie nicht einmal einen Sprachlehrer zu verabschieden über sich vermögen, – ach vergeben Sie meine Offenheit meiner Verwirrung. Nur der Schmerz, von Ihnen getrennt zu sein, gab mir auch den Mut, diesen Schmerz in seiner ganzen Größe zu schildern. Darum eilen Sie zurückzukehren, Sie werden auch dann zwar nicht weniger geliebt, aber mit solchen Geständnissen weniger beunruhigt werden. Sie sehen, daß Ihr Vorteil hier mit dem meinigen verknüpft ist. Ach wäre es immer so!

Wenn Sie auch heute nicht nach Hause kommen, und wenn ich nicht zu Ihnen kommen darf, könnten Sie Ihrem Freunde den Trost einer einzigen Zeile versagen?

Ich küsse in meinem Herzen tausendmal die Hand, von der ich mein Glück zu empfangen oder meine Verzeihung zu erbetteln habe. Dr. Baruch.

An Jeanette Wohl (1817?):
SSB, Bd. 4, S. 178 f.

Mainz, Sonntag, den 12. Sept. [1819], abends 10 Uhr
Gebe ich Ihnen nicht so genaue Berichte auf Minute und Schritt, gleich einem Feldwebel? Sie sind aber auch immer mein lieber genädiger Hauptmann gewesen. Mein Tagewerk ist nun vollbracht, das war aber alles nur Vorspiel, die Freude beginnt erst jetzt. Gott weiß es, und Sie wissen es, daß ich nicht von der Stelle käme und wie ein Blinder herumtappte, müßte ich Ihnen nicht Rechenschaft geben, wie ich die Entfernung von Ihnen ausgefüllt.

[...]

Mir wurde hier weder ein Paß noch selbst im Wirtshause mein Name bisher abgefordert. Hier kam mein Polizeihaß und meine Freiheitsliebe etwas in Verlegenheit, und jeder Minister hätte seine Freude daran gehabt. Loben mußte ich, daß man hier ungestört und unbelauert reisen könne, aber es hätte mir doch wohl getan, man hätte an der Wirtstafel meinen Namen gewußt und süß herauf- und herabgemurmelt. Der beliebteste Schriftsteller in der Döngesgasse saß am Tische, als wäre er nichts als ein reicher Kaufmann. In einer Festung sollte doch strengere

Polizeiaufsicht sein! – Nach dem Essen schon wollte ich Ihnen schreiben, aber ich taumelte zu sehr, denn ich hatte den feurigsten Rüdesheimer in Menge – trinken sehen. Da stehe ich so empfindungslos und nüchtern, vor der Pforte des großen Bacchustempel! Mir Ungläubigen sollte der Eingang verwehrt bleiben. Ach warum darf ich keinen Wein trinken! Doch, ich will mich trösten. Es gibt auch einen Rausch der Nüchternheit, der dauernder ist und ohne Kopfschmerzen endet.

[…]

Ich besuchte den Dom. Marmorbilder auf Grabsteinen; am meisten Fürsten. Ich liebe die Zeit nicht, wo die Vergänglichkeit von Tausenden die Ewigkeit eines Einzelnen bilden mußte. Diese Kurfürsten mit ihren fetten Wangen, sie waren guter Dinge, ihr Leben lang. Aber ihre Völker hatten keine andere Lust als die des Mastviehes im Stalle – reichliches Futter. Man wolle jetzt nichts Dauerndes, nichts Großes mehr haben, sagen die Götzendiener der alten Zeit. Keine reichbegabte Stiftungen, keine weiten Landgüter, keine Kirchen und Klöster. Aber Pyramiden und Dome können nur gebaut werden, solange es Sklaven und Bettler gibt. Freie und wohlhabende Untertanen hätte man zu solchen großen Werken nie bezahlen können. In der Domkirche liegt *Heinrich Frauenlob*, ein Minnesänger, der vor fünfhundert Jahren lebte und liebte. Im Jahre 1318 starb er, die Mainzer Frauen trugen ihn dankbar zu Grabe. Es lohnt sich wohl der Mühe, die Weiber zu loben, um von ihnen unter die Erde gebracht zu werden! Das tun sie jetzt den Männern am liebsten, die ihnen nicht gefallen.

In der Nähe der Stadt eine alte römische Wasserleitung und ein Kirchhof, wo römische Soldaten von der Welteroberung ausruhen, Grabstein an Grabstein. Auf einigen so deutliche Inschriften, als wären sie gestern erst eingehauen. Der 22sten Legion gehörten die meisten hier liegenden Soldaten zu. Diese war im Jahr 70 von Jerusalem hierhergekommen, das sie unter Titus' Anführung erobert und zerstört hatten. Ich legte meine Hand auf eines dieser Grabmäler, so feierlich wie zum Schwure, und dachte: hier unter diesem Steine modert vielleicht ein Krieger, der einen deiner Urahnen, von dem du in grader Linie abstammst, mit seinem Schwerte erschlagen; oder die Hand, die den ersten Feuerbrand in Salomons Tempel geworfen. Ein österreichischer Artillerist ging vorüber, eine Schneiderfigur. Als Völkerunterjocher hasse ich die Römer so sehr als unsere neuen Wachtparadenmänner. Aber dort war es das Naturrecht der Kraft, des vorherrschenden Geistes, der Staatsklugheit. Sie besiegten nur verweichlichte, rohe oder einfältige Völker, und die Besiegten waren Knechte der Freien. Aber bei uns, die wir in Europa, alle von gleicher Stärke und Bildung, wir schlagen oder werden geschlagen durch Knüffe und Spione, und wenn wir unterliegen, werden wir Knechte von Knechten. Nicht weit vom römischen liegt luftiger der Mainzer Kirchhof, der erst vor wenigen Jahren angelegt worden. Alter Tod, neuer Tod. Die Toten sind gleich alt. [...]

An Jeanette Wohl (12. Sept. 1819):
SSB, Bd. 4, S. 214–218.

Paris, den 26.–30. Okt. 1819

Meine teuere und innigst verehrte Freundin! (Warum darf ich das Beiwort nicht nachschreiben, das mir mein Herz vorsagt?) Es bedarf zwar keines erklärenden Antriebes, warum ich Ihnen schriebe, es ist dieses meine größte Freude und meine einzige Linderung; aber daß ich grade in diesem Augenblicke die Feder ergreife, das hat seine Ursache. Ich bin auf eine lustige Weise an Sie erinnert worden, wenn ich ja zweihundert Stunden von Ihnen entfernt etwas lustig finden kann. Nämlich hier hat, wie bei uns die Gasthöfe allein, so jeder Laden sein Schild oder Name. Nun ging ich eben über die Straße, einen kleinen Spaziergang zu machen; da fällt mir ein Modeladen in die Augen. Wie hieß dieser Tempel der Modegöttin? A la petite Jeanette. Ich augenblicklich nach Hause zurückkehren, damit ich es nicht vergesse, und mich hinsetzen und es Ihnen schreiben. Wenn in der kleinen Jeanette Zimmer zu vermieten sind, wird morgen hineingezogen, und dann müssen Sie auf der Adresse Ihrer Briefe an mich Ihren eignen Namen zur Bezeichnung meiner Wohnung schreiben, und was wird dann Vrints-Berberich dazu sagen, der gleich merken wird, was vorgeht?

Mit meiner hiesigen Journalistik ist noch nichts ins reine gekommen. Die Sache verhält sich wie folgt. Ich hatte gleich nach meiner Ankunft die Bekanntschaft zweier Deutschen gemacht, die beide an verschiedenen hiesigen Blättern arbeiten. […] Es liegt ganz oben an, daß diesen meinen Herren Landsleuten, die noch dabei nicht von Bedeutung sind, meine Ankunft und meine Konkurrenz bei ihrem Brotgeschäfte nicht willkommen sein kann. Sie verrieten dieses sehr bald; der eine durch zurückhaltendes Wesen, der andere durch seine Zudringlichkeit, durch seine Bemühung, mich und meine Korrespondenz nach Frankfurt auszuholen, und besonders durch seinen wiederholten Rat, die *Wage* fort[zu]setzen, natürlich in der Absicht, von der Teilnahme an hiesigen Blättern mich abzuhalten. Zu dem allem muß ich nun natürlich ein Hammelgesicht machen, und ich darf mein Mißtrauen nicht äußern. Indessen können sie mir nicht lange in dem Wege stehen, da ich hier in großem Rufe stehe und die Zeitungen bis jetzt noch nicht aufgehört haben, von mir zu sprechen, ich auch andere Bekannte habe (wie Graf Schlabrendorf), auf deren Teilnahme ich zählen darf.

Gestern habe ich an Cotta in Stuttgart und nach Weimar an die Herausgeber des *Literarischen Wochenblattes* geschrieben. An Cotta schrieb ich: da er mich früher zur Teilnahme an seinen Werken habe einladen lassen, so böte ich ihm meine Dienste an, um von hier aus für ihn zu arbeiten. […]

Heiter bin ich nicht, ich bin es gar nicht, liebe Freundin. Wenn ich nur nicht Heimweh bekomme und ihm nachgebe! Ich müßte mich ja schämen. […] Ich habe es immer noch nicht genug gewußt, teuerste Freundin, wie nötig Sie zu meinem Glücke sind.

Entziehen Sie mir die einzige Erleichterung nicht, die mir Ihre Briefe geben können. Ich weiß, daß Sie mir gern schrieben, oft und viel. Könnten Sie wegen irgendeiner Bedenklichkeit sich davon abhalten lassen? Wollten Sie sich selbst Gewalt antun, um mich zu peinigen? Nicht bloß die Entfernung von Ihnen, auch die von unseren Freunden, ja die vom deutschen Vaterlande tut mir weh. Ich hätte es selbst nicht gedacht, daß ich im heimatlichen Boden so eingewurzelt wäre. Gehe ich über die Straße und höre Deutsch sprechen, dann bin ich jedesmal hocherfreut. [...]

Mich fror es hier, bei der Großen Oper, bei der französischen Artigkeit und bei all dem Glanze des Palais Royal. Da führte mich der väterliche blinde Trieb, der die Zugvögel in warme Länder zieht, in die Antikengalerie. Wie wohl ward mir da! Der Himmel ward blau über mir, es kam wieder Sonne in meine Adern, wahrhaftig meine Augen wurden naß. Die ernsten römischen Kaiser, die hohen Götter Griechenlands, die stillen schauerlichen Sphinxe und andere ägyptische Heiligenbilder. Künftig oft davon. Dort will ich überwintern, dort werde ich verweilen, sooft ich Ihrer gedenke, teuere Freundin, und mich meine Sehnsucht schmerzt.

[...]

Noch einmal, teuere Freundin, vergessen Sie nicht, daß Sie mir alles sind und daß mein ganzes Leben in Dunkelheit liegt, wenn Sie es nicht beleuchten. Lassen Sie mich oft in Briefen Ihre Stimme hören. Und schreiben Sie nicht so weitläufig, sondern, wie ich, mit kleinen Buchstaben, damit viel auf dem Bogen gehe; denn ich weiß, ist der Bogen voll, Sie fangen keinen zweiten an. Ich grüße alle unsere Freunde herzlich und beneide alle, die Ihnen nahekommen – Adieu. Aber bin ich nicht ein rechter Tor, daß ich Sie verlassen habe um der guten Sache willen, was mir keiner dankt? Hätte ich mich in die Zeit geschickt, über gewisse Dinge geschwiegen, über andere gesprochen, wie man es verlangt, ich hätte auch in Frankfurt durch Schriftstellerei das Nötige erwerben können. Die Freiheit und Sie! Das Herz des Menschen ist so eng. Warum muß man wählen?

Ich fürchte, ich ertrage es nicht lange. Eines Abends geht die Tür auf … Noch eine Tasse … O Glückseligkeit!

Dr. Börne.

An Jeanette Wohl (26.–30. Okt. 1819):
SSB, Bd. 4, S. 251–259.

Ellfeld, d. 28. Mai 1820
Sonntag, abends 10 Uhr

[…] Allein muß ich wandern, um vergnügt zu sein, ich darf es nicht einmal mit Ihnen. Nicht einmal? Am wenigsten mit Ihnen. Ich sehe Sie überall in der ganzen Natur, aber mit Ihnen, die Natur nur durch Sie. Ich stand gestern abend wohl eine Stunde am Fenster, bis die Dämmerung ganz zur Nacht geworden war. Dann ging der Mond auf wie eine Blume, verblühte aber schnell wieder. Auch jetzt ist der Himmel bewölkt. […]

Was ich fühle, was ich genieße, was ich wünsche, hoffe und leide, alles trifft in einem Punkte zusammen. Sie machen doch ein Geheimnis daraus, daß ich künftig sechs verschiedene Monatsschriften herausgebe? Es ist mir daran gelegen, daß es jetzt noch keiner erfahre. Grüßen Sie mein liebes Publikum. Ich bringe allen ein flacon Rheinwasser mit und ein wenig Staub vom Niederwald. Es ist 8 Uhr. Ich mache mich auf den Weg. Die vorigen Briefe waren mit einem großen Taler gesiegelt. Jetzt brauche ich einen Sechsbätzner dazu.   B.

An Jeanette Wohl (28. Mai 1820):
SSB, Bd. 4, S. 292 f.

Samstag, 9. Februar
Freilich dachte ich zu solide von Ihnen! Sie treiben sich also auf Bällen herum und – […]. Was macht die Wage? Werden Sie bald die Wage herausgeben? Was lassen Sie diesmal in Ihr Wagheft drucken? Kommen große prachtvolle oder kleine niedliche Auf-

sätze in Ihrer nächsten Wage? Das Publikum sieht mit angeneh-
men Erwartungen Ihrem nächsten Wagheft entgegen. Wie freue
ich mich auf die Wage. Theaterkritiken kommen wohl diesmal
schwerlich in Ihrer Wage? Doch wäre es wohl nicht uninteres-
sant, über die Stuttgarter Bühne in der Wage zu lesen. Sie kön-
nen es gewiß gar nicht erwarten, bis Sie mir das erste Exemplar
zugeschickt, Sie guter Mensch, nein wie Ihr einziges Bestreben
nur darauf hinausgeht, mir Freude zu machen, mir einen kaum
ausgesprochenen Wunsch abzulauschen und mich mit einer un-
erwartet schnellen Ausführung zu überraschen. Ich grüße
freundlich den Herausgeber der Wage, aber nur an den Verfasser
dieser Zeitschrift ist dieser Gruß und meine Zuschrift gewendet.
Sollte er sich diesem Berufe entzogen haben oder noch entziehen
wollen, so sehe ich mich gezwungen, ihm auf lange ein Lebewohl
zu sagen – oder – die Wage! die Wage, Wage, Wage, Wage … die
Wage!!!   *J. W.*

Den 13. Februar

Die Wage!!!!!

J. W.

Jeanette Wohl an Börne (9. u. 13. Feb. 1822):
SSB, Bd. 5, S. 821 f.

Stuttgart, den 15. Febr. 1822

Liebe Freundin, Ihr Scherz hat mir sehr wehe getan, und Sie
werden ihn nicht wiederholen. Sie hätten daran denken sollen,
daß ich von Ihren Briefen lebe und daß es gleich viel ist, ob Sie
mir diese Nahrung aus Bosheit oder aus Mutwillen entziehen,
mich schmerzt immer der Hunger. An den Tagen, wo ich Ihre
Briefe erwarte, erwache ich eine Stunde früher als gewöhnlich,
ich bin in der glücklichsten Unruhe, und nun das Schreiben
schon in der Hand zu halten und sich getäuscht zu sehen! Mir

sind die hellen Tränen aus den Augen geflossen. Oder sollten Sie sich vielleicht vorgenommen haben, mir nicht eher wieder zu schreiben, als bis die *Wage* erschienen? Das wäre schlimm für mich und für Sie. Ich würde mich im Anfange an mir selbst rächen und Ihnen auch nicht mehr schreiben und könnte ich es nicht mehr ertragen, mich an Ihnen rächen und nach Hause kommen. Ich habe Ihnen die Ursachen geschrieben, warum ich mich jetzt nicht mit der *Wage* beschäftigen kann. Gedulden Sie sich noch ein wenig, liebes Herz, sobald als möglich will ich mich daran machen. Ich weiß es ja recht wohl, daß ich Ihre Freundschaft nur der *Wage* zu verdanken habe. Sehen Sie, was Sie mir angetan haben. Das war kein mündlicher Scherz, den man in der nächsten Viertelstunde wieder gutmachen kann, 10 Tage kostet er mich, in denen ich kein Wort von Ihnen erfahren. In einigen Tagen sind es 6 Monate, daß ich von Ihnen entfernt bin, und das ist der Lohn für meine Ausdauer! Nicht um es Ihnen zu vergelten, aber ich kann meines Verdrusses und meines Kopfes nicht Meister werden; und darum dieser Brief so kurz. Aber doch der Ihrige

Dr. Börne, geb. Wohl.

An Jeanette Wohl (15. Feb. 1822):
SSB, Bd. 4, S. 559f.

Berlin, d. 1. März 1828 (Samstag)

Deinen lieben lieben Brief und die süßen Nadelstiche darin habe ich hundertmal geküßt. Seit Du mich Du nennst, ist erst recht der Frühling über mir aufgegangen, und es ist mir, als finge ich erst jetzt an, Dein schönes Herz im Sonnenschein zu sehen. Wir wollen uns von den Gefahren zu großer Liebe nicht schrecken lassen, wir wollen uns immer mehr und mehr lieben. […] Ich bleibe meinem Vorsatze treu, Menschen aller Art hier kennenzulernen und ihre Einladungen zu benutzen, ohne meiner

Neigung nachzugeben; denn wenn ich dieses täte, hätte ich an meinen schon gemachten Bekanntschaften genug, denn bessere finde ich doch nicht. Schleiermacher aber werde ich nicht besuchen. Ich habe früher in Frankfurt erfahren, daß er sich nicht vorteilhaft über mich geäußert und daß er mich nicht leiden kann. […]

An Jeanette Wohl (1. März 1828):
SSB, Bd. 4, S. 888.

Paris, d. 20. Sept. 1830

Ich will von nichts hören und nichts wissen, als, ob Sie eingepackt haben. So viel sehe ich ein, daß, wenn ich es auch ohne Sie hier einen Winter würde aushalten können, ich doch gewiß nichts arbeiten könnte ohne Sie. Der Dr. Sichel hat mich gestern besucht. Er scheint ein sehr braver Mensch zu sein, und er gefällt mir sehr gut, besonders auch darum, weil ich neben ihm als ein Adonis erscheinen muß; er ist erschrecklich häßlich. Ich habe ihm nun gleich meine Not mit Ihnen geklagt und ihm Ihre Bedenklichkeiten, mit mir allein hier zu sein, mitgeteilt. Er sagte, Sie hätten ganz unrecht. Wenn unsere beiden Wohnungen nur durch einen Korridor getrennt wären, wüßte er gar nicht, was jemand darüber sagen könnte. Übrigens, geschähe es auch einmal, daß jemand bemerkte: die beiden jungen Leute scheinen sich gern zu haben, was denn das wäre? Da[s] sei ja in der ganzen Welt nicht anders. […]

Adieu, bête allemande.

B.

An Jeanette Wohl (20. Sept. 1830):
SSB, Bd. 4, S. 1126.

Frankfurt, Samstag 2. Oktober 1830

Ich habe ihren Brief Nr. 12 erhalten und mich sehr mit dessen Inhalt gefreut ... Halten Sie nun aber auch Wort mit dem, was Sie versprochen [...]. Es wäre ja eine Schande, wenn Sie in Paris Heimweh nach Frankfurt bekämen! Doch fürchte ich immer, Sie fallen wieder in die nämliche Einförmigkeit wie vor mehreren Jahren in Berlin, wo Sie auch aus Trägheit, statt sich in der großen Welt herumzutreiben, wie Sie damals den edeln Vorsatz hatten, jeden Abend bei Saalings zubrachten. Fassen Sie den edeln Vorsatz, ein homme du monde zu werden, tun Sie es nur wenigstens für diesen Winter, damit Sie doch auch einmal die große Welt kennenlernen und nicht – zum dritten Male vergebens in Paris gewesen sind ... Adieu, mein lieber Freund, seien Sie vergnügt und genießen das für Sie so schöne Paris, und denken Sie gefälligst so wenig als möglich Ihrer ganz ergebenen

J. W.

Jeanette Wohl an Börne (2. Okt. 1830):
SSB, Bd. 5, S. 843.

Paris, d. 10. Okt. 1830

Ihre Briefe machen mir eigentlich nur Freude, ehe ich sie aufmache, und in der Erwartung, daß sie recht groß sind. Aber einmal geöffnet, ist auch alles vorüber. In einer Minute habe ich sie gelesen, es ist das kürzeste Vergnügen auf der Welt. Ich werde durch Ihre lange Buchstaben und gestreckte Zeilen sehr betrogen. Ihre ganze Briefe schriebe ich in zwanzig Zeilen. Was können Sie aber dafür? Ihre Freundschaft reicht nicht weiter. Sie sollten nur einmal Ihre Briefe im Französischen lesen, wie schön sie sich darin ausnehmen. Ich glaube, Sie wissen gar nicht, daß Ihre meisten Briefe in den hiesigen Blättern stehen und oft ganz wörtlich. Ich erzähle nämlich den Inhalt einem, der in den *Globe* schreibt, und der läßt die Neuigkeiten drucken. Aus dem

Globe kommen sie in die andern Blätter. Das macht mir vielen Spaß. Daß der Bürgermeister gehängt worden ist, die Truppenversammlung in Offenbach, daß Weißbinder die Soldaten mit Kalch besprützt und mit Pflastersteinen bedroht, das steht alles darin. In Frankfurt ließe sich gewiß keiner träumen, daß Sie Korrespondentin des *Globe* sind. Vielleicht werden Sie noch einmal darüber eingesperrt. [...]

An Jeanette Wohl (10. Okt. 1830):
SSB, Bd. 4, S. 1150.

Frankfurt, Dienstag 30. November 1830
Wie überrascht war ich wieder, schriftstellerisch Ihre schöne Ge-
danken ausgesprochen zu sehen. Was mich aber dabei beunru-
higt, ist diese tief ausgesprochene Wehmut, die nicht schöngeistig
gesagt, sondern aus dem innersten, sehr bewegten Herzen kom-
men muß. Mich haben diese Klagen sehr angegriffen, und Sie
waren gewiß nicht gleichgültig dabei, als Sie sie niederschrieben.
Taugt das für Sie? Ihre Gesundheit geht mir über Deutschland
und auch über Ihren Ruhm. Überhaupt die Deutschen! So war-
men Anteil darf man nicht an ihnen nehmen, man geht zu-
grunde darüber. Und was die Franzosen immer von ihrem
Lande sagen, daß sich überall ein Echo findet, wo von wahrem
Patriotismus die Rede ist, davon scheint in Deutschland keine
Spur. [...]

Jeanette Wohl an Börne (30. Nov. 1830):
SSB, Bd. 5, S. 848.

Frankfurt, Freitag, 10. Dezember 1830
[...] Sie sehen, daß ich recht hatte mit meiner Briefidee. Sie be-
stätigen es selbst durch Diderot. Der Stoff wäre jetzt noch rei-
cher, wenn auch Ihr Herz kälter, und der größte Beweis – Sie ha-
ben immer noch nichts für Ihren achten Band geschrieben! [...]

Jeanette Wohl an Börne (10. Dez. 1830):
SSB, Bd. 5, S. 849.

Paris, Dienstag, d. 14. Dez. 1830
[...] Aus dem 8ten Bande sehe ich nichts werden. Hätte ich nur
Ihrem Rat gefolgt. Wenn Sie wirklich glauben, daß in meinen
Briefen an Sie genug Stoff sei, noch die fehlenden Bogen auszufüllen, schreiben Sie nur das Brauchbare ab. Wird Sie das aber
nicht anstrengen? Könnten Sie nicht jemand dazu brauchen,
dem Sie diktieren. Es müßte freilich eine vertraute Person sein,
denn von jedem möchte ich die Sache nicht gern vorauslesen lassen. Was nicht zu brauchen, werden Sie wissen. Doch vielleicht
wäre manches Wort dienlich zum Ausarbeiten. [...] Ich werde
also an nichts mehr denken und nichts tun als Ihnen Briefe
schreiben und mehr als bisher. Da überlege ich nicht, und steht
es einmal auf dem Papier, kann ich es mit einigen Abänderungen
doch zum Drucke gebrauchen. [...]

An Jeanette Wohl (14. Dez. 1830):
SSB, Bd. 4, S. 1238 f.

Frankfurt, Sonntag 9. Oktober 1831
... Recht viel Verdruß macht es mir, daß Sie in H. [Heine] den
Mann nicht gefunden haben, wie Sie ihn erwartet. Es tut mir
deshalb so leid, weil Sie sich viel erwartet, viel von ihm ver-
sprochen hatten und nichts gefunden haben. Ihre Bemerkung,
warum er kein Journal mit Ihnen unternehmen will, ist gewiß

sehr richtig. Daß er sich seine Gesinnungen abkaufen läßt, ist
wahrhaft schmerzlich – und so hätte ich ihn mir doch nicht ge-
dacht. Er sucht vielleicht etwas darin, als Seitenstück zu Mira-
beau zu gelten …

Frankfurt, Freitag 14. Oktober 1831
… Also wieder sind Sie auf Goethe aufgebracht! Wenn Sie aber
alle den Zorn, den Sie auf Goethe haben, einmal öffentlich aus-
sprechen wollten – – wie wird aber da die – deutsche Welt auf Sie
aufgebracht werden. Fürchten Sie das nicht? Das wird arg wer-
den – und ob Sie auch ganz und in allem recht gegen ihn ha-
ben?? …

Jeanette Wohl an Börne (9. u. 14. Okt. 1831):
SSB, Bd. 5, S. 859 f.

Mariahalden, Dienstag, d. 14. Aug. 1832
[…] Wie konnte es Ihnen nur in den Sinn kommen, daß ich
künftig die Pariser Briefe an eine andere schreiben soll? Kann
ich denn das, wenn ich auch wollte? Bin ich denn ein Schriftsteller wie die andern, die nur gelesen und gelobt sein wollen?
Kömmt mir nicht alles aus dem Herzen, und muß ich nicht jemand lieben, ihm meine Gedanken mitteilen zu können? Sie
sollten rot darüber werden, daß Sie haben blaß werden können.
Schon daß ich neulich nur aus den Briefen einiges hier vorgelesen, war mir eine wahre Pein, und ich tat es nur aus schuldiger
Höflichkeit. Sie sind und bleiben ewig mein einziges und ganzes
Publikum, und die andern bekommen, was ich schreibe nur vom
Buchhändler zu lesen, nicht von mir. […]

An Jeanette Wohl (14. Aug. 1832):
SSB, Bd. 5, S. 299 f.

In einem in seinem Nachlass befindlichen »Gesindebüchlein der Stadt Frankfurt« nennt sich Börne in seiner Eigenschaft als Freund Jeanette Wohls zu ihrem Dienst verpflichtet »auf ewig«. In der Rubrik »Trat in den Dienst wann?« steht das Datum vom 15. Januar 1815, in diejenige »Trat aus wann?« schrieb er: »an seinem Sterbetag.«

Gottlieb Schnapper-Arndt:
Jeannette Straus-Wohl und ihre Beziehungen zu Börne.
In: Westermanns Illustrierte Monatshefte,
Bd. 62, Braunschweig 1887.

»wie gebannt in diesem magischen Judenkreise«

Börne, Anwalt und Kritiker der Juden

[…] Unsere Leser mögen es erlauben, daß wir ihnen ein Gemälde der Judengasse geben, wie es vor zwölf Jahren passend war. Laßt uns einen Spaziergang machen durch den langen finstren Kerker, worin das hochgepriesene Licht des achtzehnten Jahrhunderts noch nicht hat dringen können. […]

Es war 11 Uhr, als wir in die Judengasse traten, und wir hatten den Sabbatvormittag gewählt, als die Zeit, wo sich alles darin in der größten Herrlichkeit zeigt. Am Eingange der Straße war ein Adler hingepflanzt, sonst das Symbol der Freiheit und Hochherzigkeit, hier ein Zeichen der Knechtschaft und der Schwäche. Es ist ein kaiserlicher Adler, den die Juden als Denkmal ihrer Dankbarkeit für den Deutschen Kaiser hingesetzt hatten, weil er sie so oft gegen die Wut der Frankfurter Bürgerschaft in Schutz genommen. *Vor* uns eine lange unabsehbare Gasse, *neben* uns grade soviel Raum, um den Trost zu behalten, daß wir umkehren könnten, sobald uns die Lust dazu ankäme. *Über* uns ist nicht mehr Himmel, als die Sonne bedarf, um ihre Scheibe daran auszubreiten; man sieht keinen Himmel, man sieht nichts als Sonne. Ein übler Geruch steigt überall herauf, und das Tuch, das uns vor Verpestung sichert, dient auch dazu, eine Träne des Mitleids aufzufangen oder ein Lächeln der Schadenfreude zu verbergen dem Blicke der lauernden Juden. Mühsam durch den Kot watend dient der verzögerte Gang dazu, unsrer Beschauung die nötige Muße zu verschaffen. Scheu und behutsam wird der Fuß aufgesetzt, damit er keine Kinder zertrete. Diese schwimmen in der Gosse herum, sie kreuchen im Kote umher, unzählig wie ein

Gewürm von der Sonne Kraft dem Miste ausgebrütet. Wer gönnte nicht den armen Knaben ihre kleine Lust? Haben sie doch keinen Hofraum, kein Gärtchen im Innern des Hauses, wo sie ihre kindlichen Spiele ausüben könnten. Wohl, wenn der Kindheit Spiel das Vorbild ist von des Lebens Ernst, dann muß die Wiege *dieser* Kinder das Grab sein alles Mutes, aller Hochherzigkeit, aller Freundschaft und jeder Lebensfreude. Fürchtet ihr, die turmhohen Häuser möchten einstürzen über uns? O fürchtet nichts! Sie sind wohl befestigt, die Käfige der beschnittenen Vögel, gestützt auf den Grundstein der ewigen Bosheit, gut gemauert von den emsigen Händen der Habsucht, geleimt mit dem Schweiße der gefolterten Sklaven. Zaget nicht, sie stehen fest und fallen nimmer. – Von oben, unweit den Sternen, schaute ein schönes Mädchen herab: unsre Cousine ist's, kommt, wir wollen ihr ein Sträußchen bringen. Aber, lieben Leute, unser Onkel liebt die strengste Etikette, ihr müßt euch bücken, noch ehe ihr ins Haus tretet. Wir bückten uns und traten hinein. Kaum waren wir einige Schritte fortgegangen, so erlosch das Tageslicht hinter uns; grause Finsternis breitete sich aus; wir bebten. O Pharao, Pharao, wie konntest du zehn Tage lang solche Plage ertragen und doch die Juden nicht ziehen lassen! Wir wollten umkehren, aber zu spät. Der Weltgegend unkundig, kamen wir statt zurück immer weiter vor. Der Gang war eng, und der Kopf wurde derb gezeichnet, wenn er, seiner Phantasie folgend, nach rechts oder links ausweichen wollte. Endlich gelangten wir an einer Treppe. Wir stiegen unzählige Stufen hinauf, bis endlich einige Lichtstrahlen uns die Hoffnung gaben, daß die Visitenstube unsrer Kusine nicht fern sein dürfte. Wir machten wirklich ein Stübchen ausfindig, das von einer Lampe erhellt war, mit dessen Licht einige kümmerliche Sonnenstrahlen in einem lächerlichen Kampf begriffen waren. Das Zimmer nämlich ward vom Schornstein des gegenüberstehenden Hauses zugleich beräuchert und verfinstert. Ein altes Mütterchen belehrte uns, daß wir falsch gegangen wären und daß unsre Kusine gar nicht hier wohnte. Wir beteuerten, die Mamsell hätte oben

aus dem Fenster herausgesehen. Es war auch wirklich so; aber die Türe, die unter diesem Fenster lag, führte in ein ganz anderes Haus. So sehr sind die Häuser wegen Mangel an Raum ineinandergefügt und -geschoben, daß Fenster und Türe, die vertikal übereinanderstehen, zu zwei verschiedenen Häusern gehören, die zwanzig Schritte weit auseinander liegen – – – – – – – – – – –
. . . .
Acht Tage darauf, und die Gasse lag zur Hälfte in Schutt und Asche. Die Vorsehung hatte sich in einem genädigen Augenblick herabgelassen, den Juden in eigener Person eine handgreifliche Lektion zu geben. Es war im Juli des Jahres 1796, wo durch ein Bombardement der Franzosen an 180 Häuser niederbrannten. Wenn in der Geschichte der französischen Revolutionskriege die Eroberung Frankfurts als ein unbedeutender Punkt verschwindet, so wird in der Geschichte der Frankfurter Juden jenes Bombardement doch ewig Epoche machen. Nicht das Unglück der Begebenheit ist es, die sie wird unvergeßlich machen; denn obzwar unter den Abgebrannten eine große Zahl armer Familien war, so hatte doch die Frankfurter Judenschaft mit einer edlen Freigebigkeit dafür gesorgt, jenen Schaden soviel als möglich unfühlbar zu machen. Aber der Vorfall hatte auf die Bildung der Juden einen so vorteilhaften Einfluß, daß diese Wirkung zu zernichten den obskuranten Behörden mit allen ihren architektonischen Institutionen nicht gelingen möchte. Die Mauer, die sie von des Lebens Freuden trennte, ward nicht ganz niedergerissen, aber doch durchlöchert, und die gefangnen Tiere schlüpften jubelnd hindurch, um nach vielen hundert Jahren zum erstenmal des Himmels freie Lüfte einzuatmen. Man mußte den Abgebrannten die Erlaubnis geben, sich in der Christenstadt Wohnungen zu mieten; man *mußte* es, wie wollte man's ändern? Oder nein, man tat es gerne. Denn das Vergnügen, die verhaßten Juden an ihrer empfindlichsten Seite gekränkt, ihren Reichtum vermindert zu sehen, dieser Genuß war groß genug, um dem Gegenstand, der ihn verschafft hat, um den Juden selbst eine Erkenntlichkeit dafür zu ziehen. Von diesem Augenblick an lernte

man deutlich einsehen, wie der Mangel an bürgerlicher Sittlichkeit, an Lebensart, an wissenschaftlichen Kenntnissen und allem dem, was man von gebildeten Menschen fordert, wie dieser Mangel nur durch das Zusammenwohnen der Juden verursacht worden sei. Denn kaum wohnten sie unter Christen zerstreut, als sie sogleich begannen, sich alle jene Tugenden anzueignen. Wenn die Judenschaft ihre Gasse als einen großen Familiensaal zu betrachten pflegte, worin sie alles das tun und unterlassen durfte, was man in seinem Hause zu verrichten und zu unterlassen gewohnt ist, so konnte der äußere Anstand unmöglich dabei gewinnen. Am Sabbat sah man die Herrn in Schlafrock und Pantoffel, die Damen in ihren Nachthauben herumspazieren. Die jungen Frauenzimmer zeigten sich in Negligés, als wären sie in ihren Schlafstuben. Sie saßen auf Bänken vor ihren Häusern und deklamierten Schillers Gedichte. Sie nahmen daselbst ganz ungeniert die Besuche ihrer Liebhaber an. Man trank auf der Straße seinen Kaffee, man rauchte, man zankte, man küßte sich; kurz, man tat wie zu Hause. Dieser Unfug mußte natürlich aufhören, sobald die Wohnungen der Juden zerstreut wurden. Wenn auch schon früher mancher Aufgeklärte das lästige ungereimte Zeremoniell des jüdischen Kultus hätte hintenansetzen mögen, so mußte er doch, durch Verhältnisse gebunden, den Späherblick der Nachbarn fürchten; aber diese Fessel fiel weg, sobald er unter Christen wohnte. Wenn viele, nicht bloß aus Bigotterie, sondern mehr aus Gewohnheit sich scheuten, irgendeine Ritualvorschrift des Talmuds zu übertreten; wenn sie von ihren unendlichen Morgen-, Abend- und Tischgebeten kein Jota fallen ließen, so mußten sie jetzt, um ihre christlichen Nachbarn nicht zu stören, ihre Psalmen doch leiser singen, und darauf folgte gar bald die gänzliche Beiseitsetzung derselben. Wegen der größern Entfernung der Wohnungen wurde der Umgang der Juden unter sich selbst seltener gemacht. Man gewöhnte sich den jüdischen Dialekt ab, man entsagte der orientalischen Sitte, immer mit bedecktem Haupte umherzugehen. Es war nun unbequem, die Kinder ferner die Schulen der Judengasse besuchen zu lassen, man fand sich daher bewogen, sie in christliche Schulen zu schicken. Dieses gab Veranlassung zur Errichtung neuer jüdischer Schulen, die nicht des Kontrastes mit den ältern Anstalten bedürfen, um vortrefflich befunden zu werden. Unzählige Vorteile waren es, die aus der Einäscherung der Judengasse hervorgingen. Man hätte nun erwarten sollen, daß hierdurch der Haß der Bürgerschaft gegen die Juden würde zerstört werden. Denn man sah, daß die jüdischen Bewohner die Christenheit weder verpestet noch die Sitten ihrer Nachbarn verderbt hatten. Kein Feuer fiel vom Himmel, kein Erdbeben ward vernommen, kein furchtbarer glühender Komet drohte die ruchlose Stadt zu zerstören, wo Juden mitten unter ehrlichen Leuten wohnen. Man sah, daß der Jude kein so schlimmes Tier sei, das man wohl zu verwahren habe. Aber eben durch die Erkenntnis dieses blieb der Haß nicht bloß ungeschwächt, sondern er wurde immer mehr gestärkt. Denn wie es die Bosheit sonst bequem fand, die Juden verachten zu dürfen, um ihre Verfolgung damit zu rechtfertigen, so mußte ihr Herz ergrimmen, daß ihr diese Rechtfertigung entzogen ward. Denn die Lächerlichkeiten der Juden verminderten sich täglich. Es war nicht mehr der Moses, dem der ekle Geifer von dem Barte träufelte, der mit schlotternden Beinen und gesenktem Haupte über den Markt schlich. Die Jungens hüpften froh umher, und ihre Röcke waren nach der neuesten Mode. Man hörte seltener den jüdischen Dialekt, man sprach Deutsch wie Adelung, und gar mancher konnte *guten Morgen* sagen in verschiedenen Sprachen. Ja, hatte doch Esther die Kühnheit, sich Elwire zu nennen, und es war ihr unter dieser Maske gelungen, sich auf dem Sandhof unter christliche Tänzerinnen zu mischen und als Jüdin unentdeckt zu bleiben. »O ihr Götter, habt ihr keine Blitze?« Aber Zeus lächelte und schwieg. – […]

Freimütige Bemerkungen über die neue
Stättigkeits- und Schutzordnung für die Judenschaft
in Frankfurt am Main […] (1808):
SSB, Bd. 1, S. 46–51.

Eins ist, was mir Freude macht: nämlich daß ich ein Jude bin. Dadurch werde ich zum Weltbürger und brauche mich meiner Deutschheit nicht zu schämen.

Aphorismus (1808/1810?):
SSB, Bd. 1, S. 145.

Für die Juden

1.

Für Recht und Freiheit sollte ich sagen; aber verstünden das die Menschen, dann wäre keine Not, und es bedürfte der Rede nicht. [...]

Unser Vaterland liegt krank darnieder. Es zu heilen, darauf kömmt es an; aber so groß ist die Verworrenheit der Machthaber, daß man wünschen muß, es gäbe nur Übelwollende, denn die Gutgesinnten verderben am meisten. Jene sehen schadenfroh dem Übel zu und tun oft nichts Schlimmeres, als daß sie dessen Verlauf der Natur überlassen. Diese aber, mitleidig, hülfsbegierig und unwissend, greifen handelnd ein. Alle Glieder leiden, und da üben sie für jedes und für jeden Schmerz eine besondere Heilungsart. Sie sind so toll, daß sie auf den fieberhaften Puls ein Pflaster legen, ihn zu besänftigen, als säße da der Grund des Übels. Oder wäre es nicht so? Kennet ihr den Blutlauf des Volkslebens, und hätte ich nicht erst um Verzeihung zu bitten, wenn ich von so weitaussehenden Grundsätzen zu den Juden – *hinabsteige*, wie ihr sagen werdet? Von den Hassern jener unglücklichen Menschen rede ich nicht; sondern von den Billigen, von den Gleichgültigen. Diese Judenverfolgung, mögen sie denken, das sei keine vaterländische Sache, eine Kleinigkeit. Freilich, eine häßliche beblatterte Lippe mag jungen Mädchen nur nicht küssenswert dünken; aber Heilkünstler sollten wissen, daß sie von bösen Säften zeuget.

Will man reden von dem unversöhnlichen Hasse, der schon

achtzehn Jahrhunderte die Juden verfolgt, so darf man nicht von dem Geschehenen reden, sondern von dem, was geschieht und geschehen soll. In der vollbrachten Tat war Notwendigkeit, Freiheit ist nur in der zu vollbringenden. Was die Menschen verschulden, nicht was die Menschheit verschuldet, kann gerichtet werden; ein Irrtum, der fast zweitausend Jahre gedauert, steht höher als jeder Tadel. Doch wenn der betrachtende Geist hoch und ruhig schwebt über Nebel und tobende Gewässer, über Leidenschaften, über verwirrende Verhältnisse und jede Sünde und jeden Irrtum ausgleicht, so dürfen die niederstehenden, gemeinen, ruchlosen und wahnsinnigen Menschen dort oben keine Rechtfertigung suchen für all ihr Treiben. Denn wie die Erde sich um ihre Achse dreht, indem sie die Sonnenbahn durchwandelt, so hat auch der Mensch eine doppelte Bewegung, eine besondere und eine allgemeine. Diese reißt ihn unaufhaltsam fort; es ist sein Schicksal. Jene wird von seinem Willen bestimmt; es ist die Freiheit.

Worin das böse Verhängnis der Juden besteht, ist schwer zu erfassen, weil es seine Laufbahn noch nicht vollendet hat und erst im Tode der Dinge ihre Lebensbedeutung sich offenbart. Es scheint aus einem dunkeln unerklärlichen Grauen zu entspringen, welches das Judentum einflößt, das, wie ein Gespenst, wie der Geist einer erschlagenen Mutter, das Christentum von seiner Wiege an höhnend und drohend begleitete. […]

Vormals hatte man aus Glaubenswut Juden und Ketzer verbrannt; aber weil dieses unmenschlich war, kann es nicht menschlich gerichtet werden. Man beraubte die Gemordeten; denn das Fett der Schlachtopfer war stets der Lohn der priesterlichen Dienste. Aber jetzt, da auch der ruchloseste Heuchler nicht zu sagen wagt, daß er die Juden wegen ihres Glaubens verfolge, womit wird jetzt die Bosheit beschönigt? Sonst dachte man, die Juden kämen nicht in den Himmel, und darum wollte man sie auch nicht auf Erden dulden; aber jetzt, da man ihnen den Himmel gönnt, warum möchte man sie immer noch von der Erde vertilgen?

Es wird mit der schamlosesten Heuchelei gegen die Juden zu Werke gegangen, es werden lügnerische Behauptungen mit solcher Keckheit geführt, daß selbst Gutgesinnte dadurch getäuscht werden, weil sie nicht glauben können, daß man sie so plump betrügen wolle. Darum will ich die Toren entlarven und den Bösewichtern ins Angesicht leuchten. Sie werden lärmen und schwirren wie die aufgeschreckten Nachteulen. Die hochweisen regierenden Knechte werden sagen: man solle die Gemüter nicht aufreizen durch Reden. Sie meinen, wenn alles hübsch dunkel bliebe, dann sähen sich die Feinde nicht, und sie müßten Ruhe halten. Aber besser ist's, daß die Fackel der Wahrheit als die der Mordbrennerei die Nacht erhelle. Die Wahrheit reizt, ja; denn sie ist reizend; aber sie erbittert nicht. Das Gefühl der Beschämung schmerzt, aber es führt die Schuldigen zur Reue, nicht zur Wiederholung des Verbrechens. Das aufgeklärte Volk wird einsehen lernen, daß es das Schlechte nicht einmal zu seinem eignen Vorteile beging, sondern daß es das unredlich Erworbene einigen unersättlichen Aristokraten überlassen muß. Es wird begreifen lernen, daß man es zum Mißbrauche der Freiheit verleitete, um sagen zu können, daß sie keiner Freiheit würdig seien, und daß man sie zum Gefängniswärter der Juden bestellt, weil die Gefängniswärter wie die Gefangenen den Kerker nicht verlassen dürfen. Daß eine Türe mehr den Ausgang versperre, eine weniger, das ist der Unterschied; unfrei sind sie beide.

2.

In dem letzten Jahrzehent vor der Französischen Revolution wurden von deutschen Staatsgelehrten, wie für die Gesetzgebung überhaupt, so auch für die bürgerlichen Verhältnisse der Juden menschlichere und verständigere Grundsätze aufgestellt, und die Franzosen begannen ihre Staatsumwälzung damit, daß sie diese Grundsätze ins Leben einführten. In Westfalen, dem Großherzogtum Frankfurt und in andern deutschen Ländern, wo zur Zeit der Napoleonschen Herrschaft französische Regierungsart sich geltend gemacht, wurde die Rechtsgleichheit der

Juden mit den übrigen Bürgern verfassungsmäßig aufgenommen. Es geschah dieses ohne Widersetzlichkeit, ja ohne Murren des Volkes. Napoleon fiel, und Deutschland wurde frei. Alsobald erhoben sich im nördlichen Deutschland einige Schriftsteller, die gegen die Juden eiferten, und die freien Städte, das siebenschläferige Frankfurt besonders, suchten das alte Recht der Juden, oder vielmehr ihren ehemaligen rechtlosen Zustand, aus dem Staube der Archive wieder hervor. Es ist zu untersuchen, aus welcher Quelle das eine und das andere entsprang.

Bei den Deutschen, welche alle Tyrannei, unter der sie litten, dem Napoleon allein auf den Hals geworfen (denn es ist ein verführerischer Traum, an der Tyrannei nur einen Hals zu sehen), schmolz Freiheitstrieb und Franzosenhaß in ein Gefühl zusammen. Und wie man selbst das Gute verkennt oder verschmäht, was Feindeshände darbieten, so verkannte oder verschmähte man auch das Achtungswürdige, das mit der französischen Gesetzgebung ins deutsche Vaterland gekommen. So begann man nach Vertreibung der Franzosen hier und dort die bürgerliche Freiheit der Juden, die ihnen jene geschenkt, als etwas Verderbliches zu betrachten. Dazu kam, daß man die Juden für Freunde der französischen Herrschaft hielt, weil sie, wenn auch nicht weniger als die übrigen Deutschen gedrückt, doch sie allein für die Not einigen Ersatz gefunden. Es ist verzeihlich, wenn ein unbehagliches Gefühl uns gegen diejenigen anwandelt, die aus der Quelle unserer Leiden Vorteil schöpfen – ich meine, es ist eine verzeihliche *Schwäche*.

Die ruhmvollen öffentlichen Redner, welche das deutsche Volk entflammten und bewaffneten, wollten lehren, was sie gelernt, nämlich daß das Vaterland nur darum unterjocht werden konnte, weil es zerstückelt war. Die Einheit der Herrschaft konnten sie nicht herstellen, so wollten sie wenigstens die Einheit des Volkes bewirken durch gleichen Geist, gleiches Herz und gleiche Nahrung für beide. Diese Nahrung aber, urteilten sie, müsse der kindlichen Natur und Schwäche der deutschen Freiheit angemessen sein, einfach und leicht aufzulösen. Die Juden mit ihrem

Fremdartigen, mit ihrer abgeschlossenen Bildung erschienen ihnen zu selbständig, um mit der allgemeinen Freiheit assimiliert werden zu können, sie dünkten ihnen eine harte unverdauliche Speise. Dazu kam noch allerlei theatralischer Spuk. Man wollte wie in einer Oper ein unisones und uniformes Chor; man wollte nur Deutsche, wie sie aus den Wäldern des Tacitus gekommen, mit roten Haaren und hellblauen Augen. Die schwarzen Juden stachen häßlich ab. Endlich war es der zur Zeit des Befreiungskrieges noch dunkle Trieb, der erst jetzt zur Klarheit gekommen, daß nämlich alle das Streben und Kämpfen des deutschen Volks gegen die Aristokratie gerichtet sein müsse, dieser war es auch, welcher die Schriftsteller gegen die Juden feindlich stimmte. Denn die Juden und der Adel, das heißt Geld und Vorherrschaft, das heißt dingliche und persönliche Aristokratie, bilden die zwei letzten Stützen des Feudalsystems. Sie halten fest zusammen. Denn die Juden, von dem Volke bedroht, suchen Schutz bei den vornehmen Herrn, und diese, von der Gleichheit geschreckt, suchen Waffen und Mauern im Gelde. Man trenne sie, indem man den Juden die Beschützung von seiten der Großen entbehrlich mache, damit letztere zu keinen jüdischen Anleihen ihre Zuflucht nehmen können und unter Vormundschaft der bewilligenden oder versagenden Volksvertreter gestellt werden.

Seitdem es keines Symboles, keines Feldgeschreies, keines allen kenntlichen, allen sichtlichen Paniers mehr bedarf, und seit alle Deutsche wissen, um was sie kämpfen und um was sie sich zu versammeln haben, hat der Franzosenhaß und haben die dazu entflammenden Predigten aufgehört. Ja, freundlich sind wir dem französischen Volke zugewendet; denn es hat für uns gekämpft, für uns geblutet, für uns gebüßt und gesündigt, und mit reinem Herzen dürfen wir ernten, was mehr als eine verbrecherische Hand säen half. Es lehrt uns, was wahre Freiheit sei und wie man sie verdient und wie man ihr nachgeht auf unblutigem Wege. Seitdem sind auch die Lehren des Judenhasses verstummt, und die Schriftsteller, die jene schädlichen Lehren zu verbreiten suchten, schweigen jetzt. Ihr Irrtum ist ihnen zu verzeihen, da sie von ihm zurückgekehrt. Sie haben es redlich gemeint, und die Wahrheit ist nie zu teuer erkauft, auch wenn man sie mit einem vorübergehenden Wahne bezahlte.

Für die Juden (1819):
SSB, Bd. 1, S. 871–877.

Der Jude Shylock im Kaufmann von Venedig

Als nach geendigtem Schauspiele die Frauenzimmer nach Hause kamen, erzählten sie, der Gastspieler, der den Shylock dargestellt, sei hervorgerufen worden, habe sich wie üblich zierlich bedankt und habe unter anderm gesagt: ein solches Ungeheuer, wie Shylock, finde man zum Glücke in der Wirklichkeit nie. Da war ich recht froh, daß ein schlimmer Husten mich abgehalten, der Vorstellung beizuwohnen. Doch vielleicht hatte der menschenfreundliche Mann nur aus Gutmütigkeit so gesprochen. Es leben in dieser Stadt viele und reiche Juden, die von ihren christlichen Mitbürgern gehaßt und geneckt werden. Weil nun der fremde Schauspieler der christlichen Einwohnerschaft die Schadenfreude gewährt, zu seinem Benefize den Kaufmann von Venedig zu wählen, wollte er den Juden, die das Haus bevölkern helfen, wohl auch etwas Artiges sagen. Aber ernst durfte es ihm mit seiner wunderlichen Rede nicht gewesen sein; sonst hätte er gezeigt, daß er seine Rolle gar nicht verstanden. Ob es in der Natur jüdische Menschenfresser und Vampire gibt oder nicht, darauf kommt es hier nicht an; aber daran ist sehr viel gelegen, daß man nicht glaube, der große Dichter habe uns einen kleinen Judenspiegel für einen Batzen, nach Art des Hundt-Radowsky,[1] zeigen wollen. Wenn der Himmel uns unwissenden Menschen

---

1 Hartwig von Hundt-Radowsky (1780–1835): *Judenspiegel. Ein Schand- und Sittengemälde alter und neuer Zeit.* 1819

einen Propheten wie Shakespeare schickt, so geschieht es wahrlich nicht bloß, daß er uns lesen lehre, sondern zu größerer Botschaft. Überhaupt ist Shakespeares Sendung das Predigen und das Lehren nicht. Wollte er aber ja einmal ein Schulmeister sein, so dachte er im Kaufmann von Venedig gewiß eher daran den Christen, als den Juden eine Lehre zu geben.

Shylocks Judentümlichkeit in Ehren gehalten, diese schöne Moral, die alle ungemünzten Leidenschaften verachtet – ist doch, sich selbst zum Trotze, etwas Großes, etwas Erhabenes in ihm, das auf seine eigene Niedrigkeit mit Stolz herabsehen darf. Shylock ist ein gestiegener Jude, ein Racheengel; er hat sich zu einer Höhe hinauf empfunden, wo er fähig wird, etwas zu tun, das nicht seinem Beutel wuchert, etwas zu tun für *alle*. Er will sein geschmähtes, niedergetretenes Volk an dessen Peiniger, dem Christenvolke, rächen. Den Geldteufel in Shylock verabscheuen wir, den geplagten Mann bedauern wir, aber den Rächer unmenschlicher Verfolgung lieben und bewundern wir. Glaube man ja nicht, es sei eine Kleinigkeit, einem guten, christlichen Manne ein Pfund Fleisch aus der Brust zu schneiden! Das ist wohl eine Kleinigkeit für einen bösen Christen, aber nicht für einen Juden. Der Jude kann grausam sein von Geist, aber von Herzen ist er es nie; er hat ein weiches, mürbe geschlagenes Herz, er ist mitleidig, er kann kein Blut sehen. Wer weiß, ob es Shylock ausgeführt, wer weiß, ob ihm das Messer, das er so schadenfroh an seiner Sohle gewetzt, nach dem ersten Tropfen Blutes nicht aus den Händen gefallen wäre; Antonio hätte wagen dürfen, es darauf ankommen zu lassen. Und welche Opfer bringt Shylock seiner Rache! Dreitausend, sechstausend, neuntausend Dukaten! Und die Dukaten der Juden, das sind keine gewöhnlichen Dukaten, die sind viel mehr wert als die andern; ihre Liebe zu ihnen vergrößert sie in ihren Augen. Und nicht bloß diese Summe wagt er, er wagt mehr, die Zinsen dieser Summe; denn mehr ist dem Juden der Gewinn als der Besitz. Konnte Antonio nicht bezahlen zur Verfallzeit? Aber Shylock vertraut den Rachegöttern, vertraut den Meeresstürmen und den gefährlichen Winden böser Gerüchte, und sie täuschen ihn nicht. Auch lasse man sich von Shylock ja nicht irre machen, wenn er sagt, er hasse Antonio, weil dieser, wie ein Narr, Geld ohne Zinsen verleihe und dadurch die Zinsen in Venedig herunterbringe, und durch seine Entfernung werde er im Handel gewinnen. Nein, darum haßt Shylock den Antonio nicht. Die christliche Kaufmannschaft in Venedig wird auch nicht aus lauter edlen Antonios bestanden haben, und ein Mann allein, sei er noch so reich, kann den Wert des Geldes nicht verringern. Shylock ist ein Jude, er schämt sich vor sich selbst, bares Geld einer Einbildung aufzuopfern, und er sucht sich darum etwas weis zu machen. Schwärmt auch der Jude einmal, weiß er doch, daß er krank ist. Aber krank ist Shylock wirklich; nicht den Handelsfeind, den Glaubensfeind verfolgt er in Antonio und gibt im Fieberwahnsinne vollwichtige Dukaten für eine luftige Empfindung hin.

Der Schauspieler, der die Rolle des Shylock übernimmt, mag zusehen, wie er damit fertig wird. Der blutdürstige Haß des Juden soll uns entsetzen, wie jede Glaubenswut, wie jeder Wahnsinn; aber Ekel und Abscheu darf er nicht erwecken, gleich einer körperlichen Krankheit. Shylocks vermaledeite Geldsucht und die Krämpfe, in die gestörter Eigennutz seine Seele werfen, sollen unser Inneres empören, aber lächerlich sollen wir das nicht finden – wenn uns der leibhaftige Teufel erscheint, ist wahrlich nicht Zeit zum Lachen. Nun aber im Teufel den Gott zu zeigen, durch eine Sandwüste von Sünde bis zur kleinen Quelle der Liebe vorzudringen, die so weit entfernt, so verborgen rieselt: das gibt wohl dem darstellenden Künstler Arbeit genug. Denn Shakespeare tut nicht wie gewöhnliche Menschen und gewöhnliche Dichter, die, es ihrem Herzen oder ihrer Kunst bequem zu machen, lebende vermischte Dinge, gleich Scheidekünstlern, in ihre toten Elemente auflösen, *reine Charaktere* darstellen, diese lieben, jene hassen, diese anziehen, jene abstoßen – so tut Shakespeare nicht. Er nimmt nicht Partei, er gibt keinem Recht als der Sittlichkeit, die lauter im Leben nie erscheint; sondern läßt die

Erscheinungen miteinander hadern und mischt sich nicht in ihren Streit. Der Dichter hat alles mögliche getan, den Christenhaß des Juden zu rechtfertigen, und mit gleicher Anstrengung bemühete er sich, den Judenhaß des Christen zu entschuldigen. Wie sollte Shylock den Antonio nicht hassen, um so mehr hassen, je besser und edler der Mann ist! Antonio ist gut, edel und hülfreich, nur nicht für den Juden. Er beschimpft ihn vor den Augen aller Welt, er mißhandelt ihn, wo und sooft er ihm begegnet. Ja in dem nämlichen Augenblicke, da er seine Gefälligkeit, sein Geld braucht, vermag er es nicht über sich, seinen Haß, seine Verachtung zu verbergen, und der gute edle Antonio, der seinem Freunde Bassanio alles aufopfert, ist doch nicht edel genug, dem Freunde zuliebe, einem Juden gütige Worte zu geben. Dann entführt ein Windbeutel von Christ Shylocks Tochter; diese beraubt und verläßt ihren alten Vater, und nur erst mit dem Vorsatze, eine Christin zu werden, beginnt sie ihre Bekehrung damit, den Vater zu verachten, weil er ein Jude ist. Das könnte wohl das Blut einer Taube in Drachenblut verwandeln. Der Christ haßt den Juden, der Jude vergilt es dem Christen, und indem er es tut, rächt Shylock die verspottete Tugend auch an sich selbst. Er gibt Geld hin, sein Volk zu rächen, und erfährt, daß Gold nicht Herr der Welt ist, wie der Jude glaubt, sondern daß Liebe mächtiger ist als Gold, selbst im Juden.

Sooft ich Shakespeare lese, habe ich einen wahren Kummer, daß er nicht in unsern Tagen lebt, sie uns klar zu machen. Es ist, als geschähen die Geschichten nicht auf die gehörige Art, wenn kein rechter Meister da ist, der sie auf die gehörige Art erzählt. Ein Charakter, ein Verhältnis, die dieser große Dichter nicht geschildert, weil sie ihm unbekannt waren, ist wie ein Buch ohne Titel, dessen Inhalt wir erst zusammenlesen müssen. Es geschieht oft, daß große Zeiten keine großen Geschichtschreiber, Dichter oder Künstler finden, die fähig wären, sie würdig zu beschreiben, zu schildern oder bildlich darzustellen. Die vornehmen Geschichten sind zu stolz, zu unruhig oder zu beschäftigt, gewöhnlichen Künstlern ruhig zu sitzen. Diese können ihre

Züge nur im Fluge erhaschen oder müssen warten, bis die Zeit gestorben, um dann von ihrer Leiche einen Abguß zu nehmen, dem das Leben fehlt, wie dem Urbilde. Einem Maler wie Shakespeare aber halten die Zeiten stille, wohl wissend, daß die Natur nur der Kunst ihre Unsterblichkeit verdankt. Wie hätte Shakespeare *unsere* Shylocks, die großen Shylocks, mit christlichen Ordensbändern auf jüdischem Rockelor, geschildert! Wie hätte er die papierverkehrenden Shylocks ohne Rockelor gezeichnet, die das Fleisch und Blut ganzer Völker in Scheinen besitzen und die nicht mit Lumpen Papier, sondern mit Papier Lumpen machen! Wie hätte er die Ruchlosen dahin gemalt, welchen Gott ein Finanzminister ist, der spricht: es werde! und es wird eine papierne Welt; Adam, der erste Bankier; das Paradies, ein seliger Pari-Stand der Staatspapiere; der Sündenfall, der erste Fall der Kurse; welchen die Blätter der Geschichte *Metalliques*, *Bankaktien*, *Partiale* sind; welchen der jüngste Tag ein Ultimo ist; Gott Mars, der dem Ruhme, der Ehre, dem Glücke der Völker, dem Glauben, dem Rechte und andern solchen schnöden Dingen die Ruhe der Kurse aufgeopfert, ein vermaledeiter *Baissier*; Sultan Mahmud, der Beschützer der christlichen Papiere, ein großer Mann, ein gewaltig großer Mann, ein zweiter Josua; der österreichische Beobachter, das sechste Buch Mosis! O, wie hätte Shakespeare, dieser große Wechselmäkler zwischen Natur und Kunst, der das Geld der einen gegen das Papier der andern eintauscht, die Geheimnisse der Börsenherzen aufgedeckt! Wie hätte er unsere Börsenleute dahingestellt, welche die Griechen ein *»Lumpenvolk«* schelten! – Hört ihr Catos Asche lachen? – Was hat der venetianische Shylock getan? Dreitausend gute Dukaten für ein armes Pfund Christenfleisch hingegeben; das Gelüste war wenigstens teuer bezahlt. Aber unsere Shylocks, alten und neuen Testaments, ersäufen für ein Achtelchen ganz Hellas, als wär's ein blindes Kätzchen. Der Shylock von Venedig war ein Lamm, ein Kind, eine gute Seele; und doch hat der Schauspieler oben in Frankfurt gesagt: ein Ungeheuer wie Shylock gäbe es nicht in der Natur, und Shakespeare sei ein Verleumder! O, guter Schauspieler! Die Geschichte lügt, wenn sie Menschen Christen nennt, weil ihre Ahnen Wurst gegessen; aber Shakespeare lügt nicht.

Der Jude Shylock im Kaufmann von Venedig (1828):
SSB, Bd. 1, S. 499–505.

[...] Es ist wie ein Wunder! Tausend Male habe ich es erfahren, und doch bleibt es mir ewig neu. Die einen werfen mir vor, daß ich ein Jude sei; die andern verzeihen mir es; der dritte lobt mich gar dafür; aber alle denken daran. Sie sind wie gebannt in diesem magischen Judenkreise, es kann keiner hinaus. Auch weiß ich recht gut, woher der böse Zauber kömmt. Die armen Deutschen! Im untersten Geschosse wohnend, gedrückt von den sieben Stockwerken der höhern Stände, erleichtert es ihr ängstliches Gefühl, von Menschen zu sprechen, die noch tiefer als sie selbst, die im Keller wohnen. Keine Juden zu sein, tröstet sie dafür, daß sie nicht einmal Hofräte sind. Nein, daß ich ein Jude geboren, das hat mich nie erbittert gegen die Deutschen, das hat mich nie verblendet. Ich wäre ja nicht wert, das Licht der Sonne zu genießen, wenn ich die große Gnade, die mir Gott erzeigt, mich zugleich ein Deutscher und ein Jude werden zu lassen, mit schnödem Murren bezahlte – wegen eines Spottes, den ich immer verachtet, wegen Leiden, die ich längst verschmerzt. Nein, ich weiß das unverdiente Glück zu schätzen, zugleich ein Deutscher und ein Jude zu sein, nach allen Tugenden der Deutschen streben zu können und doch keinen ihrer Fehler zu teilen. Ja, weil ich als Knecht geboren, darum liebe ich die Freiheit mehr als ihr. Ja, weil ich die Sklaverei gelernt, darum verstehe ich die Freiheit besser als ihr. Ja, weil ich in keinem Vaterlande geboren, darum wünsche ich ein Vaterland heißer als ihr, und weil mein Geburtsort nicht größer war als die Judengasse und hinter dem verschlossenen Tore das Ausland für mich begann, genügt mir auch die Stadt nicht mehr zum Vaterlande, nicht mehr ein Landgebiet, nicht mehr eine Provinz; nur das ganze große Vaterland genügt mir, soweit seine Sprache reicht. Und hätte ich die Macht, ich duldete nicht, daß Landgebiet von Landgebiet, daß deutschen Stamm von deutschem Stamm auch nur eine Gosse trennte, nicht breiter als meine Hand; und hätte ich die Macht, ich duldete nicht, daß nur ein einziges deutsches Wort aus deutschem Munde jenseits der Grenzen zu mir herüberschallte. Und weil ich einmal aufgehört, ein Knecht von Bürgern zu sein, will ich auch nicht länger der Knecht eines Fürsten bleiben; ganz frei will ich werden. Ich habe mir das Haus meiner Freiheit von Grunde auf gebaut; macht es wie ich und begnügt euch nicht, das Dach eines baufälligen Staatsgebäudes mit neuen Ziegeln zu decken. Ich bitte euch, verachtet mir meine Juden nicht! Wäret ihr nur wie sie, dann wäret ihr besser; wären ihrer nur so viele, als ihr seid, dann wären sie besser als ihr. Ihr seid dreißig Millionen Deutsche und zählt nur für dreißig in der Welt; gebt uns dreißig Millionen Juden, und die Welt zählte nicht neben ihnen. Ihr habt den Juden die Luft genommen; aber das hat sie vor Fäulnis bewahrt. Ihr habt ihnen das Salz des Hasses in ihr Herz gestreut; aber das hat ihr Herz frisch erhalten. Ihr habt sie den ganzen langen Winter in einen tiefen Keller gesperrt und das Kellerloch mit Mist verstopft; aber ihr, frei dem Froste bloßgestellt, seid halb erfroren. Wenn der Frühling kömmt, wollen wir sehen, wer früher grünt, der Jude oder der Christ. – […]

Briefe aus Paris (74. Brief; 1832):
SSB, Bd. 3, S. 510–512.

An die Herren Vorsteher des Deutschen Preßvereins
in Zweibrücken.

Wir haben die Ehre, Ihnen eine Liste von Einwohnern Frankfurts, die dem schönen Bunde für *das freie deutsche Wort* beige-
treten, zugleich mit dem Betrage der Sammlung des ersten Mo-
nats zu übersenden. Alle die Unterzeichneten sind *jüdischen
Glaubens.* Wenn dieses Verhältnis unserer Teilnahme eine besondere Bedeutung gibt, die sie ohne dies nicht hätte: so ist das
weder unsere Schuld noch unser Verdienst, es ist nur unser Mißgeschick.

Wir hätten vorauseilen sollen in einem Kampfe, der uns mehr
verspricht als den übrigen Deutschen, weil uns alles fehlet; doch
wir sind die Minderzahl, und es ziemte uns daher, die Beschlüsse
der Mehrheit abzuwarten und ihrer Leitung zu folgen. Ihr dürft
unserem Mitgefühle vertrauen; den Schmerz, kein Vaterland zu
haben, kennen wir seit länger als ihr.

In dem Kriege, den sie den *Befreiungskrieg* genannt, der aber
nichts befreit als unsere Fürsten von den Banden, in welche die
große, mächtige und erhabene Leidenschaft eines Helden ihre
kleinen schwachen und verächtlichen Leidenschaften geschmie-
det, haben auch wir die Waffen geführt. Ehe der Kampf begann,
genossen wir in Frankfurt, wie überall in Deutschland, wo französische Gesetzgebung herrschte, gleiche Rechte mit unsern
christlichen Brüdern. Und nicht etwa dem Murren des Volkes
wurde diese neue Gleichheit aufgedrungen. Sie überraschte wie
alles Fremde, doch sie ward willkommen wie alles, was die Liebe
bringt. Die nämlichen Bürger tranken herzlich aus einem Glase
mit uns, die noch den Tag vorher uns mit Verachtung angesehen
oder mit Haß den Blick von uns gewendet. Denn das ist der
Segen des Rechts, wenn es mit Macht gepaart, daß es wie durch
einen Zauber die Neigungen der Menschen umwandelt: Mißtrauen in Vertrauen, Torheit in Vernunft, Haß in Liebe. Dem
Wasser gleichet Gerechtigkeit; sie fällt schnell herab und steigt
nie hinauf. Jede Regierung vermag in allem, was gut und schön

ist, die Meinungen und Gesinnungen, das Herz und den Willen der Völker umzuwandeln; aber Völker brauchen Jahrhunderte, ihre Regierungen zu veredlen, und nie der friedlichen Mahnung, nur der Gewalt gelingt es endlich, ihre Wildheit zu bezähmen.

Als wir aber aus dem Kampfe zurückkehrten, fanden wir unsere Väter und Brüder, die wir als freie Bürger verlassen, als Knechte wieder, und das sind wir geblieben bis auf heute. Nicht bloß die Rechte des Staatsbürgers, nicht bloß die des Ortsbürgers hat man uns geraubt, wir genießen nicht einmal die Menschenrechte, die, weil sie älter als die bürgerliche Gesellschaft, kein Recht unterdrücken noch modeln darf. *Man hat sich uns gegenüber das Recht der Pest angemaßt, das Recht, unsere Bevölkerung zu vermindern, und um dieses fluchwürdige Ziel zu erreichen, verstattet man uns, die wir in Frankfurt fünftausend an der Zahl sind, jährlich nur funfzehn Ehen zu schließen.* Höre es, deutsches Volk! Und wenn *Freiheit*, *Recht*, *Menschlichkeit* in Deinem Wörterbuche stehen, erröte, daß Du ohne Erröten diese Schmach, die das ganze Vaterland schändet, so lange ertragen konntest.

So wurde uns gelohnt. Wir waren nicht die einzigen, aber wir waren die am meist Betrogenen; und wahrlich, nicht die einzigen zu sein, hat uns mehr geschmerzt, als die am meist Betrogenen zu sein.

Verdienten wir unser Schicksal? Sowenig, als Ihr es verdientet. Doch hat es jeder Tyrannei an Unverschämtheit gefehlt, wenn sie aus Spott eine Rechtfertigung sucht, über die sie ihre Gewalt erhob? Dich, christlich deutsches Volk, haben Deine Fürsten und Edelleute als ein besiegtes Volk, Dein Land als ein erobertes Land behandelt. Und uns jüdisch deutschem Volke sagte man, wir wären aus dem Orient gekommen, hätten zur angenehmen Abwechslung die babylonische Gefangenschaft mit der deutschen vertauscht; wir wären fremd im Lande und wir betrachteten ja selbst unsere Mitbürger als Fremdlinge. Doch das ist unser Glauben, was auch die Verleumdung gelogen, das ist die Lehre unserer Väter; was auch die Schriftgelehrten herausgedeutet!

Als Gott die Welt erschuf, da schuf er den Mann und das Weib, nicht Herrn und Knecht, nicht Juden und Christen, nicht Reiche und Arme. Darum lieben wir den *Menschen*, er sei Herr oder Knecht, arm oder reich, Jude oder Christ. Wenn unsere christlichen Brüder dieses oft vergessen, dann kömmt es uns zu, sie mit Liebe an das Gebot der Liebe zu ermahnen – uns, die wir älter sind als sie, die wir ihre Lehrer waren, die wir den einen und wahren Gott früher erkannt und der reinen Quelle der Menschheit näher stehen als sie.

Viele unserer Glaubensgenossen, und wie hier so gewiß auch überall, zögern noch, dem Vereine beizutreten. Sie teilen unsere Gesinnungen, ihr Herz schlägt so warm als das unsere für die Freiheit des Vaterlandes; aber sie sind bedenklich, sie, die Reichen unter uns, weil sie, den Räten der Gewaltherrscher näher stehend, sich einflüstern ließen, wenn das Volk zur Macht käme, werde es die Ketten der Juden noch enger schließen.

Schenkt diesen Einflüsterungen kein Gehör, geliebte Glaubensgenossen! So sprechen jene nur, um Bürger von Bürger zu trennen, damit sie das so getrennte, sich wechselseitig mißtrauende Volk leichter nach ihrer Willkür beherrschen können. Tretet dem Bunde bei. Die Freiheit der Presse gründet die Herrschaft der Vernunft, und unter dieser Herrschaft sind alle gleich, gibt es keine Knechte.

Sie aber, würdige und mutige Männer, die für das deutsche Volk das Wort genommen, sprechen Sie es aus, was unsere Glaubensgenossen zu erwarten haben von der Freiheit des Vaterlandes. Reden Sie klar und offen, nicht für uns, nur für die andern, die ängstlich noch zurückgeblieben.

Doch wie auch Ihre Antwort falle, günstig oder nicht, *wir* treten nicht zurück. Als die Polen ihren Kampf begannen, so erhaben er auch war, lud man dort die Juden nur zum Kampfe ein, aber nicht einmal zur Hoffnung der Siegesbeute. Polen unterlag! Beginnt jetzt euren Kampf, wir teilen ihn und vertrauen auf Gott. Wir wissen: das Schuldbuch des Himmels hat nur noch wenige leere Blätter, die Torheiten und Sünden der Menschen in

Rechnung zu bringen. Dem Undanke, dem verratenen Vertrauen folgt bald die Strafe nach. Ihr werdet frei *mit* uns, oder ihr werdet *nicht* frei.

Euch aber, geliebte Glaubensgenossen, sei es gesagt: wenn einst unsere christlichen Brüder die Freiheit sich gewonnen, und wir teilen, wie den Kampf, so die Beute des Sieges mit ihnen, dann – nichts vergessen, nichts vergeben, keine Versöhnung, die nur die Grenze des Hasses ist. All unser Gedächtnis liege bei den Gebeinen unserer Väter; nur in der Zukunft wollen wir leben, nur für die Zukunft wollen wir sterben.

Briefe aus Paris (78. Brief; 1832):
SSB, Bd. 3, S. 579–583.

»Ich will ein Deutscher bleiben«

Börne, kritischer Patriot

Was wir wollen

[…] Wir wollen freie Deutsche sein, frei in unserem Hasse, frei in unserer Liebe. Mit dem Leibe nicht, nicht mit dem Herzen einem fremden Volke ergeben. Tyrannei verwundet und kann nur töten; aber die Lust, die schmeichelnde, vergiftet und versiecht. Jene lähmt die Kraft, diese auch den Willen. Wir wollen frei sein, nicht jenen Inselbewohnern untertan, die uns bereichern und entnerven. Wir dürfen wünschen, sie zu sein, nicht es ihnen nachzutun. Dort, wo der kühne Händler mit empörten Wellen kämpft, sich seinen Handelsweg durch besiegte Feinde bahnt, wo er mit Gewürzen auch den Boden erbeutet, der sie trägt, und Könige, die den Boden beherrschen; dort ist es edel, zu gewinnen – der wuchernde Efeu schlängelt sich um die Eiche der Kraft. Wir aber sind Waffensöhne; in dem Eisen ist unser Gold.
   […]
   Wir wollen das deutsche Herz nicht mit jenen Eisfeldern befreunden, wo die Empfindung gerinnt und Größe aus unumfaßlichen Kolossen spricht. Nun, da der Friede geläutet, kehre das Riesenschwert in die Scheide zurück! Wir sind uns selbst genug; wo nicht, auch sie nicht. Wir *sind*, wohin sie *zielen. Sie* haben Wälder auszurotten im Reiche der Natur und da, wo der Geist herrscht; *uns* lacht ein freundliches Land. Wir wollen sein, wie unsere Luft, fern von entnervender Schwüle und fern von erstarrender Kälte, damit sich Mut mit Liebe und Kraft mit Schönheit paare.
   Wir wollen Deutsche sein, ernsten, ruhigen Sinnes, nicht in dumpfer Gefühllosigkeit auf dem Bauche kriechen, nicht mit

wächsernen Flügeln in das Reich der Sonne steigen. Wir wollen stark sein, der Gebieter in seiner Macht, im Gehorchen der Bürger. Gleich; so daß jedem gleich geschützt, was ihm gebührt, nicht daß jedem gleiches gebühre. Wo jeder alles hat, geht alles am leichtesten verloren. […] Es ziemt uns nicht, uns keck in den Rat der Fürsten einzudrängen, sie sind besser als wir. Wir haben das Schwert, sie uns geführt; aber das Schwert kann nur töten, der Wille siegt.

Mögen andere mit plumper, ungeübter Hand in den Eingeweiden der bürgerlichen Gesellschaft wühlen, das Herz in den Magen schieben, das Gehirn neben die Leber stellen und den Lauf des Blutes nach eigner Weisheit lenken. Wir wollen es nimmermehr. Der Tag der Entscheidung wird es lehren, daß vieler Wille und Willenlosigkeit und Willkür zu gleichem Ziele führen. Wir wollen es voraus bedenken, und auch dieses: daß Tränen später Reue in dem Himmel und nicht auf Erden fruchten.

Wir wollen nicht ferner in lächerlichen Vogelschlingen eitler Konvenienzen zappeln, sondern Männer auch im Frieden sein, damit die Not uns geharnischt finde; Löwen sein, keine Schmetterlinge und auch nicht Bären, die Honig lecken. Werde der Preis der Schönheit immerhin den Jungen hingegeben, die eine gefallene Stricknadel am schnellsten wiederbringen oder am lieblichsten mit säuselndem Schmeichelwort die Glut der Eitelkeit fächeln – der tapfere Jüngling lerne solchen Preis verachten! Aber die Bürgerkrone werde nicht ferner schlauen Gaunern zuteil, die in dem Dunkeln trippeln und das schlafende Gesetz bestehlen. Sie werde am hellen Tage gewonnen und vergeben dem Würdigsten, dem Besten.

Ernst sei in den Spielen unserer Kinder, damit sie den Ernst froh und leicht, wie in dem Spiele, üben. Sie sollen nicht in martervollen Stunden lernen, wie man römische Worte und Taten dumpf bewundere, sondern in Lust und Freiheit es ihnen nachzutun. Sie sollen tauchen lernen in die Fluten der Ströme und in die Fluten der Zeit, damit sie des zerbrechlichen Fahrzeugs nicht bedürfen und sich verlassen auf die eigene Kraft. Führt den Bürgerknaben zu jenem blutgesogenen Volke, das frech mit Gesetzen spielte und zum Spotte geworden, weil es alles mit seinem Spotte besudelt; führt ihn hin, damit er gehorchen lerne. Führt den Fürstensohn auf jenes Inselland, wo in den Bergen das zornige Eisen wohnt und wo die gerechte Vergelterin sich ihren Tempel erbaut; führet ihn hin, damit er herrschen lerne und dort die heilige Lehre vernehme Müllers und der Weltgeschichte: Wer gewinnt, hat nur sich selbst zu fürchten; wer verliert, keinen anzuklagen als sich selbst.

Auch sollen unsere Frauen sich dem eiteln Tand entwöhnen, tun, was ihnen ziemt, nicht Netze stricken. Penelope, die Mutter der Gracchen und des Ritters züchtige Braut saßen nicht am Spieltisch moderner Damen. Sie sollen weben und Wunden heilen, die das Schwert oder das Geschick uns schlägt. Sie sollen das heilige, ungetrübt Menschliche bewahren, worin sich Völker entfernter Zeiten und Regionen als Brüder erkennen; das *eine*, worin die tausendfachen Kräfte, in welche die Natur des Mannes zersplittert, sich wiederfinden und versöhnen – die Liebe.

Denn wahrlich, das ist's, was vor allem nottut: daß sich die Sitten mit den Zeiten verschwistern; damit nicht etwa, nach Jahren des Friedens, wir wie aus dem Schlummer erwachen, uns selbst nicht mehr kennen, unsre eigene Taten belächeln und hingehen, um in Assembleen die sehr komischen Träume zu erzählen.

Was wir wollen (1814):
SSB, Bd. 1, S. 164–168.

Der Narr im Weißen Schwan oder: Die deutschen Zeitungen

[…] Unter den nachzechenden Gästen, die Heinrichs wunderliche Reden angehört, war auch ein stattlicher alter Mann, der sich uns schon bei Tische bemerklich gemacht hatte. Er aß und sprach wenig und trank und lächelte viel. Schneeweißes Haar bedeckte seinen blühenden Kopf, und man hätte nicht zu unterscheiden gewußt, ob er früh gealtert oder ob er die frische Jugendkraft sich lange bewahrt, wenn nicht jene behagliche Ruhe, die man im Leben nur nach langen und schweren Arbeiten gewinnt, und das Maß und die Ordnung in allen seinen Bewegungen ihn als einen Mann bezeichnet hätten, der in höhern Jahren stand. [...] Er verließ vor uns den Saal und strich beim Weggehen mit der Hand über Heinrichs Blechkasten. Ich eilte, ihn wegzuführen, um ihn dem Spotte der Anwesenden und seinen eigenen Träumereien zu entziehen. Ich schlug ihm einen Spaziergang vor. [...] Wir erreichten bald eines jener lachenden Tore, die früher wie finstere Wärter unsere schöne Stadt hüteten, jetzt wie freundliche Wirte an deren Eingang stehen. Wir traten in den unvergleichlichen Garten, der wie ein Blumengeflechte die Stadt umwindet. Es war ein herrlicher Sommerabend, die Blumen dufteten süß, und mit ihren Blättern buhlte die schmeichlerische Luft. Nur daß der unerträgliche Staub, den die vorüberfahrenden Wagen aufregten, unsere Freude störte. »In Paris«, bemerkte Heinrich, »auf den Boulevards, wo mehr Kutschen fahren, als hier Fußgänger sind, wird man vom Staube nie belästigt; denn von Morgen bis Abend wird der Weg mit Wasser begossen. Hier aber, wie überall in Deutschland, wendet die Polizei ihre Aufmerksamkeit mehr auf Personen als auf Sachen. Wie werden die Handwerksgesellen, die Dienstboten, die Schriftsteller, die Reisenden beaufsichtigt und gequält; aber der Staub braucht keinen Paß, und er kann hingehen, wo er will.« Ich bemerkte, das käme daher, weil er im Gefolge der Reichen und Großen erscheint. Jetzt fühlte sich Heinrich auf die Schulter geklopft; er sah zurück, es war der freundliche Alte. »Junges Blut«, sprach er, »Ihr tut wohl, Euch abzukühlen!« – »Junges Blut!« erwiderte Heinrich lächelnd, »ich bin viel über dreißig Jahre alt.« – »Wenn auch«, bemerkte der Alte, »nur das Blut macht alt und jung, denn nur in ihm ist das Leben.« – Der freundliche Mann schloß sich uns an, faßte bald den Zügel der Unterhaltung und lenkte sie wohin er wollte. Eine Nachtigall im nahen Gebüsche sang ihr schönes Lied. Wir blieben stehen und horchten freudig. Heinrich erinnerte mich an jenen Sommerabend in Montmorency, wo wir auch wie jetzt dem Gesange einer Nachtigall gelauscht, und wie die vielen Tausende Franzosen – es war ein Sonntag –, die aus Paris und vom Lande zum Kirchweihfeste gekommen, Männer und Frauen und Kinder, und Mädchen und Jünglinge, und Städter und Landleute, und verliebte Paare genug, und alle so von Herzen fröhlich – wie aber alle jene Tausende unbekümmert vor dem grünen Häuschen der süßlockenden Schönen vorüberzogen und wir zwei Deutsche allein ihren süßen Tönen horchten, und wie viele uns Unbewegliche ansahen, und wie sie neugierig waren, was uns so fest gezaubert! – »Das wundert mich gar nicht«, bemerkte unser Begleiter, »die Nachtigall singt dem Deutschen am schönsten, sie singt deutsch, sie ist ein deutscher Vogel.« Heinrich bemerkte: »Sie ist ein Zugvogel und sie kommt aus Asien.« – »Das hat sie mit jeder Freude gemein«, erwiderte der Alte, »und aus Asien kommen die Deutschen auch.« – Heinrich sagte: »Doch haben wir aus dem Morgenlande nichts mitgebracht als die Kastenliebe und die Lehre von der Seelenwanderung.« – »Die Seelenwanderung!« rief ich zweifelnd aus. – »Ja«, sprach Heinrich mit Lachen, »wir glauben, daß die Seele eines Hofrats, wenn dieser fromm gestorben, in den Körper eines Geheimen Hofrats übergehe, wenn er aber in Sünden dahingeschieden, in die tierische Hülle eines Bürgers ohne Titel.« – Der Alte sagte mit Lächeln: »Ich bin auch ein Hofrat; doch, lieber Freund, ich wünschte sehr, daß Sie meinen Rat mehr achteten als meinen Hofrat; Sie sind zum rechten Ziele, aber auf falschem Wege. Doch – es scheint mir, daß Sie dieses Land der Hofräte und diese Stadt, worin die hochedle Postzeitung erscheint, nicht gar zu sehr hassen; ich sehe Sie ja schon lange hier in Frankfurt.« – »Nicht doch!« erwiderte Heinrich. »Ich wohne in Paris und reise nur jährlich auf wenige Monate nach Deutschland; ich gebrauche es als ein Schlammbad, um meine Nerven zu stärken.« – »Daran tun Sie sehr wohl, Herr Waller, Sie haben es nötig«, bemerkte der Alte trocken, indem er sich auf eine Bank niederließ. Heinrich errötete und zeichnete mit einem Stöckchen in den Sand zu seinen Füßen. Der beißende Rauch der Unterhaltung hatte sich bald verzogen, und nur ihre Wärme blieb zurück. Der Alte nahm das Wort wieder auf und sprach: »Ich bin ein Deutscher und bin stolz darauf, es zu sein; doch immer erröte ich dessen, wenn ich höre, daß Deutsche selbst ihr Vaterland verachten, mit frevelhaftem Spotte das Band zerreißen, das Natur und Geschichte so ernst und heilig knüpften, und, um die schnöde Freiheit des Gedankens zu gewinnen, durch das süße Gefängnis brechen, in das uns die Liebe einschloß, um uns wohlzutun. Nein, kein gutgearteter Sohn wird seinen Vater schelten; und kann er ihn nicht lieben, so wird er ihn doch achten; und kann er ihn nicht achten, so wird er ihn doch ehren und wird jeden streng zurechtweisen, der herbeikommt und ihn zu beleidigen wagt.« – Heinrich stellte sich mit verschränkten Armen vor den alten Prediger und sagte: »Vaterland! Vater! Wir? Unsere gute Mutter, sagen böse Leute, wäre sehr zerstreut gewesen, und wir hätten viele Väter. Sollen wir sie alle oder welchen sollen wir lieben? Ich bin in Mainz geboren. Dem unwissenden Kinde erzählte man, ein Erzbischof sei sein Vater; der wißbegierige Knabe erfuhr, er sei ein freier französischer Bürger. Dem Jünglinge schlug hoch das Herz, wenn die Heere seines großen Kaisers vor ihm vorüberzogen, und als der liebensmüde Mann sein Herz verschloß und seinen Verstand auftat und umherblickte, sah er sich im Darmstädter Lande. Gehe ich aber auf den Wällen meiner Vaterstadt spazieren, bin ich rechts ein Östreicher und links ein Preuße. Wen, was soll ich lieben? Soll ich ein Mainzer Herzchen haben? Soll ich ein stolzer Republikaner sein? Soll ich nach Frankreich hinüberschauen? Soll ich als braver Darmstädter eine ganze Woche von der Oper des künftigen Sonntags sprechen? Soll ich meine kindliche Liebe zwischen Stadt und Festung teilen? Soll ich östreichische Gesinnungen, soll ich preußische Gefühle hegen? Oder soll ich ein deutsches Bundesherz haben? Ja, ein *buntes* Herz müßte ich haben, sollte ich alle meine Väter ehren, sollte ich alle meine Vaterländer lieben!« – Wir mußten über Wallers Paternitätsklagen herzlich lachen; aber der Alte erwiderte: »Haben wir viele Väter und zweifeln wir, so wollen wir alle lieben, die unsere Mutter geliebt, und sie gewiß, denn sie ist gewiß nur eine. Sie hat uns gesäugt, gewartet und großgezogen. Sie lehrte uns Vater, Mutter, Gott lallen und alle die schönen ernsten Worte, womit wir uns die heiligen Pforten des Lebens öffnen. Sie lehrte uns unsere kleinen Wünsche kundtun, unsere Nahrung fordern, unsere Schmerzen klagen und unsere Freude jubeln. Sie beantwortete die ernsten Fragen unserer jungen Wißbegierde, erzählte uns von Himmel und Erde, von dem Laufe der Sterne und den Wegen des Lebens, von Ländern, Bergen, Meeren und Völkern. Und auch die Herangewachsenen verläßt ihre Liebe und Sorgfalt nicht. Treten wir aus dem Garten der Kindheit in die weite ungebahnte Welt, dann ruft uns die süße Stimme der Mutter wie eine liebliche Schalmei die frohen Tage unserer Heimat zurück, und flötend begleitet sie uns durch das ganze Leben, über Lust und Qual, bis an das Grab, das beide endet. Sie wollen wir lieben, die, hat sie auch sich vergessen, doch nie uns vergaß – die *Sprache*, sie ist unsere Mutter, wir wollen unsere Muttersprache lieben. Sie vereint uns, macht uns zu einem Brudervolke und baut uns ein Vaterhaus, in dem wir, wenn auch höher oder niedriger, doch unter einem Dache, wenn auch geschieden, doch nicht entfernt wohnen, und wo, sammelt auch nie ein gemeinschaftlicher Saal uns zur ernsten oder frohen Stunde, wir uns doch auf der Treppe und an der Türe begegnen, uns grüßen und uns erinnern, daß wir Brüder sind. Welche Sprache darf sich mit der deutschen messen, welche andere ist so reich und mächtig, so mutig und anmutig, so schön und so mild als unsere? Sie hat tausend Farben und hundert Schatten. Sie hat ein Wort für das kleinste Bedürfnis der Minute, und ein Wort für das bodenlose Gefühl, das keine Ewigkeit ausschöpft. Sie ist stark in der Not, geschmeidig in Gefahren, schrecklich, wenn sie zürnt, weich in ihrem Mitleide und beweglich zu jedem Unternehmen. Sie ist die treue Dolmetscherin aller Sprachen, die Himmel und Erde, Luft und Wasser sprechen. Was der rollende Donner grollt, was die kosende Liebe tändelt, was der lärmende Tag schwatzt und die schweigende Nacht brütet; was das Morgenrot grün und gold und silbern malt, und was der ernste Herrscher auf dem Throne des Gedankens sinnt; was das Mädchen plaudert, die stille Quelle murmelt und die geifernde Schlange pfeift; wenn der muntere Knabe hüpft und jauchzt und der alte Philosoph sein schweres Ich setzt und spricht: ›Ich bin Ich‹[1] – alles, alles übersetzt und erklärt sie uns verständlich, und jedes anvertraute Wort überbringt sie uns reicher und geschmückter, als es ihr überliefert worden. Der Engländer schnarrt, der Franzose schwatzt, der Spanier röchelt, der Italiener dahlt, und nur der Deutsche redet.« – »Ja«, rief hier Waller mit lauter und freudiger Stimme. »unsere Sprache ist herrlich! Aber«, setzte er leiser hinzu, »wir dürfen sie nicht gebrauchen.« – »Wir dürfen sie gebrauchen!« erwiderte jener. »Dem Hasse ward das Schwert, der Liebe das Wort gegeben; wir dürfen reden, denn wir dürfen lieben. Und wenn das sanfte Wort der Liebe nicht bewegt, dann hilft das starke des Zorns. Wir dürfen drohen, wir dürfen schrecken. Die Sprache ist die Scheide der Tat; wir erheben das umhüllte Schwert und erringen unblutige Siege.« – Hier brach Heinrich in ein spottendes Lachen aus und rief: »Wir und Schwert! Wir und Sieg! In der Scheide von Eisen steckt eine Klinge von Blech, Nürnberger Ware, wie man sie Kindern in die Hände gibt. Man belustigt sich an unserm Spielen, lacht über unsere heiße Kampfbegierde; doch wenn wir es zu ernst treiben, entreißt man uns das Spielwerk, patscht unsere Tapferkeit und stellt uns hinter den Ofen. Wir sind Kettenhunde, die einen armen Teufel anbellen, der in kurzer Jacke vorübergeht; naht sich aber ein Vornehmer und wir knurren nur, gleich winkt der Herr, der Knecht pfeift und der Prügel fährt uns an den Kopf. Dann kuschen wir. Nein, nie wird mir dieses Volk behagen, nie werde ich mich wohlfühlen in diesem Lande […] Wo sind die Denkmäler unserer Geschichte? Welche Großtaten haben unsere Voreltern hinterlassen? Das wenige, was sie getan,

---

1 Anspielung auf die Wissenschaftslehre Johann Gottlieb Fichtes.

hat uns nicht reicher gemacht; denn an die Erstgeborenen allein kam das ganze Erbe. Wenn uns dürstet nach so vielen gesalzenen Tagen, und wir suchen einen frischen Trunk an der Quelle unserer Zeit, wenn uns heiß ist in der dürren Gegenwart, und wir suchen Schatten unter den Bäumen deutscher Geschichten – was zeigt man, wohin führt man, was reicht man uns? In sandiger Mark ›trockenes Brot und saures Bier‹, und vor dem ›Wirtshaus ohnegleichen‹ steht ein überwinterter Maienbaum, an dem hoch am Gipfel falbe Bänder, dürres Laub und welke Kränze rascheln. Wir suchen Wein und finden Bier, suchen kühlen Wald und finden Stammbäume nackt und kahl. Diese Herrenhuterstille des Volks, diese Magisterdemütigkeit der Gelehrten, der Pfauenstolz der Reichen, der düstere Hochmut unserer Großen, das linkische Wesen aller rechtlichen Leute und die Schlangenrührigkeit aller Unrechtlichen! Wo sind die Liebeszeichen vergangener schöner Stunden? Säuselt ein einziger Wohllaut verklungener Tage auf uns herab? Hört ihr eine Saite klingen, seht ihr eine Harfe stimmen? Die Vergangenheit ächzt, die Gegenwart kreischt, und die Zukunft gellt. Wir waren nichts, wir sind nichts, und wir werden nichts. Wir sind ein schwaches Volk ohne Wurzel, haben ein armes Leben ohne Herz und ein Vaterland ohne Gewölbe.« – »Unter allen Vorwürfen«, sagte der Alte. »die Ihr gereiztes Blut unserm so geduldigen Vaterlande brachte, ist mir der letzte als der ungerechteste erschienen. Nicht an einem Gewölbe fehlt es Deutschland; dieses wurde nur zu fest, zu geräumig unterbaut, nur zu langer Fleiß, zu viele Kunst wurde unterirdisch vergeudet; an einem Dache fehlt es unserm Vaterlande« … »Und an Schornsteinen«, fiel ich ein; »darum schlägt der Rauch der Klagen so beißend zurück« … »Zank ist der Rauch der Liebe« … »Ja, doch nur die Wärme soll man festhalten.« – »Nicht um alle Schätze der Welt«, fuhr der Alte fort, »möchte ich Fürst ohne Freiheit der Presse sein; doch sie als Untertan entbehren, ist noch erträglich. Wer würfeln muß zwischen Not und Sünde, ist glücklich zu nennen, wenn ihm nur die Not zufällt. Nein, meine Freunde, ihr tretet euch selbst zu nahe.

Wollt ihr unser Vaterland kennen und lieben lernen, reist in fremde Länder! So vieles Gute, was euch die Heimat gewährte, werdet ihr dort vermissen, und selbst des Schönen, das euch in der Fremde neu erscheint, könnt ihr nur darum genießen, weil ihr Deutsche seid, weil euch das Vaterland zur Gerechtigkeit erzogen. Der Brite ist nur Brite, der Spanier nur Spanier, der Franzose nur Franzose; Mensch ist der Deutsche allein. Shakespeare, Calderon, Voltaire, sie sind unser. Bewunderung nicht abgezwungen hat uns ihr Ruhm, froh und frei geben wir ihnen den Sold der Liebe, sie sind unsere Landesgenossen, sind unsere Brüder.« – »Gerechtigkeit«, bemerkte Waller, »ist die Tugend der Schwachen, ihnen liegt am meisten daran, daß sie geübt werde, der Starke schützt sich selbst.« – »Wohl dem«, erwiderte der Alte, »dem ein bescheidenes Maß der Kraft geworden; Übermacht führt zur Sünde … Unser Land ist herrlich, seine Luft ist mild, uns allein ward der schöne Wechsel zwischen Entbehren und Genuß, der der menschlichen Natur so wohl tut. Beneiden wir keinem Lande ewig lachenden Himmel; ewiger Genuß gleicht ewigem Entbehren. Wir haben den längsten Frühling, und weint er auch – im Frühlinge weint der Baum, der Strauch, die Blume und die Liebe. Tränen sind die Wehen eines Herzens, das nie altert, und ein immer junges Herz ward nur dem Deutschen gegeben. Fragt nicht nach unserer Geschichte, nach den Denkmälern unserer Vorzeit; wir sind ein junges Volk. Wir haben keine Vergangenheit, andere Völker haben keine Zukunft. Wer ist glücklicher? Seht dort jenen goldgelockten Knaben, der einer toten Blume im leichten Sande ihr Grab gräbt; ruft ihn herbei, fragt ihn nach der Geschichte seines Lebens – er sieht euch mit seinen großen blauen Augen an, hüpft fort und spielt wieder mit Gras und Blumen. Ihr fragt, was er gelebt? Er lebt. Würden wir nicht gern mit ihm wechseln, würden wir nicht froh unsere sichere Vergangenheit für seine unsichere Zukunft geben? Wir sind Kinder, und es ist wahr, wir werden streng erzogen; aber wer tauschte nicht gern die Schule für das Leben, den Zögling für den Lehrer ein? Freie Menschen haben keine Feierstunde – wir sind ein beneidenswertes Volk. Unsere Hofmeister altern, und wir wachsen heran; laßt uns genießen und hoffen! Der Bau des deutschen Landes wird einst vollendet werden – und dann, auf Jahrtausende gegründet, wird er alle Staaten überdauern. Einst haben die Deutschen das Weltreich Rom zerstört, einst werden sie ein schöneres aufrichten. Sie werden den ewigen Frieden stiften, den edle Fürsten gehofft und von dem andere geträumt, er sei ein Traum gewesen; und dann wird man die guten Ahnen solcher guten Enkel segnen.« – »Ja, gut sind wir«, sagte Waller; »aber ich will nicht gut, ich will besser sein. Wir vermögen nur die Tat, die zur Ruhe, nur den Kampf, der zum Frieden führt; unser Herz ist warm, aber es glüht still und düster und schlägt nie in schöne helle Flammen aus. Wir sind keiner Begeisterung fähig, die den Menschen zum Gotte erhebt, das Geschöpf zum Schöpfer macht. Die Polizei muß es befehlen, es muß am Rathause angeschlagen stehen, daß wir um vier Uhr Nachmittag uns begeistern und jubeln sollen, und dann sind wir begeistert und jubeln zur bestimmten Stunde. Wie lieben, wie ehren wir unsere großen Männer, und wie tun es andere Völker! Unsere Dichter, unsere Künstler, unsere Weisen, unsere Wohltäter des Volkes – wir Mundschmeichler nennen sie *hochgefeiert*; aber wir feiern sie nicht hoch und lassen sie hungern. Das Odeon in Paris mußte vorausgehen, für Webers Witwe und Waisen eine Vorstellung zu geben, und nur wenige deutsche Bühnen sind diesem Beispiele gefolgt. Jean Paul klagte oft, er habe nie das Meer und die Alpen gesehen. Er hatte hundert Fürsten, dreißig Millionen Landesgenossen, und er war arm! In der *›Kunst und Wissenschaft kräftig fördernden Kaiserstadt‹*, wie der aufrichtige Böttiger Wien genannt, liegt Beethoven schon vier Monate krank darnieder, und er darbt! Als es die Philharmonische Gesellschaft in London erfuhr, beschloß sie, ihm alles zu geben, was er brauche und wünsche, und sie schickte ihm sogleich tausend Gulden. Gerechter Gott! tausend Gulden schickten sie von London nach Wien, und dort hat ein Bankier für die schnöde Lust einer einzigen Nacht dreißigtausend Gulden verschwendet! Aber freilich war Beethoven nie ein Schmeichelhund mit seidner Schnauze, wie Metastasio gewesen, und er mag wohl ein Ketzer sein, der nicht an die Göttlichkeit Wiener Kavaliere glaubt. Mich schaudert und mich ekelt! Wie kann Gott lieben, wer nicht seine Werke liebt!« – »Waller, bester Waller«, rief ich, »wie bin ich erstaunt, Sie das sprechen zu hören. Der Deutsche ist frei; unsere Dichter, unsere Künstler, unsere Schriftsteller, sie ertragen kein Joch; nur eines müßten sie nicht abwehren: das der Wohltaten. Seien wir froh, daß man es ihnen nicht auflegt; für jene ist die Schande, für uns der Ruhm. Der Deutsche denkt, dichtet, malt mit dem Herzen; wer sein Herz fesselt, hat seinen Geist gefesselt. Laßt uns darben und frei sein. Goethe schrieb seinen Werther, ehe er an den Hof gekommen, und kann man auch nicht beweisen, woran sein Herz gestorben – denn seine Jugend hat seine Freiheit nicht überlebt –, so weiß man es doch.« – »Und was ist jene Begeisterung?« setzte der Alte hinzu. »Ein Aufwand des Gefühls, das Gutleben eines Feiertages, auf den spärliche und nüchterne Wochentage folgen. Der Deutsche liebt das ganze Jahr, mäßig, aber immer satt. Die Briten, die Franzosen, sie ehren und feiern nur die großen Männer ihres Landes; der Deutsche liebt alles Schöne und Gute, was auf der ganzen Erde lebt. Wir können nicht alles lieben, was wir bewundern, nicht jedem wohltun, den wir lieben. Vieles mag uns mangeln, wir haben eins, das uns alles ersetzt: *die Freiheit des Gedankens*« ... Heinrich lachte ... »Ja, die Freiheit des Gedankens! Was nützt den Franzosen ihre freie Presse? Sie dürften es sagen, daß deutsche Wissenschaft und Kunst hoch über französischer stehe, daß Shakespeare mehr sei als Corneille; aber sie sagen es nicht, sie vermögen es nicht zu *denken*. Was hindert uns Zensur, was jede andere Gewalt? Oft wird die Tat durch den Willen beschränkt; aber so gewiß der Schatten dem Lichte folgt, so gewiß folgt die Tat dem Willen, wenn er nur rein ist. Was wir wollen, wird geschehen, früher oder später, wenn wir das Rechte und wenn wir es standhaft wollen. Das englische Volk, so edel es auch ist, wagt nicht gerecht zu sein; *wir* haben den Katholiken

Irlands schon längst Freiheit und Gleichheit gegeben. Selbst mächtige Fürsten bedenken sich, was sie über Griechenland beschließen sollen; *wir* haben sie ohne Zaudern unabhängig erklärt.« – Heinrich rief verdrüßlich aus: »Und sei dieses alles wahr, was hilft es uns? Was nützen uns Kunst und Wissenschaft in verschlossenen Schränken, was guter Wille ohne Tat, Tugend ohne Achtung, Verdienst ohne Ruhm? Ich will des Lebens froh sein, ich will es genießen. Ich will sagen, was ich denke, tun, was mir recht scheint, abwehren, was mir mißfällt, und ernten, was ich gesät. Wie langweilig sind wir, wie langweilig werden wir gefunden! Wo unter uns ist die schöne Geselligkeit der Franzosen, wo bei uns vereint sich Kunst und Wissen, Herz und Geist, Gefühl und Witz, uns eine schöne Stunde, uns einen Vollgenuß des Lebens zu verschaffen?« – »Beneiden wir sie nicht darum«, erwiderte jener. »Ich habe auch unter ihnen gelebt, ich ließ mich von ihnen köstlich bewirten, ich durfte mir ihre Verschwendung wohl gefallen lassen. Aber gleichtun wollen wir es ihnen nicht. Sein ganzes Wissen vergeudet der Franzose in dem Gespräche einer Stunde; aber weil er alles spricht, was er weiß, sagt er mehr, als er weiß, und macht Geistesschulden. Der Deutsche denkt mehr, als er spricht; aber er reicht aus, und man sieht nie den Boden seines Wissens.«

Die Sperrtrommel wirbelte jetzt. »Wir müssen heimkehren«, sagte ich. – »Schade!« rief der Alte, »der Abend ist so schön! Doch wir wollen dem Zuge folgen!« – »Was liegt daran?« bemerkte Waller. »*Denken* wir, wir gingen noch länger spazieren!« – »Ja, das wollen wir denken«, erwiderte ich; »und wir wollen denken und immer denken: diese Trommeltyrannei ist hart und lächerlich – dann endet sie gewiß einmal.«

Der Alte hatte die Güte uns zu sagen, daß er sich unserer Bekanntschaft freue und wir ihn auf seinem Zimmer Nr. 13 morgen besuchen möchten. Scheidend reichte er Heinrich die Hand und sprach: »*Soyons amis, Cinna!*«[2] Sobald wir nach Hause gekommen, erkundigte sich Waller, wer Nr. 13 wohne. Man

2 Zitat aus *Cinna*, Tragödie von Corneille.

brachte ihm das Fremdenbuch, und er las: Baron von Ruhdorf, Geheimer Hofrat und Regierungs-Präsident! »So!« murmelte er. – »Baron! Präsident! Hofrat! Darum also so zufrieden? […]«

Der Narr im Weißen Schwan oder:
Die deutschen Zeitungen (1827):
SSB, Bd. 1, S. 966–978.

Paris, Dienstag, den 7. Februar 1832

[…] Sie sagen: die Franzosen erschienen mir als Riesen, und die Deutschen stellte ich als Zwerge neben sie. Soll man da lachen oder trauern? Wem soll man begegnen? Was soll man beantworten? Unverstand und Mißverstand sind Zwillingsbrüder, und es ist schwer, sie voneinander zu unterscheiden, für jeden, der nicht ihr Vater ist. Wo habt ihr klugen Leute denn das herausgelesen, daß ich die Franzosen als Riesen anstaune und die Deutschen als Zwerge verachte? Wenn ich den Reichtum jenes schlechten Bankiers, die Gesundheit jenes dummen Bauers, die Gelehrsamkeit jenes Göttinger Professors preise und mich glücklich schätze, solche Güter zu besitzen – bekenne ich denn damit, daß jene glücklicher sind als ich, und daß ich mit ihnen tauschen möchte? Ich, mit ihnen tauschen? Der Teufel mag sie holen alle drei. Nur ihre Vorzüge wünsche ich mir, weil mir diese Güter fehlen. *Mir* würden sie zum Guten gereichen; aber jenen, die sie besitzen, gedeihen sie nicht, weil es die einzigen Güter sind, die ihnen *nicht* fehlen. Wenn ich den Deutschen sage: Macht, daß euer Herz stark genug werde für euern Geist; daß eure Zunge feurig genug werde für euer Herz; daß euer Arm schnell genug werde für euere Zunge; eignet euch die Vorzüge der Franzosen an; und ihr werdet das erste Volk der Welt – habe ich denn damit erklärt, daß die Deutschen Zwerge sind und die Franzosen Riesen? Austauschen, nicht tauschen sollen wir mit Frankreich.

Käme ein Gott zu mir und spräche: Ich will dich in einen Franzosen umwandeln mit allen deinen Gedanken und Gefühlen, mit allen deinen Erinnerungen und Hoffnungen – ich würde ihm antworten: Ich danke, Herr Gott. Ich will ein Deutscher bleiben mit allen seinen Mängeln und Auswüchsen; ein Deutscher mit seinen sechsunddreißig Fürsten, mit seinen heimlichen Gerichten, mit seiner Zensur, mit seiner unfruchtbaren Gelehrsamkeit, mit seinem Demute, seinem Hochmute, seinen Hofräten, seinen Philistern – – auch mit seinen Philistern? – Nun ja, auch mit seinen Philistern. Aber ich sage euch, es ist schwer, ein gerechter Richter sein!

Briefe aus Paris (74. Brief; 1832):
SSB, Bd. 3, S. 512 f.

Es ist ehrenvoll für die Franzosen, wenn der Deutsche, der in ihren geselligen Kreisen Aufnahme gefunden, sich dadurch wie geadelt fühlt und mit dem Pöbel seiner Landsleute nicht mehr verkehren will; aber ehrenvoll für die Deutschen ist es nicht.

Viele von uns haben das Vaterland verlassen, weil es uns nicht gut genug war. Das ist schon traurig genug; wäre es nicht noch trauriger, wenn wir einst nicht gut genug für unser Vaterland gefunden würden?

Zwei Aphorismen (1833):
SSB, Bd. 2, S. 1032 f.

[...] Geht doch, ihr stümpernden Liebhaber der Nationalehre! Es ist ein Unglück, aber keine Schande, von einem fremden Volke besiegt worden zu sein, das ist allen Völkern, und den tapfersten, begegnet; aber es ist eine Schande, in seinem Vaterlande Sklave zu sein. Der fremde Sieger macht uns wenigstens das Recht nicht streitig, ihn zu hassen und uns an ihm zu rächen; indem er uns unterjocht und niederdrückt, verlangt er nicht zugleich unsere Liebe und unsere Achtung; aber die inländischen Tyrannen zwingen uns, die Hand zu küssen, die uns züchtigt. Die Ehre eines Volkes ist, daß es wisse, frei zu sein; ein Bedientenvolk hat keine Ansprüche auf Achtung zu machen. Was habt ihr nötig, zwei Jahrhunderte zurückzugehen, um im Elsaß eure Nationalschande zu suchen? Sie liegt euch unter den Händen, sie ist von gestern. In Spanien, dem Vaterlande der Inquisition, besteht Preßfreiheit, und in Deutschland, dem Vaterlande Luthers, herrscht die Zensur! Ihr hungert nach Nationalehre, ihr füttert euch mit dem Siege, den vor achtzehnhundert Jahren Arminius über die Römer gewonnen, ihr ernährt euch armselig mit der Asche eures Ruhms, und die Varus von Frankfurt beschimpfen und bedrohen euch alle Tage! Wisset, daß dort die Schande ist und daß auch dort die Ehre könnte sein. – –«

[...]

Wo findet sich denn in meinen Worten oder auch nur in meinen Gedanken, daß ich den deutschen Patriotismus für eine Narrheit erklärt, den französischen aber für Weisheit? Wo steht das? *Mir* braucht Herr Menzel nicht zu sagen, wo es steht, ich weiß es – es steht in seiner Instruktion. Er hat sich darum nicht mit mir zu verständigen, sondern nur mit jenen unschuldigen und gutmütigen Lesern, deren es in Deutschland so viele gibt, die zwar als Knaben schon den Livius und den Tacitus gelesen, aber nur lateinische Vokabeln und Wendungen, nicht aber die uralten Ränke der Aristokratie und die ewigen Tücken des Despotismus daraus gelernt. Gegen jene unwissenden Leser hat sich

Herr Menzel zu rechtfertigen, die von dem Maschinenwesen der öffentlichen Meinungsfabrik nicht die geringste Kenntnis haben und von der Bauchrednerei der politischen Gaukler und Taschenspieler gar nichts ahnden. Diesen, nicht mir, zeige er die Stelle, wo sich das findet, was er mir zum Vorwurfe macht. Ich habe nicht den deutschen Patriotismus allein, ich habe auch den französischen und jeden andern verdammt, und ich habe ihn nicht für eine Narrheit erklärt, sondern für mehr, für eine Sünde. Will aber Herr Menzel darüber mit mir streiten, ob der Patriotismus eine Tugend sei oder nicht, so bin ich gern dazu bereit.

[…]

Ich betrachte keineswegs, wie Herr Menzel voraussetzt, *den Unterschied der Nationen als ein Hindernis der allgemeinen Freiheit*, wenigstens gibt es größere Hindernisse, die meine Aufmerksamkeit viel stärker in Anspruch nehme. Doch was heißt *Unterschied der Nationen?* Herr Menzel gebraucht oft Worte, welchen sich zu widersetzen ebenso unmöglich ist als die Luft durchzuhauen. Ich halte den Patriotismus, ganz wie Herr Menzel, für etwas *Angebornes*, *Natürliches* und *Heiliges*. Er ist ein angeborner Trieb, und darum natürlich, und darum heilig, wie alles, was von der Natur kömmt. Aber welches Heilige wurde nicht schon mißbraucht, ja mehr mißbraucht als alle gemeinen Dinge, weil eine ehrfurchtsvolle Scheu jede genaue Untersuchung zurückschreckte und den Schändern des Heiligtums freien Spielraum gab? Was ist heiliger als Gott, und was wurde mehr mißbraucht? Ich halte den Patriotismus nicht für eine *Erfindung* der Machthaber, denn diese haben nie etwas Gutes erfunden. Aber die Fürsten haben auch das Pulver nicht erfunden, und dennoch gebrauchen sie es bloß zu ihrem alleinigen Vorteil und oft zum Verderben ihrer eigenen und der fremden Völker. Das Pulver haben die Machthaber den Völkern *abgeschwatzt*, und von Patriotismus, von Vaterland haben sie ihnen eine ganz falsche Bedeutung *aufgeschwatzt, um sie aneinander zu hetzen und sich wechselseitig zu unterdrücken*. Das ist freilich, was ich meine.

Die Neigung, stete Bereitwilligkeit und der unerschütterliche Mut, für das Glück, die Ehre, den Ruhm, die Freiheit und die Sicherheit seines Landes tätig zu sein und dabei kein Opfer, keine Anstrengung zu scheuen, sich von keiner Gefahr abschrecken zu lassen: das ist es, was wir Liebe des Vaterlandes nennen. Das Glück, der Ruhm, die Freiheit und die Sicherheit eines Landes können von zwei Seiten bedroht werden, von außen und von innen. Die Übel, die von außen kommen, sind seltener; es sind gewaltsame Verletzungen, und sie gleichen den Verwundungen des menschlichen Körpers. Sie sind schmerzlich, aber nicht bösartig, und können den stärksten und gesundesten Staat treffen. Die Übel, die von innen kommen, gleichen den Krankheiten; sie sind häufiger und bösartiger, denn sie setzen verdorbene Säfte, eine fehlerhafte Konstitution oder ungeregelte Lebensordnung voraus. Nun haben aber die Machthaber, welche die öffentliche Meinung, Moral und Erziehung nur zu ihrem eigenen Vorteile lenken, *die* Liebe zum Vaterland, die sich gegen die innern Feinde hülfreich zeigt, nie als eine Tugend geltend zu machen gesucht, sondern vielmehr als das größte aller Laster verdammt und unter den Namen Landesverräterei und Majestätsverbrechen durch ihre Gesetze mit den härtesten Strafen bedroht. Diejenigen Bürger haben sie für die besten Patrioten erklärt, die ihren unheilbringenden Gesetzen am meisten Ehrfurcht und Achtung bezeigten, indem sie nur für sich und ihre Familie Sorge trugen, sich aber um die Kränkungen, welche ihre Mitbürger und ihr Vaterland erlitten, nie bekümmerten. Nur denjenigen Patriotismus, der sich äußern Feinden des Vaterlands entgegensetzt, haben sie als eine Tugend angepriesen und belohnt, weil er ihnen nützte, weil er ihre Herrschaft sicherte und sie in den Stand setzte, jeden fremden Fürsten oder jedes fremde Volk, die sie befeinden wollten, als Feinde ihres Volkes darzustellen.

Die Liebe des Vaterlandes, sie mag sich nach außen oder nach innen offenbaren, ist eine Tugend, solange sie in ihren Schranken bleibt; darüber hinaus wird sie ein Laster. Wenn Herr Menzel sagt, *für das Vaterland handelt man immer schön,* so ist das eine alberne Floskel, albern und lästerlich zugleich. Nein, man handelt nur schön für das Vaterland, wenn man das Gerechte will; man handelt nur schön für das Vaterland, wenn es das *Vaterland* ist, für das man sich bemüht, nicht aber ein einzelner Mensch, ein Stand oder ein Interesse, die durch Ränke und Gewalt sich für das Vaterland geltend zu machen wußten. Die Vaterlandsliebe ist für den Bürger, was die Familienliebe für den Hausvater ist. Wenn nun Religion und Sittlichkeit den Hausvater lehren: du sollst deinen Nebenmenschen lieben wie dich selbst, du sollst ihn nicht hassen, nicht kränken; wenn das Staatsgesetz gebietet: du sollst deinen Mitbürger nicht bestehlen, nicht berauben; ihn nicht in seiner Ehre, seinem Rechte, seinem Eigentum kränken; und wenn auch dein Weib und Kind vor deinen Augen verhungerten, so darfst du doch deinem reichen Nachbar kein einziges Brot entwenden – wollten sie damit lehren oder verbieten, daß man sein Weib und Kind nicht lieben, daß man seine Familie verraten solle? Aber was man nicht tun darf für seine Familie, darf man auch nicht tun für sein Vaterland. Das Recht ist ein unentbehrlicheres Lebensmittel als das Brot, und Tugend ist schöner als Ruhm. […]

Menzel der Franzosenfresser (1836):
SSB, Bd. 3, S. 913–915; 917–919.

»Mein Urteil ... eine Art Kriegsgericht«

Börne, Literatur- und Theaterkritiker

Das Käthchen von Heilbronn
Von Heinrich v. Kleist

Fürwahr, es ist Mark darin und Geist und Schönheit. Von der dunkeln Tiefe des Gemüts bis hinauf zu jener heitern Höhe, auf welcher die Schöpfungskraft frei und besonnen waltet, führt uns ein lockender Weg, mit abwechselndem Reize, bald zwischen lieblichen Winden, blumigen Auen und besonnten Feldern, bald zwischen stürzenden Wetterbächen, erhabenen Wildnissen und Wäldern voll Sturm und Brausen. Gleich anmutig ist Wanderung und Ziel. Warum haben die tückischen Parzen dieses blühende Dichterhaupt so frühe in das Grab gebeugt?

Welch ein Unternehmen, so kühn als unbesonnen, den Schleier der Isis wegzuheben, hinter welchem der Tod lauscht! Nur Priestern frommt ein solcher Anblick, nicht der Menge, welcher mit der letzten Täuschung auch das letzte Glück entschwindet. *Das* wäre die so gepriesene Liebe, von Kindern angelallt, von Greisen angestottert, und das wäre ihr Band? Hätten wir's nie erfahren!

Graf *Wetter von Strahl*, reich, im Lande angesehen, edelstolz, voll des Mutes und der Kraft seines jugendlichen Alters und jener alten Zeit, ein an Seele wie an Leib geharnischter Ritter – und *Käthchen*, Tochter eines Bürgers von Heilbronn, ein süßes wunderschönes Mädchen, werden, sie, die sich nie gesehen, von einer geheimnisvollen Macht einander im Traume angetraut. Dem todkrank darniederliegenden Grafen erscheint im Wahnsinne des Fiebers ein glänzender Cherub, führt ihn weit weg in die Kammer eines schönen Kindes und zeigt es ihm als die für ihn bestimmte Braut, sagend, es sei die Tochter des Kaisers. Dieselbe Nacht sieht Käthchen im gesunden Traume (das gesunde Weib *erhebt* sich zum kranken Manne wie das wache zum schlafenden) einen schimmernden Ritter eintreten, der sie als seine Braut begrüßt. So sich angelobt, bringt später ein Zufall den Grafen in Käthchens Vaterhaus. Diese, ihn erblickend, erkennt allsogleich die Traumgestalt. Da stürzt plötzlich ihres Körpers und ihrer Seele Bau und eigene Haltung zusammen, sie fliegt ihrem Pole zu und bleibt ohne Willen und Bewegung an ihm hangen. Vergebens wird sie vom Ritter weggerissen, von diesem selbst mit Füßen zurückgestoßen, wie ein Tier, wie eine Sache behandelt, sie ist immer wieder da und folget ihm auf allen seinen Zügen. Wohl lernt er das Bürgermädchen lieben, aber werter bleibt ihm sein Ritteradel. Endlich bis in den Grund des Herzens gerührt, forscht er Käthchens Inneres aus, da sie einst im magnetischen Schlummer sich befand, wo die Seele, zwischen der Nacht der Erde und dem Tage des Himmels in der dämmernden Mitte schwebend, mit *einem* Blicke beide umfaßt, und da ward ihm kund, was er im Geräusche eines tatenvollen Lebens nicht früher erhorchen konnte, daß *sie* die Verheißene sei, die ihm im Traume gezeigt worden. Später tritt auch der Kaiser auf, gibt sich als Käthchens natürlicher Vater zu erkennen und diese, nachdem er sie zur Fürstin erhoben, dem Grafen zum Weibe.

Dieses Schauspiel ist ein Edelstein, nicht unwert an der Krone des britischen Dichterkönigs zu glänzen. Man braucht nur den herrlichen Monolog des Grafen, womit der zweite Akt beginnt, gelesen zu haben, um das Lob gerecht zu finden. Um so deutlicher fallen zwei Flecken in das Auge. Die wirkliche Erscheinung des Cherubs beim Sinken des brennenden Schlosses Thurneck konnte nicht unzeitiger geschehen. Die Seele, die so tief geneigt war, sich dem Anwehen einer verborgenen Geisterwelt, die im Traume sich offenbarte, gläubig hinzugeben, wird durch das sinnliche Wunder, das sich im Wachen ergibt, enttäuscht und wendet sich, nüchtern gemacht, vom Unbegreiflichen kalt hinweg. Zweitens spielt das Fräulein Kunigunde, ohne Willen des Dichters, die Rolle der Närrin in diesem *ernsten* Schauspiele. Gibt es eine tollere Erfindung als dieses Fräulein, welches durch Schönheit und Liebreiz allen Rittern des Landes den Kopf verrückt und am Ende sich als eine garstige Hexe kundgibt, die mit falschen Zähnen, aufgelegter Schminke und einem schlankmachenden Blechhemde die Göttin Venus vorzulügen verstand?

Aber wie haben sie dieses Stück wieder zugerichtet, damit es in ihren Raum, ihre Zeit und ihre Umstände sich füge! Das ist ein ganz eignes Kapitel des Jammers. Wie wehe gar muß es dem Künstler selbst tun, der die schönsten Teile seines Gemäldes wegschneiden sieht, damit es nur in den engen Rahmen passe. [...]

Das Käthchen von Heilbronn (1818):
SSB, Bd. 1, S. 303–305.

Verlegenheit und List
Lustspiel von Kotzebue

Kotzebue ist ein Wucherer, der ein kleines Kapital durch große Zinsen verhundertfacht; ein guter Wirtschafter, der mit wenigem ausreicht; ein geschickter Frauenschneider, der das nämliche Kleid nach jeder wechselnden Mode umgestaltet. Er macht schneller ein Lustspiel als die Welt den Stoff dazu. Er ist leichter zu übertreffen als zu ersetzen. Was *Verlegenheit und List* darbietet, genießt man zum tausendsten Male mit ungeschwächter Lust. Eine Gasthausstube mit zwei Flügeltüren – ein Onkel – das Schicksal der Christen: die Polizei – ein Kammerdiener und eine Kammerjungfer – viel Liebe und wenig Geld – eine Heirat. Zwei Dinge sind mir in unsern Komödien unerklärlich. Erstens, daß die Hauptgeschichten in Wirtshäusern vorfallen. Ich bin viel gereist, habe aber in der Heimat immer mehr Abenteuer als im

Gasthofe erlebt. Es ist natürlich, der Wechsel der Gasthäuser ist zu groß, als daß sich zwei Fremde mehr als streifen können. Wie gelangt man dort gar zu einer Frau? Zweitens fällt mir auf, daß die bedeutendsten Herzens- und Familiengeheimnisse in Gegenwart der Bedienten besprochen werden. Ich kenne die große Welt wenig, die von liebender Beschaffenheit gar nicht; aber bei uns Bürgerlichen ist es nicht Sitte, daß Liebender und Geliebte im Beisein des Kammerdieners und der Kammerjungfer ihre Herzen ineinandergießen, während jene, gleich den Bildern im Spiegel, die rührendsten Gebärden nachäffen. Im gegenwärtigen Lustspiele geschieht es; ja, während der junge Baron seinem Onkel flehentlich zu Füßen liegt und um Vergebung seiner Schuld und Schulden bittet, ist die ganze Hausdienerschaft Zeuge der Rührung. Haben vielleicht die vornehmen Leute weniger Stolz und mehr Menschenliebe als die gemeinen, und behandeln sie ihre Diener wie ihresgleichen, oder sehen sie aus Hochmut die Bedienten als Zimmermöbel, als Gipsfiguren an, die man nicht zu beachten brauche?

Verlegenheit und List (1820):
SSB, Bd. 1, S. 307 f.

Die englische Schauspielergesellschaft

Der Einfall eines englischen Schauspielertrupps in das Gebiet der französischen Eitelkeit war seit vierzehn Tagen angekündigt. »*Nous verrons*«, sagte der *Miroir*. Das war kurz und deutlich; denn dieses Blatt, eines der schlauen Kammermädchen der öffentlichen Meinung, weiß von allen Geheimnissen ihrer Gebieterin. Zwar machte es später ein gar frommes Taubengesicht und sagte: Freilich müsse jeder brave Franzose die Engländer hassen, aber Künstler hätten kein Vaterland, und eine Vergleichung zwischen den französischen und englischen Schauspielern müsse ja allen erwünscht sein, da nicht zu zweifeln wäre, wie sie ausfallen würde; man möge also so gut sein und sich ruhig verhalten. Aber dieser dünne Schleier der Heuchelei ließ Wunsch und Erwartung durchleuchten, man werde die englischen Schauspieler mit Händen und Füßen zurückweisen und ihnen die Schlacht von Waterloo mit dicker Kreide anschreiben. – Und es geschah.

Die Englischen hatten mit dem *Théatre de la Porte St. Martin* einen Vertrag auf sechs Vorstellungen abgeschlossen. Die erste Aufführung wurde am 31. Juli mit folgenden Worten angekündigt: »*By his Britannic Majesty's most humble servants will be performed the tragedy of Othello in 5 acts by the most celebrated Shakespeare.*« Diese marktschreierischen Superlative taten der Meinung von den guten Fähigkeiten der Schauspieler gerade keinen Abbruch; denn nicht die Eifersucht des Othello, die der Franzosen zu sehen war jedermann gespannt. Das Gedränge vor dem Hause war unbeschreiblich, und das Heer von Gendarmen zu Pferd und zu Fuß, das groß genug gewesen wäre, die Hinrichtung eines Cartouche zu decken, vermochte diesmal nicht die polizeiübliche Ordnung zu erhalten. Da fand ich Gelegenheit, die gute Laune und Liebenswürdigkeit der Franzosen zu beobachten. Jeder strengte sich mit Händen und Worten an, sich Luft zu machen durch das Gewühl, um an die Türe zu kommen, aber die Rippenstöße wurden mit Tänzergrazie empfangen und ausgeteilt, und die gesprochenen Grobheiten waren wie in Musik gesetzt. Endlich ward auch ich in das Haus geflutet und im Orchester hart neben dem Souffleurkasten ausgeworfen. Die Vorsehung hatte mir diesen Platz angewiesen, denn ich war von ihr bestimmt, am heutigen Tage eine der *ersten Rollen* zu spielen.

Das Haus war kaum angefüllt, als sogleich das Schauspiel begann; nicht das Schauspiel, welches die Schauspieler, (der Vorhang war noch nicht aufgezogen) sondern das, welches die Zuschauer gaben. Man übte sich im Schreien, im Pfeifen, im Quieken, im Pochen, im Singen und in allen übrigen akustischen Waffen, mit welchen man die Engländer zurückzuschlagen gedachte. Ein frommes deutsches Ohr, wie das meinige, von der

zartesten Kindheit an gewohnt, vor dem Gebote jedes Polizeidieners erschrocken zurückzufahren, war ganz erstaunt zu hören, daß man sich in Gegenwart der Gendarmen so viel herauszunehmen wagte. Diese aber bewegten sich nicht und ließen
gewähren. Als der Lärm recht unbändig wurde, hörte man aus
einer Loge des ersten Ranges mit lauter Stimme »la Canaille«
rufen. Da ward das wütende Geschrei noch allgemeiner und
stärker. »A la porte, à la porte, Martainville!« riefen mehr als
tausend Stimmen. Dieser Söldling der Aristokratie, der bekannte Herausgeber des Drapeau blanc war es, welcher jenes
kecke Wort zu rufen wagte. Martainville wollte groß und stolz,
wie ein alter Römer, das Pöbelgeschrei verachten; er zog die
Achseln und blieb. Aber er war kein Römer, und die, welche
schrien, gehörten nicht zum Pöbel. Das ganze Parterre, alle
Logen vereinigten sich, diese Gelegenheit einer verdienten Abzüchtigung nicht vorübergehen zu lassen, und man bestand auf
der Entfernung des verachteten und gehaßten Mannes. Ein
Handschuh wurde ihm ins Gesicht geworfen; er mußte weichen.
Jauchzen und Beifallsklatschen im ganzen Hause. Jetzt erhob
sich der Vorhang, Jago trat auf. Kaum den Mund geöffnet, und
allgemeines Nachspotten der breiten und zähen englischen
Worte und unaufhörliches Gelächter. In der Hölle, während
dem Karneval, kann der Lärm nicht größer sein. Auch ohne
Bosheit lief es nicht ab, und Eier, Obst, Sousstücke flogen auf die
Bühne und an die Köpfe der Schauspieler. Diese aber zeigten
eine unerschütterliche Festigkeit und spielten fort, als herrschte
die aufmerksamste Stille. Man hörte nicht ein einziges Wort,
Othello wurde als Pantomime gespielt. Ich bemerkte nur sehr
wenige Zuschauer, welche die Partei der Engländer nahmen.
Denn wer auch an der Störung keinen tätigen Anteil nahm, erfreute sich doch dieses bürgerlichen Schauspiels, das hier mit so
vieler Natur aufgeführt wurde. Ein junger sauberer Mensch, der
neben mir saß, war einer der wenigen, die an dem Unfuge ihren
Ärger hatten. Er hatte den englischen Othello mitgebracht,
wahrscheinlich um sich in der richtigen Aussprache zu üben,

denn er folgte den Schauspielern im Buche nach. Er konnte aber über dem Geschrei nichts hören. So oft nun die Insurgenten irgend ein losgelassenes Stichelwort gegen die Engländer mit Jauchzen aufnahmen, kam mein junger Mensch außer sich und sprach ironisch: *Ah, que cela est joli, ah, que cela est spirituel!* »Was werden die Fremden, was die *Deutschen* von der französischen Urbanität denken!« rief er aus. Ich, ganz entzückt, unvermutet einem, wenn auch nur sporadischen Respekt vor meinen Landsleuten zu begegnen, zeigte mich dankbar, indem ich sein Klagelied mitsang. *C'est une horreur, c'est abominable, c'est affreux* – sagte ich, und noch mehrere andere zornige Adjektive, die mir im Gedächtnis waren.

So drängte sich Othello bis zur Mitte des dritten Aktes mit Mühe und Gefahren durch. Da entstand ein Wortwechsel zwischen zwei Zuschauern. Ein Handgemenge droht auszubrechen, panischer Schrecken ergreift alles, das halbe Parterre wälzt sich zum Orchester hin, sprang über die Schranke, zerbrach Geigen und Bässe und schickte sich an, die Bühne zu erklettern. Ich, um diesem bösen Beispiele nicht zu folgen, ging ihm voran und war der erste, der auf die Bühne sprang, die andern hintendrein. Jetzt ließ man den Vorhang fallen. Gendarmen füllten die Szene, um das fernere Voraufstürmen der Zuschauer zu verhüten. Auf der Insel Cypern war ein tolles und lustiges Leben. Soldaten, Polizeiagenten, schäkernde Schauspielerinnen, halbohnmächtige Weiber; Othello, dem im Gedränge die Hälfte des Gesichtes abgeschwärzt worden, zeigte eine rote und eine afrikanische Wange; die sanfte Desdemona schimpfte, auf ihrem Todesbette lag eine geflüchtete Baßgeige hingestreckt; Jago trug einen Frack über seiner Ritterkleidung und schien mir die beste Seele von der Welt zu sein. Aber das Stück wurde dennoch zu Ende gespielt; nur daß die Hälfte des dritten Aktes und der ganze vierte Akt ausgelassen wurden. Man begnügte sich, Desdemona ohne weitere Umstände erwürgen zu lassen. Das Publikum war nicht minder beharrlich als die Schauspieler, es schrie, pfiff und lärmte bis ans Ende. Von sehr komischer Wirkung war es, daß in einem kleinen Lustspiele mit Gesang, welches auf Othello folgte, Galerie und Parterre an allen Gesängen teilnahmen und die Stimmen der unerschrocknen Engländerinnen nachäfften.

Am folgenden Tage ließen die öffentlichen Blätter ihre Kriegstrompeten erschallen. Die Liberalen entschuldigten zwar den getriebenen Unfug nicht, empfahlen aber die Verirrungen der Jugend menschenfreundlicher Nachsicht. Mit Unrecht. Der Jugend ist wohl Verblendung zu verzeihen, weil sie von zu starkem Licht kommt, aber nicht Blindheit, die in Augenfehlern ihren Grund hat. »*Des jeunes gens, nourris de l'horreur de tout ce qui n'est pas national*«, wären etwas zu weit gegangen – sagten die Liberalen. Man muß bedauern, daß die Pariser Jugend einen so schlechten Tisch führt, jener *horreur* ist eine Speise, die der *Almanac des Gourmands* gewiß nicht empfehlen würde. Aber am meisten erstaunen muß man über die grauen, erfahrenen französischen Freiheitsmänner, die doch sonst so argwöhnisch auf alle Schritte der Macht und so scharfsichtig sind, ihre Listen zu entdecken – daß sie sich hierin so zum besten haben lassen, nicht einsehen, daß jener *horreur de tout ce qui n'est pas national* eine der anerzogenen Schwächen ist, genährt, die Völker feindlich auseinanderzuhalten, um sie getrennt so leichter zu beherrschen, und daß sie vergessen, daß zu allen Zeiten die Herrschsucht die Leidenschaften der Freiheit benützte, um ihre eignen zu befriedigen. Die aristokratischen Blätter auf der andern Seite hielten es mit dem Neger von Venedig und nannten die jungen Menschen, die sich herausgenommen, ihn auszupfeifen, *Jacobins, régicides, Séides d'une faction habituée à essayer tous les moyens de troubler l'état*. Daß übrigens beide Parteien in ihrer literarischen Kritik des Othello übereinstimmend behaupteten: freilich könne man Shakespeare nicht mit Corneille vergleichen, aber der englische Dichter sei doch nicht ohne gutes – das versteht sich von selbst: wenigstens das erstere.

Zwei Tage später wollten die Engländer noch einmal auftreten, in einem Lustspiele von Sheridan, welches in Deutschland unter dem Namen die *Lästerschule* bekannt ist. Man hatte die

Preise der Plätze erhöht und glaubte damit etwas sehr Kluges getan zu haben. Aber das Haus war nicht weniger angefüllt als das vorige Mal, und von der nämlichen Menschenklasse. Ich war dieses Mal so vorsichtig, das gefährliche Parterre zu meiden, nahm in einer Loge der zweiten Galerie Platz und besah das Schlachtfeld aus der Vogelperspektive. Noch heftigeres Toben als das vorige Mal. Martainville gab wieder Stoff zu einem Zwischenspiele. Er ließ sich sehen, und *à la porte Martainville, à la porte le vil Martain*, donnerte das ganze Haus. Er wollte trotzen und blieb. Aber da schickte man sich an, seine Loge zu erklettern, die vom Parterre aus erreichbar war. Er mußte die Flucht ergreifen. Jetzt erhob sich der Vorhang; aber sei es, daß die Engländer mutlos geworden oder daß der Sturm zu mächtig war, ihm zu widerstehen – nicht die erste Szene konnte ausgespielt werden, und der Vorhang mußte wieder fallen. Jetzt rief es: *le Directeur!* Man meinte nämlich den französischen Schauspieldirektor, der so unfranzösisch gewesen, Engländer auf seiner Bühne erscheinen zu lassen. Der Gerufene kam. Nüsse, Talglichter, Handschuhe flogen ihm ins Gesicht. Da rief einer der leitenden Stimmen: *Silence, assis, attendez sa soumission, qu'il fasse ses excuses!* Der zitternde Melodramendirektor sprach einiges, das ich nicht verstand, dann rief er: Meine Herren, antworten Sie mir kurz, wollen Sie, daß die Engländer fortspielen, oder nicht? Und ein donnerndes »*non*« erschallte, mit einer Einstimmigkeit, mit einer Gleichzeitigkeit, daß es sich die besteingeübten Chöre in der Braut von Messina hätten zum Muster nehmen können. *A bas les Anglais, point d'Etrangers en France*, schrie es von allen Seiten. Der Direktor versprach ein französisches Stück und trat ab. Der Zorn legte sich, und ein Lustlärm begann. Das Parterre stimmte ein Lied an, worin es heißt: *La Victoire est à nous.* Jetzt traten die französischen Schauspieler auf. Jeder wurde mit Jubelgeschrei empfangen, jedes Wort wurde beklatscht. *Bravo, ce sont des Français, ce ne sont pas des beafstecks*, rief einer von der Galerie herab. *Bis, bis*, schrie das Parterre, und der Witz mußte wiederholt werden. Das Stück ward zu Ende gespielt, und die Ruhe war vollkommen wiederhergestellt. Man wartete auf das zweite Stück, denn drei bis vier werden jeden Abend aufgeführt. Man wartete eine halbe, eine ganze Stunde vergebens, der Vorhang blieb niedergelassen, der geforderte Direktor erschien nicht. Da brach das Ungewitter von neuem los. Die Polizei mußte den nahenden Sturm vorhergesehen haben, denn man hörte Waffengeräusch hinter dem Vorhange, man sah die Instrumente aus dem Orchester wegtragen. Jetzt ward vom Parterre aus ein Hut auf die Szene geworfen, wahrscheinlich als Zeichen des Angriffs. Darauf erhob sich das ganze Parterre, stürzte ins Orchester, ergriff die dort befindlichen Stühle und warf sie dem Hute nach. Jetzt erhob sich der Vorhang, das Schauspiel begann, und mit solcher natürlichen Natur wurde noch nie gespielt. Eine Kompanie Gendarmen stand in Schlachtordnung auf der Bühne, vor ihnen ihre Offiziere mit gezogenen Schwertern.

Einige Minuten stand diese Streitmacht unbeweglich stille und versuchte ihre Medusenkraft. Aber dieser Anblick machte die Wut der Zuschauer nur flüssiger. Die Stühle flogen den Gendarmen an die Köpfe, und als die Stühle erschöpft waren, riß man die Bänke los und schleuderte sie hinüber. Staubwolken und Angstgeschrei der Weiber erfüllten das Haus. Jetzt kommandierten die Offiziere zum Angriffe. Die Gendarmen mit gefälltem Bajonett drangen vor, Bänke und Stühle wurden von der Galerie auf sie herabgeworfen, viele stürzten und wurden verwundet. Allgemeine Flucht. Nach dem Parterre wurden die Logen ausgeleert. Ich war der letzte, der blieb, um das Schauspiel bis ans Ende zu sehen. Da stürzten drei Riesen auf mich los und stießen mich mit ihren Flintenkolben hinaus. So unschuldig ich auch war, murrte ich dennoch nicht über diese Behandlung; ich nahm das reuig hin für meine *Gedankensünden* und verehrte in meinem Herzen die alles erforschende Nemesis.

Die englische Schauspielergesellschaft (1822):
SSB, Bd. 2, S. 124–131.

Denkrede auf Jean Paul
Vorgetragen im Museum zu Frankfurt,
am 2. Dezember 1825

Ein Stern ist untergegangen, und das Auge dieses Jahrhunderts
wird sich schließen, bevor er wieder erscheint; denn in weiten
Bahnen zieht der leuchtende Genius, und erst späte Enkel heißen freudig willkommen, von dem trauernde Väter einst wei-
nend geschieden. Und eine Krone ist gefallen von dem Haupte
eines Königs! Und ein Schwert ist gebrochen in der Hand eines
Feldherrn; und ein hoher Priester ist gestorben! Wohl mögen
wir den beweinen, der uns Ersatz gewesen und uns nun unersetzlich geworden. Jedem Lande ward für jedes trübe Entbehren
irgendeine freundliche Vergütung. Der Norden ohne Herz hat
seine eiserne Kraft; der kränkelnde Süden seine goldene Sonne;
das finstere Spanien seinen Glauben; die darbenden Franzosen
erquickt der spendende Witz, und Englands Nebel verklärt die
Freiheit. *Wir* hatten Jean Paul, und wir haben ihn nicht mehr,
und in ihm verloren wir, was wir nur in ihm besaßen: Kraft und
Milde und Glauben und heitern Scherz und entfesselte Rede.
Das ist der Stern, der untergegangen: der himmlische Glaube,
der in dem Erloschenen uns geleuchtet. Das ist die Krone,
die herabgefallen: die Krone der Liebe, die den beherrschte, der
sie getragen, wie alle, die ihm untertan gewesen. Das ist das
Schwert, das gebrochen: der Spott in scharfer Hand, vor dem
Könige zittern und der blutleere Höflinge erröten macht. Und
das ist der hohe Priester, der für uns gebetet im Tempel der Natur – er ist dahingeschieden, und unsere Andacht hat keinen
Dolmetscher mehr. Wir wollen trauern um ihn, den wir verloren, und um die andern, die ihn nicht verloren. Nicht allen hat
er gelebt! Aber eine Zeit wird kommen, da wird er allen geboren, und alle werden ihn beweinen. Er aber steht geduldig an
der Pforte des zwanzigsten Jahrhunderts und wartet lächelnd,
bis sein schleichend Volk ihm nachkomme. Dann führt er die
Müden und Hungrigen ein in die Stadt seiner Liebe; er führt sie

unter ein wirtliches Dach: die Vornehmen, verzärtelten Geschmacks, in den Palast des hohen Albano; die Unverwöhnten aber in seines Siebenkäs enge Stube, wo die geschäftige Lenette am Herde waltet und der heiße beißende Wirt mit Pfefferkörnern deutsche Schüsseln würzt.

Jahrhunderte ziehen hinab, die Jahreszeiten rollen vorüber, es wechselt die Witterung des Glücks; die Stufen des Alters steigen auf und steigen nieder. Nichts ist dauernd als der Wechsel, nichts beständig als der Tod. Jeder Schlag des Herzens schlägt uns eine Wunde, und das Leben wäre ein ewiges Verbluten, wenn nicht die Dichtkunst wäre. Sie gewährt uns, was uns die Natur versagt: eine goldene Zeit, die nicht rostet, einen Frühling, der nicht abblüht, wolkenloses Glück und ewige Jugend. Der Dichter ist der Tröster der Menschheit; er ist es, wenn der Himmel selbst ihn bevollmächtigt, wenn ihm Gott sein Siegel auf die Stirne gedrückt und wenn er nicht um schnöden Botenlohn die himmlische Botschaft bringt. So war Jean Paul. Er sang nicht in den Palästen der Großen, er scherzte nicht mit seiner Leier an den Tischen der Reichen. Er war der Dichter der Niedergebornen, er war der Sänger der Armen, und wo Betrübte weinten, da vernahm man die süßen Töne seiner Harfe. […] Bei jeder goldenen Hochzeit ist er der trauernde Priester, der die alten Herzen noch einmal aneinanderlegt und die zitternden Hände zum letzten Male paart, bevor der Tod sie trennt. Durch Nebel und Stürme und über gefrorne Bäche dringt er in das eingeschneite Häuschen eines Dorfschulmeisters, die Christnachtfreuden seiner Kinder zu teilen. Mit vollen Klängen besingt er die königliche Lust auf den Wonneinseln des Lago Maggiore; aber mit leisern und wärmern Tönen das enge Glück eines deutschen Jubelseniors und die Freuden eines schwedischen Pfarrers.

Für die Freiheit des Denkens kämpfte Jean Paul mit andern; im Kampfe für die Freiheit des Fühlens steht er allein. Seltsame, wunderliche Menschen, die wir sind! Fast sorglicher noch als unsern Haß suchen wir unsere Liebe zu verbergen, und wir fliehen so ängstlich den Schein der Güte, als wir unter Dieben den

Schein des Reichtums meiden. Wie oft geschieht es, daß wir auf dem Markte des täglichen Treibens oder in den Sälen alltäglichen Geschwätzes all den wichtigen, volljährigen Dingen, die hier getrieben, dort besprochen werden, erlogene Aufmerksamkeit schenken! Wir scheinen gelassen und sind bewegt, scheinen ernst und sind weich, scheinen wach und sind von süßer Lust gewiegt, gehen bedächtigen Schrittes, und unser Herz taumelt von Erinnerung zu Erinnerung, und wir wandeln mit breitem Fuße zwischen den Blumenbeeten unserer Kindheit und erheben uns auf den Flügeln der Phantasie zu den roten Abendwolken unsrer hinabgesunkenen Jugend. Wie ängstlich lauschest du dann umher, ob kein Auge dich ertappt, ob kein Ohr die stillen Seufzer deiner Brust vernommen! Dann tritt Jean Paul nahe an dich heran und sagt dir leise und lächelnd: »Ich kenne dich!« Du verbirgst deine Freuden, weil sie dir zu kindlich scheinen für die Teilnahme der Würdigen; du verheimlichst deine Schmerzen, weil sie dir zu klein dünken für das Mitleid. Jean Paul findet dich auf und deine verstohlene Lust und spricht: »Komm, spiele mit mir!« Er schleicht sich in die Kammer, wo du einsam weinest, wirft sich an dein Herz und sagt: »Ich komme, mit dir zu weinen!« Schlummert und träumt irgendeine kindliche Neigung in deiner Brust, und sie erwacht, steht Jean Paul vor ihrer Wiege, und vielleicht waren es nur seine Lieder, die dein Herz in solchen Schlaf und in solche Träume gelullt. Nicht wie andere es getan, spürt er nach den verborgenen Einöden im menschlichen Herzen, er sucht darin die versteckten Paradiese auf. Er löset die Rinde von der verhärteten Brust und zeigt den weichen Bast darunter; und in der Asche eines ausgebrannten Herzens findet er den letzten, halbtoten Funken und facht ihn zur hellen Liebesflamme an. Darin hat er seinem Volke wohlgetan, darin war er sein Retter! Es gab eine Zeit, wo kein deutscher Jüngling, wenn er liebte, zu sagen wagte: »Ich liebe dich«. Zünftig und bescheiden, wie er war, sagte er: »Wir lieben dich, Mädchen!« Hinangezogen am Spalier der Staatsmauer, hinaufgerankt an der Stange des Herkommens, hatte er verlernt, seinen eignen Wurzeln zu trauen. Jean Paul munterte die blöden Herzen auf; er zuerst wagte das jedem Deutschen so grause Wort *Ich* auszusprechen, und wenn die Freiheit nicht darin besteht, daß man ohne Gesetze lebe, sondern daß jeder sein eigner Gesetzgeber sei, so war es Jean Paul, der für unsere Enkel die Saat der deutschen Freiheit ausgestreut.

Jean Paul war der Dichter der Liebe auf die schönste und erhabenste Weise, wie man dieses Wort nur deuten mag. [...] Jean Paul war auch ein Priester des Rechts. Die Liebe war ihm eine heilige Flamme und das Recht der Altar, auf dem sie brannte, und nur reine Opfer brachte er ihr. Er war ein sittlicher Sänger. Nie schmückte er häßliche Sünde mit den Blumen seiner Worte aus; nie bedeckte er eine unedle Regung mit dem Golde seiner Reden. Er hätte es vermocht, wenn er gewollt; auch er hätte vermocht, mit seinem mächtigen Zauber dem frommen Tadler ein Lächeln abzuschmeicheln; aber er hat es nicht getan. Er stritt für Wahrheit, für Recht, für Freiheit und Glauben, und nie deckte bei ihm die Flagge eines mächtigen Namens sündlich-heilloses Gut, es den Ungläubigen zuzuführen.

Die Trostbedürftigen zu trösten und als befruchtender Himmel dürstende Seelen zu erquicken – dazu allein ward der Dichter nicht gesendet. Er soll auch der Richter der Menschheit sein und Blitz und Sturm, die eine Erde voll Dunst und Moder reinigen. Jean Paul war ein Donnergott, wenn er zürnte, eine blutige Geißel, wenn er strafte; wenn er verhöhnte, hatte er einen guten Zahn. Wer seinen Spott zu fürchten hatte, mochte ihn fliehen; ihn zu verlachen, wenn er ihm begegnete, war keiner frech genug. [...]

Freiheit und Gleichheit lehrt der Humor und das Christentum – beide vergebens. Auch Jean Paul hätte vergebens gelehrt und gesungen, wäre nicht das Recht ein liebes Bild des toten Besitzes und die Hoffnung eine Schmeichlerin des Mangels. Jean Paul hat gut gemalt, er hat uns zart geschmeichelt. Der Humor ist keine Gabe des Geistes, er ist eine Gabe des Herzens, er ist die Tugend selbst, wie ein reichbegabtes Herz sie lehrend übt, weil es sie nicht übend lehren darf. Der Humorist ist der Hofnarr des Königs der Tiere in einer schlechten Zeit, wo die Wahrheit nicht tönen darf wie eine heilige Glocke, wo man ihr nur ihr Schellengeläute vergibt, weil man es verachtet, weil man es belächelt. Der Humorist löst die Binde von den Füßen des Saturns, setzt dem Sklaven den Hut des Herrn auf und verkündigt das saturnalische Fest, wo der Geist das Herz bedient und das Herz den Geist verspottet. Einst war eine schönere Zeit, wo man den Humor nicht kannte, weil man nicht die Trauer und nicht die Sehnsucht kannte. Das Leben war ein olympisches Spiel, wo jeder durfte seine Kraft und Hurtigkeit erproben. Der Schwäche war nur das Ziel versperrt, nicht der Weg; der Preis verweigert, nicht der Kampf. Jean Paul war der Jeremias seines gefangenen Volkes. Die Klage ist verstummt, das Leid ist geblieben. […]

Die Bewunderung preist, die Liebe ist stumm. Nicht preisen wollen wir Jean Paul, wir wollen ihn beweinen! Der lüsterne Gast vergißt über das Mahl den Wirt, der herzlose Kunstfreund den Künstler über sein Werk. Zwar wird als Dankbarer gelobt, wer von der genossenen Wohltat erzählt; aber der Dankbarste ist, der die Wohltat vergißt, sich nur des Wohltäters zu erinnern. So wollen wir des seligen Geistes liebend gedenken, nicht der Arbeiten und Werke, womit er unsere Bewunderung verdient. Und wollten wir anders, wir vermöchten es nicht. Man kann Jean Pauls Werke zählen, nicht sie schätzen. Die Schätze, die er hinterlassen, sind nicht alle gemünztes Gold, das man nur einzurollen braucht. Wir finden Barren von Gold und Silber, Kleinodien, nackte Edelsteine, Schaumünzen, die der Gewürzkrämer als Bezahlung abweist; aufgespeicherte, ungemahlne Brotfrucht und Äcker genug, worauf noch die spätesten Enkel ernten werden. Solcher Reichtum hat manches Urteil arm gemacht. Fülle hat man Überladung gescholten, Freigebigkeit als Verschwendung! […] Der Himmel schenkte ihm seine Gunst; das Glück stürzte gutgelaunt sein Füllhorn um und überschüttete ihn mit Blumen und Früchten; die Erde gab ihm ihre verborgenen Schätze. Er sah und zeigte sie gerne! Doch was der Neid der Mitlebenden belächelt, darüber lachen froh die Erben. Gold bleibt Gold, auch in der Erzstufe, nur von wenigen erkannt, und die Fassung der Edelsteine erhöht ihren Preis, nicht ihren Wert.

So war Jean Paul! – Fragt ihr: wo er geboren, wo er gelebt, wo seine Asche ruhe? Vom Himmel ist er gekommen, auf der Erde hat er gewohnt, unser Herz ist sein Grab. Wollt ihr hören von den Tagen seiner Kindheit, von den Träumen seiner Jugend, von seinen männlichen Jahren? Fragt den Knaben Gustav; fragt den Jüngling Albano und den wackern Schoppe. Sucht ihr seine Hoffnungen? Im Kampanertale findet ihr sie. Kein Held, kein Dichter hat von seinem Leben so treue Kunde aufgezeichnet, als Jean Paul es getan. Der Geist ist entschwunden, das Wort ist geblieben! Er ist zurückgekehrt in seine Heimat; und in welchem Himmel er auch wandere, auf welchem Sterne er auch wohne, er wird in seiner Verklärung seine traute Erde nicht vergessen, nicht seine lieben Menschen, die mit ihm gespielt und geweint und geliebt und geduldet wie er.

Denkrede auf Jean Paul (1825):
SSB, Bd. 1, S. 789–798.

Über den Charakter des Wilhelm Tell in Schillers Drama

Aus Schillers liebevollem, weltumflutenden Herzen entsprang Tells beschränktes, häusliches Gemüt und seine kleine enge Tat; die Fehler des Gedichtes sind die Tugenden des Dichters. Wäre es mir auch immer gleichgültig, nur dieses Mal möchte ich nicht mißdeutet sein – ich vermisse, doch ich beklage nicht. Der reiche Schatz der Kunst kann *eine* Kostbarkeit entbehren, das Seltenste ist ein edler Geist. Dem liebenswürdigen Schiller stehen seine Mängel besser als besseren Dichtern ihre Vorzüge an. Ihm zittert das Herz, ihm zittert die Hand, welche formen soll, und formlos schwanken die Gestalten. Der Frost bildet glänzende Kristalle, bildet schöne Blumen an den Fensterscheiben, der Frühling schmilzt sie weg; das Glas wird leer, doch durchsichtig und zeigt den warmen blauen Himmel; das Auge staunt nicht mehr an, aber es weint.

Es tut mir leid um den guten Tell, aber er ist ein großer Philister. Er wiegt all sein Tun und Reden nach Drachmen ab, als stünde Tod und Leben auf mehr oder weniger. Dieses abgemessene Betragen im Angesichte grenzenlosen Elends und unermeßlicher Berge ist etwas abgeschmackt. Man muß lächeln über die wunderliche Laune des Schicksals, das einen so geringen Mann bei einer fürstlichen Tat Gevatter stehen und durch dessen linkisches Benehmen die ernste Feier lächerlich werden ließ. Tell hat mehr von einem Kleinbürger als von einem schlichten Landmann. Ohne aus seinem Verhältnisse zu treten, sieht er aus seinem Dachfenster über dasselbe hinaus; das macht ihn klug, das macht ihn ängstlich. Als braver Mann hat er sich zwar den Kreis seiner Pflichten nicht zu eng gezogen; doch tut er nur seine Schuldigkeit, nicht mehr und nicht weniger. Er hat eine Art Lebensphilosophie und ist mit Überlegung, was seine Landesleute und Standesgenossen aus bewußtlosem Naturtriebe sind. Er ist ein guter Bürger, ein guter Vater, ein guter Gatte. Es ist sehr komisch, daß er seinen gesunden Bergesknaben, starken Kindern einer rauhen Zeit, eine Art Erziehung gibt, wie sie Salzmann in Schnepfenthal den seidnen Püppchen des 18. Jahrhunderts gab. Er härtet sie ab, sie sollen ausgerüstet werden gegen das Ungemach des Lebens, ja er bemüht sich sogar, ihren Verstand aufzuklären und die abergläubische Wirkung der Ammenmärchen zu zerstören. Tell hat den Mut des Temperaments, den das Bewußtsein körperlicher Kraft gibt; doch nicht den schönen Mut des Herzens, der, selbst unermeßlich, die Gefahr gar nicht berechnet. Er ist mutig mit dem Arm und furchtsam mit der Zunge, er hat eine schnelle Hand und einen langsamen Kopf, und so bringt ihn endlich seine gutmütige Bedenklichkeit dahin, sich hinter den Busch zu stellen und einen schnöden Meuchelmord zu begehen, statt mit edlem Trotze eine schöne Tat zu tun.

Tells Charakter ist die Untertänigkeit. Der Platz, den ihm die

Natur, die bürgerliche Gesellschaft und der Zufall angewiesen, den füllt er aus und weiß ihn zu behaupten; das Ganze überblickt er nicht, und er bekümmert sich nicht darum. Wie ein schlechter Arzt sieht er in den Übeln des Landes und seinen eigenen nur die Symptome, und nur diese sucht er zu heilen. Geschickt und bereit, den einzelnen Bedrängten und sich selbst zu helfen in der Not, ist er unfähig und unlustig, für das Allgemeine zu wirken. Als der flüchtige Baumgarten seine Landsleute um Beistand anfleht, denken diese mehr an die Verfolgung als an den Verfolgten, lassen sich erzählen, klagen um das Land und zaudern mit der Hülfe. Tell erscheint, sieht nicht auf die Verfolgung, sondern nur auf den Verfolgten und rettet ihn. Ein solcher Mann kann in einem Schiffbruche als guter Schwimmer vielen Verunglückten Hülfe leisten; doch unfähig, das Steuer zu führen, wird er den Schiffbruch nicht verhüten können. Wenn er nun in einem Sturme den Geängstigten zuruft: fürchtet euch nicht, ich kann schwimmen, ich ziehe euch aus dem Wasser – wird er, wie überall, wo der Charakter mit den Verhältnissen in Widerspruch steht, komisch erscheinen und eine Wirkung hervorbringen, die der ernsten Würde der Tragödie schädlich ist.

Auf dem Rütli, wo die Besten des Landes zusammenkommen, fehlte Tells Schwur; er hatte nicht den Mut, sich zu verschwören. Wenn er sagt:

> Der Starke ist am mächtigsten *allein* –

so ist das nur die Philosophie der Schwäche. Wer freilich nur so viel Kraft hat, grade mit sich selbst fertig zu werden, der ist am stärksten *allein;* wem aber nach der Selbstbeherrschung noch ein Überschuß davon bleibt, der wird auch andere beherrschen und mächtiger werden durch die Verbindung. Tell versagt dem Hute auf der Stange seinen Gruß; doch man ärgert sich darüber. Es ist nicht der edle Trotz der Freiheit, dem schnöden Trotze der Gewalt entgegengesetzt: es ist nur Philisterstolz, der nicht Stich hält. Tell hat Ehre im Leibe, er hat aber auch Furcht im Leibe.

Um die Ehre mit der Furcht zu vereinigen, geht er mit niedergeschlagenen Augen an der Stange vorüber, damit er sagen könne, er habe den Hut nicht gesehen, das Gebot nicht übertreten. Als ihn Geßler wegen seines Ungehorsams zur Rede stellt, ist er demütig, so demütig, daß man sich seiner schämt. Er sagt, aus Unachtsamkeit habe er es unterlassen, es solle nicht mehr geschehen – und wahrlich, hier ist Tell der Mann, Wort zu halten.

Der Apfelschuß war mir immer ein Rätsel, ja mehr – ein Wunder. Er soll geschehen sein, man glaubt daran, gleichviel. Die Natur ist oft unnatürlich, sie schafft Mißgestalten, und die Geschichte ist oft undramatisch; aber man muß das liegen lassen. Ein Vater kann alles wagen um das Leben seines Kindes, doch nicht dieses Leben selbst. Tell hätte nicht schießen dürfen, und wäre darüber aus der ganzen schweizerischen Freiheit nichts geworden. Man frage nur die Zeugen der Tat, man höre, was sie sagen, beobachte die Schweigenden – sie alle haben sie verdammt. Ja die gelungene Tat ist noch ganz so häßlich, als es die gewagte war; das Entsetzen bleibt, und die Furcht, der Vater hätte sein Kind treffen können, ist größer, als die frühere war, er könnte es treffen. War Geßlers Gebot so ungeheuer, daß es einen Vater ganz aus der Natur werfen konnte und er nicht mehr bedachte, was er tat: so hätte auch Tell, ohne Bedacht, dem Befehle nicht gehorchen oder den Tyrannen erlegen sollen. Aber er war doch besonnen genug, wie ein Weib zu bitten, und sein *lieber Herr, lieber Herr* zu sagen, wofür der bange Mann Ohrfeigen verdient hätte. Daß er dem Landvogt tollkühn eingestand, was er mit dem zweiten Pfeile im Sinne geführt, das war auch wieder Philisterei; die ehrliche Haut kann nicht lügen. Dieses ängstliche Wesen, diese Unbeholfenheit des guten Tell entsprang aber nicht aus Scheu des Untertanen vor seinem Herrn – dieses Gefühl, wie er später gezeigt, konnte er überwinden – nein, es war die Scheu des Bürgers dem Edelmanne gegenüber. Ganz anders betrug sich der Ritter Rudenz. Das ist es aber eben, und das hätte der Dichter bedenken sollen. Man muß das Bürgervolk nur immer in Masse kämpfen lassen; man darf keinen Helden aus seiner

Mitte an seine *Spitze* stellen. Der schönste Kampf kommt in Gefahr, dadurch lächerlich zu werden.

Es ist traurig – ja schlimmer: es ist verdrüßlich, daß Tell in die Lage kommt, um der guten Sache willen schlechte Streiche machen zu müssen. Verrat kann wohl notwendig werden, aber sittlich wird er nie, auch nicht, wenn er an Feinden begangen. Und ist es nicht Verrat, ist es nicht ein schlechter Streich, wenn Tell, als der Landvogt sich auf dem See seiner Hülfe anvertraut – der Feind dem Feinde – dem Schiffe entspringt, es in die Wellen zurückstößt und wieder dem Sturme preisgibt? Tell zeigt sich hier auch wieder als Pedant, als Schulmoralist und buchstäblicher Worthalter. Er glaubt nicht, den Landvogt getäuscht zu haben; er versprach, ihn aus der gegenwärtigen, zehn Schuhe breiten Gefahr zu retten, und dies hat er getan. Dem Schiffer, dem Tell nach seiner Befreiung das Ereignis erzählte, sagt er:

> Ich aber sprach: Ja, Herr, mit Gottes Hülfe
> Getrau' ich mir's und helf' uns wohl hindannen.
> So ward ich meiner Bande los und stand
> Am Steuerruder und *fuhr redlich hin;* –

Das nennt er redlich hinfahren! Wie ist nur der schlichte Mann zu dieser feinen jesuitischen Sinnesdeutung geraten? ... Jetzt kommt Geßlers Mord. Ich begreife nicht, wie man diese Tat je sittlich, je schön finden konnte. Tell versteckt sich und tötet ohne Gefahr seinen Feind, der sich ohne Gefahr glaubte. Die Natur mag diese Tat rechtfertigen, so gut es ihr möglich ist, aber die Kunst vermag es nie. Als Tell später mit Johann von Schwaben zusammentrifft und dieser mit dem Mordgesellen Brüderschaft machen will, stößt ihn jener mit Abscheu zurück und spricht:

> Unglücklicher!
> Darfst du der Ehrsucht blut'ge Schuld vermengen
> Mit der gerechten Notwehr eines Vaters?

Doch Tell irrt. Aus Ehrsucht hat er freilich den Landvogt nicht getötet, doch mit Notwehr – sollte diese ja, gegen eine rechtliche Obrigkeit, je rechtlich stattfinden können – kann er sich nicht entschuldigen. Damals, wenn er, um den Schuß von seinem Kinde abzuwenden, den Bogen nach Geßlers Brust gerichtet hätte, wäre es Notwehr gewesen, später war es nur Rache, wohl auch Feigheit – er hatte nicht den Mut, eine Gefahr, die er schon mit Zittern kennen gelernt, zum zweiten Male abzuwarten.

Sollte ich aber jetzt auf die Frage Antwort geben: *wie* es denn Schiller anders und besser hätte machen können, – wäre ich in großer Verlegenheit. Der dramatische Dichter, der einen geschichtlichen Stoff behandelt, kann eine *wahre* Geschichte nach seinem Gebrauche ummodeln; denn es schadet der Geschichte nicht, man kennt sie, und sie bleibt doch geschehen, wie sie geschah. Eine geistige *Überlieferung* aber darf er niemals ändern. Diese besteht nur durch den Glauben und wird zerstört, wenn der Glaube umgeworfen oder anders gerichtet wird. Eine solche Überlieferung ist das Ereignis mit Tell. Aus diesem Zwange aber entsprangen Verhältnisse, mit welchen die Kunst nicht fertig werden konnte. Schiller führte uns mit Bedacht und Geschicklichkeit die Leiden der Schweizer vor Augen; wir sehen, was Baumgarten, Melchthal, Berta und die übrigen dulden und fürchten. Diese Leiden fließen endlich in ein Meer der Not zusammen, das alles bedeckt; diese Klagen bilden endlich eine Vereinigung, die das Land rettet. Tell aber ragt im Tun und Leiden zu monarchisch vor, gehört nicht zu dem topographischen Schicksale der Schweiz und ist übrigens der Mann nicht, eine monarchische Rolle zu spielen. Er ist zu ängstlich, bedenkt zuviel und duckt sich gern. Den Mann mit breiten Schultern füllt nicht ganz seine Seele aus. Warum ihn aber Schiller so behandelt, ist schwer zu erklären. Er hätte ihn können alles tun, alles ertragen lassen, was er getan und ertragen, und ihn dabei trotziger, hochsinniger, gebietender machen können.

Wilhelm Tell bleibt aber doch eines der besten Schauspiele, das die Deutschen haben. Es ist mit Kunstwerken wie mit Menschen: sie können bei den größten Fehlern liebenswürdig sein. Was heißt aber ein liebenswürdiges Schauspiel? Ein liebenswürdiges Schauspiel ist ein Schauspiel, das liebenswürdig ist; die Kritik weiß hierüber nicht mehr als jedes andere Frauenzimmer.

Über den Charakter des Wilhelm Tell
in Schillers Drama (1828):
SSB, Bd. 1, S. 397–403.

Hamlet
Von Shakespeare

Unter den Schauspielen des britischen Dichters, die sich nicht in der Geschichte oder Fabel Englands bewegen, ist *Hamlet* das einzige, das nordischen Boden und nordischen Himmel hat. Der naturkundige Shakespeare verstand es gut und achtete wohl darauf, welche Luft am gedeihlichsten sei für jede seiner Menschenarten. Dem bunten Scherze, der flatternden Freude, der entschiedenen Leidenschaft, der hellen, scharf umgrenzten Tat gab er den blauen sonnigen Süden, wo die Nacht nur ein schlafender Tag ist; den wehmütigen, brütenden, träumerischen Hamlet versetzte er in ein Land des Nebels und der langen Nächte, unter einen düstern Himmel, wo der Tag nur eine schlaflose Nacht ist. Gleich dem Nord, dem feuchten Kerker der Natur, hält uns dieses Trauerspiel gefangen, und es erquickt uns wie der Sonnenstrahl, der durch einen Ritz der Mauer in das Dunkel dringt, wenn, wie es einmal geschieht, wir das warme Wort »*Rom*« und das helle »*Frankreich*« darin vernehmen.

Die genauesten Schätzer, wie die wärmsten Freunde des Dichters haben Hamlet als sein Meisterwerk erklärt. Wir müssen die Grenzen dieser Meinung suchen. Hamlet ist nicht das bewundrungswürdigste Werk Shakespeares; aber Shakespeare ist am bewundrungswürdigsten im Hamlet. Nämlich: erstaunen wir über eine ungewöhnliche Kraft, geschieht es nicht, wo ihre Wirksamkeit beginnt, sondern wo diese aufhört; denn nur die Ausdauer einer Kraft zeugt von deren Größe. So hier. Durchwandern wir die glänzende Bahn des Dichters und kehrt am Ziel unsere Bewunderung ermüdet um, finden wir Hamlet auf dem Rückwege, den wir nicht erwartet. Shakespeare mußte sich verdoppeln, mußte aus sich heraustreten, ihn zu schaffen, er hat darin sich selbst überholt. Aber dieses ist nicht gesagt in der rednerischen Sprache der Lobpreisung, sondern in der nüchternen der Berechnung. Hamlet ist eine Kolonie von Shakespeares Geiste, die unter einer andern Zone liegt, eine andere Natur hat und von ganz andern Gesetzen regiert wird als das Mutterland.

Shakespeare ist ein Naturgläubiger, ein Naturweiser. Sein Gott ist ein offenbarer Gott, die Abspiegelung der Welt im menschlichen Geiste ist seine Weisheit. Was er uns zeige, Himmel und Erde, Hölle und Paradies, Leben und Tod, er läßt es erscheinen als freundlich-menschliches Gesicht. Alles atmet, alles lebt, und der Tod ist nur das Hauptbuch über Einnahmen und Ausgaben des Lebens. Ganz anders Hamlet; da ist alles mystisch. Überall sonst tritt der Heroismus hervor, bei Hamlet steht die blöde Genialität im Hintergrunde. Da ist die Nachtseite, die weibliche Natur des Lebens, das Empfangende, Gebärende, da hören wir die Wehen der Schöpfung. Sonst überall bei Shakespeare *erscheint* die Philosophie und gestaltet sich als Erfahrung; im Hamlet verschwindet die Erfahrung und steigt als Dunst der Philosophie zum Wolkenhimmel auf. Alle andere Charaktere des Dichters sind konvex und bilden Brennpunkte; Hamlet ist der einzige konkave Charakter, dessen Strahlen divergieren. Alles sonst, auch das Furchtbarste, das Gräßlichste erscheint im Sonnenlichte. Bei Hamlet erschreckt selbst der Scherz; denn ihn bleicht der Mondschein. Nicht der Geist des ermordeten Königs ist das schlimmste Grauen; er zeigt sich in der Nacht, in dieser dunklen Wohnung der Geister, wo wir nur schüchterne Gäste sind. Der Geist bei Tage in unserm eigenen Hause – Hamlets Geist ist viel entsetzlicher.

Shakespeare ist König, nicht untertan der Regel. Wäre er wie ein anderer, dürfte man sagen: Hamlet ist ein lyrischer Charakter, der aller dramatischen Gestaltung widerstrebt; Hamlet ist das *Un-Ding*, schlimmer als der Tod, das Ungeborene. Doch es ist Shakespeare! – wir müssen gehorchen und schweigen.

Über dem Gemälde hängt ein Flor. Wir möchten ihn wegziehen, das Gemälde genauer zu betrachten; aber der Flor ist selbst gemalt. Die Nähe des Auges muß die Schwäche des Lichtes ersetzen. Werfen wir zuerst einen Blick auf die Umgebungen unseres Leidenshelden. Hamlet *ist* nicht der Mittelpunkt, wir müssen ihn dazu *machen*; wir wollen erst seinen Kreis bilden und ihn dann hineinstellen. Doch vor allem rüsten wir uns männlich gegen den Irrtum, der uns im Leben wie auf der Bühne so oft besiegt. Im Leben beurteilen wir die Menschen nach ihrem Rufe; auf der Bühne glauben wir von den dargestellten, ohne zu untersuchen, alles, was die Tugendhaften im Schauspiele von ihnen sagen und denken. Das ist nicht die rechte Art; wir müssen sie selbst beobachten und prüfen. Hamlet ist gar nicht so edel und liebenswürdig, wie er seinem Mädchen erscheint; der König ist lange nicht so nichtswürdig, wie ihn Hamlet lästert. Ja, wir müssen uns sehr vorsehen, daß wir den bösen Oheim nicht lieber gewinnen als den guten Neffen.

Der Schauplatz ist ein nordischer Hof, halb gekleidet im wilden Eisen der alten Zeit, halb im Tuche unserer Tageshelden, die, hinter der Fronte, mit ihrem Schwerte Federn schneiden. Der Rost der Politik fing schon an, den kriegerischen Stahl fleckig zu machen. Gradsinn und krumme Wege ziehen nebeneinander her, Grobheit und Schmeichelei begegnen sich. Die Hofleute haben schon die Witterung des 18. Jahrhunderts und wissen, wo der Hase im Pfeffer liegt. Verstand gewahren wir genug; aber nicht Geist, nicht Witz noch Bildung. Die beiden Studenten, Hamlet und Horatio, sind Orakel, und ihre Gelehrsamkeit wird angestaunt. Der Scherz ist etwas plump und unzüchtig; die Silbenstecherei gehört zu den Turnierübungen der schönen Geister jener Zeit. Das Volk ist störrig – *»Ihr falschen Dänenhunde«*, sagt die Königin.

Der König hat seinen Bruder ermordet, dessen Witwe geheiratet und sich die Krone aufgesetzt. Er ist verschlossen, wir können ihm nicht in die Brust sehen; aber es scheint, er ist der Königin ernstlich zugetan, und wir dürfen glauben, daß seine Liebe älter sei als sein Ehrgeiz und sein Verbrechen. Er hat es begangen, er hat sich den unterirdischen Mächten verkauft; doch seine Rechnung ist ihm klar; er weiß, was er ausgegeben, und auch, was er eingenommen. Der König gleicht allen Bösewichtern Shakespeares, die, es in guter hausbackenen Meinung zu sagen, der Sittlichkeit gar nicht heilsam sind. Man kann Shakespeares Bösewichtern nicht recht gram werden; sie sind nicht schlimm für eigene Rechnung allein, sie bilden Gattung, sie tragen das Kainszeichen auf ihrer Stirne, das Titelblatt von dem Sündenbuche der Menschheit, das nicht verantwortlich ist für den Inhalt, den es anzeigt. Der König, nach seiner großen Schuld, tut nicht mehr Böses, als nötig ist zu ihrer Benutzung und seiner Sicherheit, und er tut es nicht eher, als bis der Gebrauch und seine Gefahr ganz nahegekommen. Selbst arg, quält ihn doch der Argwohn nicht. Er ist sehr nachsichtig, sehr langmütig gegen Hamlet, dessen wahre Stimmung er, und er allein, durchschaut, sobald er ihn nur einmal unbemerkt beobachtet. Er ist ein vornehmer Geist, dem sein untergebenes Gewissen nur in der stillen Zurückgezogenheit vertraulich nahen darf. Einmal, da es ihn überrascht, und er seine starken Knie vor Gott beugt, sind wir bewegt, und es schmerzt uns, daß ihm das Beten nicht gelingt und daß ihm die Schuld leichter fiel als die Buße. Er ist ein stattlicher Herr, Ehrfurcht gebietend und dabei staatsklug, beredsam und freundlich. Er behandelt den alten, unbrauchbar gewordenen Polonius mit schonender Achtung, Laertes und die übrigen Hofleute mit einschmeichelnder Aufmerksamkeit. Er ist zechlustig wie sein Land; er ist es aus Neigung und zeigt es aus Politik. Er hat eine bewunderungswürdige Geistesgegenwart, die er nie verliert. Wenn er Hamlets Schauspiel plötzlich verließ, geschah es nicht, weil er seine innere Bewegung nicht bemeistern konnte; denn wäre das, wäre er gleich nach der Pantomime aufgebrochen, die doch als der erste Eindruck ihn am meisten überraschen mußte. Er entfernt sich nur, sich zu retten; denn er fürchtet, das Spiel könnte ernsthaft endigen und auf Hamlets peinliches Gericht möchte gleich die Hinrichtung folgen. Darin verkannte er Hamlet; er bedachte nicht, daß ein starker Mann der einmal fest beschlossenen Tat nie eine Drohung vorausschickt. Die ruhige Haltung und königliche Würde verläßt ihn nicht, als Laertes an der Spitze einer empörten Rotte in den Palast dringt; nicht, als Hamlet unerwartet von seiner Seereise zurückkehrt und den Plan vereitelt, nicht, als die Königin vergiftet niedersinkt, deren Ohnmacht er für Nervenscheu vor Blut erklärt; selbst nicht, als er selbst unheilbar hinfällt – er verbirgt die Gefahr und sendet nach Hülfe. In diesem letzten, fürchterlichen Augenblicke, am Rande des Todes, verläßt der König den Menschen nicht, dankbar für die von ihm erhaltenen Opfer. Er begleitet ihn hinüber in die andere Welt, hinauf zu jenem ewigen Richter, ihn dort zu verteidigen. Wir dürfen hoffen, der gnädige Gott werde dem Menschen verzeihen, was der König begangen; war es ein Verbrechen, König zu sein, war es nicht seines, sondern das seines Volks.

Die Königin ist schwach, sie ist Hamlets Mutter. Ihr Teil an dem Verbrechen bleibt zweifelhaft; sie ist Hehlerin, kauft wohlfeil gestohlenes Gut und fragt nicht, ob ein Diebstahl geschehen. Des Königs männliche Art hat sie überwältigt; ihres Sohnes Gewissenslampe, erst um Mitternacht entzündet, brennt nicht bis zum Morgen, und sie erwacht mit den Sünden des vorigen Tages.

Fortinbras und Laertes, Hamlets Altersgenossen, hat der Dichter mit bedächtiger Kunst dem Königssohne zur Seite gestellt, daß sie Licht werfen auf seine Schatten. Fortinbras streckt mit schöner Keckheit seine Hand aus nach Hamlets künftigem Erbgut, und als er ertappt wird, wendet er sich ruhig zu eines andern Tasche. Er trommelt, wie zum Spotte, in Hamlets stillen Schlaf, und als dieser ausgeträumt und stirbt, ist er auf der Stelle wieder da, bei hellem Tage den Thron zu besteigen, zu dem er früher im Dunkeln hat hinaufschleichen wollen. Laertes, der leichtgesinnte Jüngling, verläßt im Fluge das liederliche Paris, den Tod seines Vaters zu rächen, und ist sehr bereit, sich die Zinsen seiner Ungeduld mit einer Krone bezahlt zu machen – und der ernste, tugendhafte Hamlet, dem man auch einen Vater gemordet, kommt, ganz entkönigt, geschlichen von dem keuschen Wittenberg her und schleicht fort und träumt und besinnt sich und vollbringt nichts. Mit Laertes' lauter Trauer um Ophelia sucht er zu wetteifern; seinen stillen Schmerz um sie teilt er nicht.

Horatio hat auch in Wittenberg studiert und kam mit starkem Geiste und schwachem Fleische von dort zurück. Er ist ein ganzer Lateiner geworden und weiß zu erzählen von Rom und dem großen Cäsar. Die jungen Hofleute werden sich wohl im stillen über ihn lustig gemacht haben. Da Hamlet umkommt, sagt Horatio, er wäre kein Däne, sondern ein alter Römer, und er wolle seinem Herrn und Freunde in den Tod nachfolgen; aber er läßt es schön bleiben. Hamlet brauchte seinen Vertrauten nicht zu wählen, die Natur selbst hat ihm Horatio angetraut.

Polonius war in seiner Jugend ein kluger Kopf. Dem alten Manne ist sein Verstand zu schwer geworden, und er kann ihn nicht mehr aus der Scheide bringen. Er trägt ihn gern zur Schau, als könnte er ihn noch führen, und er freut sich der oft geprüften Waffe. Nur unzeitiger Spott kann den Greis lächerlich finden. Auf Liebe, Wahnsinn und Schwärmerei versteht er sich zwar nicht viel; denn diese Krankheitsfälle sind ihm in seiner Hofpraxis noch nicht vorgekommen. Doch versteht er sich auch nicht auf geheime Tücke, und er ließe sich für die Biederkeit seines Königs totschlagen. Die schöne Erfahrung, die das Alter verschafft, besitzt er im hohen Grade. Er gibt seinem Sohne ganz vortreffliche Reiseregeln; er ist ein liebender Vater und gar nicht grämlich, wie es alte Leute sind. Seiner Tochter macht er zwar ernste, doch zugleich milde und freundliche Vorstellungen über ihren Umgang mit Hamlet, und der Ehrgeiz verleitet ihn nicht, ein Verhältnis zu unterhalten, das seiner Staatsdienerpflicht als unschicklich erscheint. Und doch wäre dieses Verhältnis nicht

ohne Hoffnung gewesen; denn wie man von der Königin erfährt, hatte sie eine Verbindung zwischen Hamlet und Ophelia
in ihren Gedanken. Polonius ist ein treuer Diener seines Herrn,
ein Biedermann und kein gemeiner Höfling. Wenn er Hamlets
launischer Meteorologie schmeichelt, so geschieht es nicht aus
alberner Kriecherei, sondern weil er den Spötter für toll hält.
Wir freuen uns, daß der gute alte Mann stirbt und daß er den
Untergang des Königshauses und seines eigenen nicht sieht.

Ophelia ist gut und auch beschränkt wie ein Bürgermädchen.
Der Hof hat sie nicht verdorben und nicht verfeinert. Hamlet
verführt sie, und sie bemerkte nicht eher, was sie verloren, bis sie
mit dem Mörder ihres Vaters es unersetzlich verloren. Zum
Glück für ihre Tugend kam die Etikette der Pietät, die Politik
der Moral zu Hülfe. Sie verliert die Vernunft und das Leben und
weiß nicht worüber. Die Kleine stand gerade in einem Fußtritte
des weit dahinschreitenden Schicksals; die Eiche, die der Sturm
brach, fiel um und legte das Veilchen nieder.

Ist der *Geist* wirklich so erhaben, als er schon oft geschildert worden? Er tritt geharnischt auf; aber, wie mir scheint, ist
nur seine Hülle umpanzert, seine innere Seele aber ist weich und
bloß. Die Familienähnlichkeit zwischen ihm und seinem Sohne
Hamlet ist gar nicht zu verkennen. Er ist ein schwacher, philo-
sophischer, geflügelter Geist, der in der Luft zu Hause ist. Wesen
solcher Art singen wie die Vögel, deren Ton kein Wort zum
Körper hat. Hamlets Vater spricht gern, viel und kunstredne-
risch; man könnte glauben, einen verklärten Schauspieler zu hören. Die Zeit, die ihm zum Herumwandern verstattet, ist so sehr
kurz, und er verliert sie fast unbenutzt. Statt mit dem Wichtigsten, mit den Tatsachen, mit seiner Ermordung anzufangen,
erzählt er zuerst von seinen Höllenqualen und zeigt die größte
Lust, eine große dichterische Schilderung davon zu machen.
Er will einen regelmäßigen Klimax beobachten und mit dem
Fürchterlichsten, mit dem Brudermorde endigen; das ist aber
hier ein Fehler. Das Schauerlichste an einem Geiste ist, *daß* er
erscheint und spricht; *was* er tut und sagt, und wäre es das

Schrecklichste, ist nach dem andern Kinderei. Auch scheint der Geist in jener Welt seine Menschenkenntnis nicht verbessert zu haben, sonst hätte er jeden andern eher als Hamlet zum Vollstrecker der Rache gewählt. Vielleicht war das auch gar nicht die Absicht seiner Erscheinung. Er wanderte auf gut Glück umher, sich einen Rächer zu suchen; unglücklicherweise aber war am ganzen Hofe Hamlet das einzige Sonntagskind. Der Geist ist so besorgt, Horatio und die andern Zeugen schwören zu lassen, daß sie nicht reden wollten von dem, was sie gesehen, versäumt aber, was viel nötiger war, seinem Sohne Verschwiegenheit zu empfehlen. Dieser plaudert und verplaudert alles und vereitelt dadurch den Wunsch seines Vaters und sein eigenes Vorhaben. Der König kommt zwar endlich um, doch wird er nicht gerichtet als der Mörder seines Bruders, sondern als der Mörder seines Neffen. Der alte Maulwurf war blind.

In dieses Land, an diesen Hof, unter diese Menschen kommt Hamlet, ganz warm, von Wittenberg zurück, erkältet sich augenblicklich und gewinnt den Schnupfen, an dem zarte Seelen so sehr oft leiden. Aus dem Treibhause der Schule wird er in die freie Welt gesetzt und verkümmert. Ein Königssohn, zu Krieg und Jagd erzogen, übte er sich in Wittenberg, wilde Theses zu bestreiten und hasenfüßige Sophismen aufzutreiben. Zwar wird die schwere deutsche Philosophie zur Grazie in dem geistreichen Fürstensohne; aber desto schlimmer – die geschmeidige dringt in die feinsten Adern des Lebens und hemmt den Lauf des fröhlichen Blutes, während die plumpe nur die großen Wege versperrt. Das einzige, was er von der hohen Schule Brauchbares für das niedere Leben mitgebracht, seine Fechtkunst, auf die er so eitel ist, gereicht ihm zum Verderben. Er ist weitsichtig, sieht ganz deutlich die Gefahr, die ihm im fernen England droht; aber er sieht nicht die scharf geschliffene Degenspitze, die nur einen Finger weit von seinen Augen blinkt. Hamlet ist ein Feiertagsmensch, ganz unverträglich mit dieser Werkeltagserde. Er verspottet das eitle Treiben der Menschen, und diese tadeln seinen eitlen Müßiggang. Ein Nachtwächter, beobachtet und verkündet er die Zeit, wenn andere schlafen und nichts von ihr wissen wollen, und schläft, während andere wachen und geschäftig sind. Wie ein Fichtianer denkt er nichts, als *ich bin ich*, und tut nichts, als sein Ich setzen. Er lebt in Worten und führt als Historiograph seines Lebens ein Schreibbuch in der Tasche. Ganz Empfindung, verbrennt ihn das Herz, das ihn erwärmen sollte. Er kennt die Menschheit, die Menschen sind ihm fremd. Er ist zu sehr Philosoph, um zu lieben und zu hassen. *Die* Menschen kann er nicht lieben, *den* Menschen kann er nicht hassen; darum ist er ohne Teilnahme für seine Freunde und ohne Widerstand gegen seine Feinde. Mut, dieser Bürge der Unsterblichkeit – wer hätte Mut, wenn er sich nicht unsterblich glaubte? – er hat ihn nicht, der Königssohn. Weil er in jedem Menschen das übergewaltige Menschenvolk erkennt, ist er furchtsam, was andere nicht sind, die mit ihren kleinen Augen im einzelnen nur den einzelnen sehen. In der Schuld seiner Mutter sieht er die Gebrechlichkeit des Weibes, in dem Verbrechen seines Oheims die lächelnde Schurkerei der Welt. Soll er ihn wagen, diesen tollkühnen Streit? Er zittert. Ihm fehlt nicht der Mut des Geistes, den ein tapferes Heer von Gedanken umgibt; ihm fehlt der Mut des Herzens, für das nur das eigene Blut kämpft. Darum ist er kühn in Entwürfen und feige, sie auszuführen. Zum Übermaße des Verderbens kennt sich Hamlet sehr gut, und zu seiner unseligen Schwäche gesellt sich das Bewußtsein derselben, das ihn noch mehr entmutigt.

Hamlet ist ein Todesphilosoph, ein Nachtgelehrter. Sind die Nächte dunkel, steht er unentschlossen, unbeweglich da; sind sie hell, ist es immer nur eine Monduhr, die ihm den Schatten der Stunde zeigt, er handelt ungelegen und geht irre im trügerischen Lichte. Das Leben ist ihm ein Grab, die Welt ein Kirchhof. Darum ist der Kirchhof seine Welt, da ist sein Reich, da ist er Herr. Wie liebenswürdig erscheint er dort! Überall betrübt, da ist er heiter; überall dunkel, da ist er klar; überall verstört, da ist er ruhig. Wie treffend, geistreich und witzig zeigt er sich dort! Sonst betrübend durch seine Todesgedanken, wird er uns tröstlich zwischen Gräbern. Indem er das Leben als einen Traum verspottet, spottet er den Tod auch zu nichts. Da ist er nicht schwach – wer ist stark im Angesichte des Todes? Da endigt alle Kraft, aller Wert, da hört alle Berechnung, alle Schätzung, alle Verachtung, jede Vergleichung auf. Da darf Hamlet ungescholten den Befehl seines Vaters vergessen, da braucht er dessen Tod nicht zu rächen. Soll er einen Verbrecher, der in den letzten Zügen einer Krankheit liegt, auf das Blutgerüst schleppen? Wie grausam! Umbringen im Angesichte des Todes – wie lächerlich, welch eine kindische Ungeduld! Es ist, als ginge eine Schnecke dem kommenden Winde entgegen.

In dieser schnöden Welt muß die Tugend Gewalt haben, um Macht zu haben, anmaßend sein, der Anmaßung zu begegnen, und mit den Waffen der Hölle für den Himmel kämpfen. Hamlets Tugend hat keine Tüchtigkeit. Ein so zarter Jüngling mit seinem ewig jungen Herzen kann in keinem Königshause gedeihen, wo man alt geboren wird. Hamlet hat den Adelstolz der hochgeborenen Seelen, und er kann sich zu keiner niedrigen Natur herablassen. Geistreich und feingesittet, wird es ihm nicht behagen in einem betrunkenen Lande. Zeigt er sich trüb gestimmt und schwärmerisch, wird er verachtet und verspottet werden; wenn heiter, wird er selbst ein Spötter sein, was keiner ungestraft ist, an einem Fürsten aber, dem gleiche Waffe sich nicht offen entgegensetzen darf, sich im verborgenen am gefährlichsten rächt. Hamlet tadelt die Zechlustigkeit des Hofes, macht Polonius' geschäftige Dienertreue lächerlich und verhöhnt die elende Kriecherei der Höflinge. Sein Oheim ist ihm unleidlich, und er würde ihn hassen, auch wenn er nicht der Mörder seines Vaters wäre. Der Geist ohne Charakter steht dem Charakter ohne Geist und jener diesem immer feindlich gegenüber. Hamlet fühlt sich überwältigt von der stillen, ruhigen, machtgebietenden Art des Königs. Er weiß recht gut, daß es nur eitle Fechterkünste sind, die ihn abhalten; aber er kann ihnen nicht begegnen, er selbst hat diese Künste nicht geübt, und dieses gibt ihm jenen heftigen Groll, der selbstbewußte

Schwäche immer begleitet. Dem Könige gegenüber ist er blöde und verlegen, und aus dem ganzen Heere von Hohn und Haß, das sich um sein Herz gelagert, tritt selten eines jener großen Worte hervor, deren Hamlet so viele zählt, den friedlichen König herauszufordern. Wie froh wird Hamlet sein, wenn er erfährt, daß sein Oheim ein Bösewicht ist; wie wird er sich erleichtert fühlen, wenn sein Haß einen Grund bekommen, wenn seine Abneigung ihm zur Pflicht geworden! Der Mord des Vaters ist nicht Hamlets Schmerz, er ist nur das Gefäß seiner Leiden; jetzt *faßt* er, was ihn quält. Unglücklich wäre er immer gewesen.

Der Tod des Vaters ruft Hamlet zurück. Die Heirat der Mutter bekommt er drein in seine Trauer. Hamlet weiß besser als einer, besser als etwas, daß Menschen sterblich sind. Aber daß auch Empfindungen sterblich sind, die der Jüngling für ewig hielt, daß eine Liebe endigen, man zweimal lieben und von einer edlen Liebe zu einer gemeinen herabsteigen könne – das überrascht ihn schmerzlich, das verwirrt ihn, für diese neue Erfahrung ist selbst sein weiter Kreis der Trostlosigkeit zu eng. Hamlets Einbildungskraft ist kühn, sie wirft alles vor sich nieder. Sein Oheim hat eine Krone empfangen aus den Händen seiner Mutter – er hat Vorteil gezogen von dem Tode seines Vaters – er hat diesen tot gewünscht – er hat seinen Bruder ermordet. Das ahnete Hamlet, ehe es ihm der Geist entdeckt. Dieser erscheint, sagt laut, was sich der Sohn leise gesagt, und fordert ihn zur Rache auf. Hamlet entsetzt sich – nicht über den Mord; er entsetzt sich, daß er ihn rächen soll. Nur auf freies Denken und Fühlen angewiesen, soll er nachdenken und handeln; die Natur hat ihn durchsichtig geschaffen, und er soll auf List sinnen und sie verdecken; er ist zum Dulden geboren und man erwartet Taten von ihm. So geklemmt zwischen dem heiligen Gebote seines Vaters und den strengen Verboten seiner Natur, wird er bald hier fort-, bald dort zurückgestoßen, verliert alle freie Bewegung, und so sehen wir ihn hingeschleppt von Entwürfen, die seiner Ohnmacht spotten, von Versuchen, die ihm mißlingen, von großen

Worten, die ihn lächerlich, und kleinen Handlungen, die ihn verächtlich machen – und so sehen wir ihn endlich in einem gemeinen Handgemenge schimpflich umkommen und alle, die ihn umgeben, nicht den Schlägen, nein, einer Schlägerei des Schicksals unterliegen.

Die fürchterliche Stunde ist da, wo Hamlet den Geist seines Vaters sehen soll. Und hätte er tausend Seelen, sie dürften sich nicht bewegen; und hätte er tausend Herzen, sie müßten stillstehen und horchen. Aber in dieser Bangigkeit, wo wir selbst, gleichgültige Hörer eines Märchens, taubes Ohr, blindes Auge sind – was tut Hamlet? Er füllt die Erwartung mit unnützem Werg aus. Er hält eine anthropologische Vorlesung, spricht wie ein Prediger von häßlichen Gewohnheiten, welche die saubersten Tugenden beschmutzen, und stellt nüchterne Betrachtungen über das zu viele Trinken an. Der Geist schreckt ihn auf, er hatte ihn schon ganz vergessen. Der Geist spricht Feuerworte, Hamlet brennt – es ist Zunder. Eine Minute, und es ist verglommen, und die Asche seiner Begeisterung fliegt in den Wind. Er will rasch sein zur schönen Tat, er möchte fliegen, der Rückweg zum Palaste ist ihm um eine Welt zu lang. Aber, noch hat er keinen Schritt getan, und er hat schon Mittel gefunden, die Rache mit seiner Bedächtigkeit, die Pflicht mit seiner Schwäche zu vereinigen. Er will mit Witz anfangen, was nur der Verstand unternehmen, nur der Mut vollführen kann. Er will es fein machen, will politisch sein, sich toll stellen. Was denkt er sich dabei? Soll ihm die Tollheit den Zutritt zum Könige erleichtern? Sie wird ihn nur erschweren. Soll sie den König einschläfern? Sie wird ihn nur wachsamer machen. Will er seine Schwermut vermummen? Er soll sie heilen, er soll sie rächen. *Stellt* sich Hamlet toll? Er *ist* es. Es gibt Wahnsinnige, die lichte Zeiten, es gibt andere, die lichte Räume haben, in welche sie zu jeder Zeit sich stellen und von dort aus ihren eigenen Wahnsinn beobachten können. Zu den letztern gehört Hamlet. Er glaubt mit seinem Wahnsinne zu spielen, und dieser spielt mit ihm.

Hamlet beginnt sein tolles Spiel und prüft dessen Wirksamkeit zuerst an der Unschuldigsten in seinem Kreise, an der liebendgläubigen Ophelia. Es ist eine unbeschreibliche Häßlichkeit in diesem Betragen. Er hätte das gute Mädchen eher zur Vertrauten als zur Hülle seines Geheimnisses machen sollen. Hamlets Verwirrtheit wird bemerkt; der aufmerksame König schickt Rosenkranz und Güldenstern, des Prinzen Jugendfreunde, hinter ihn, den Grund seines Trübsinns zu erspähen. Hamlet ist eitel; er verstellt sich, will aber zugleich seinen klugen Kopf zeigen und merken lassen, daß er sich verstellt. Er läßt sich nicht ausforschen, bekennt aber, daß er ein Geheimnis habe. Die Spione müssen zwar unverrichteter Sache abziehen, aber nur, weil sie Höflinge sind, die sich auf Schwärmereien nicht verstehen. Hamlet beharrt in seiner schmählichen Untätigkeit; statt anzugreifen, verschanzt er sich gegen Angriffe. Wenn auch Mensch und Sohn, durfte er darüber den Fürsten nicht vergessen; er mußte in dem Mörder seines Vaters auch den Mörder seiner Krone bestrafen. Nicht meuchelmörderisch soll er den König töten, er soll das Verbrechen laut verkündigen und sich an die Spitze des Volkes stellen, das ja, wie Laertes' Beispiel gezeigt, dem Könige so ungewogen und so leicht zu lenken ist. Aber Hamlet geht umher wie Hans der Träumer. Da werden ihm die Schauspieler gemeldet; er wacht auf, er lebt wieder. Auf die Kunst versteht er sich, er liebt sie. Einer der Komödianten trägt etwas vor von Hekuba; er redet sich in das Zeug hinein und wird blaß und weint. Hamlet fühlt sich beschämt, überhäuft sich mit Scheltreden und betrinkt sich in Worten, um Mut zu bekommen. Es dauert nicht lange, und er redet sich wieder in Zweifel, um die Tat verschieben zu dürfen. Vielleicht hat ihn ein tückischer Geist betrogen, vielleicht ist sein Oheim unschuldig. Er will ihn prüfen durch psychologische Mittel, er will einen chemischen Versuch anstellen, die Schauspieler sollen des Königs echte Farbe dartun. Er gibt ihnen ein Stück auf, worin ein Mord dargestellt wird, er macht selbst Verse dazu, und mehr als für seinen Vater zeigt er sich besorgt, daß ihm die Schauspieler durch schlechten Vortrag seine schönen Verse verunzieren möchten. Er unterrichtet sie mit einer Ruhe, mit solchem Bedachte und mit solcher Umständlichkeit, als habe er sein gutes Auskommen und sonst keine Sorgen auf der Welt. Der König wird gefangen, Hamlet ist ganz vergnügt, daß ihm seine List gelungen; die gewonnene Erfahrung zu benutzen, daran denkt er nicht. Seine Mutter läßt ihn rufen, er geht und hält sich lange im Vorzimmer auf; dort philosophiert er. Er hält den schönen Monolog, der aber in dem Munde eines Fürsten sich so häßlich ausnimmt. Das Leben ist ihm verhaßt; aber nicht wegen der Leiden, nein, wegen der Handlungen, die es auflegt. Kein anderes Mittel, sich vor den Plagen der Welt zu schützen, als Flucht, Selbstmord; der Tod soll die Todesfurcht heilen. Er trifft den König unbewacht, jetzt könnte er ihn töten; aber er betet. Hamlet will grausam sein, er will ihn betrunken zur Hölle schicken. Jetzt spricht er mit seiner Mutter; da ist ihm wohl und behaglich, da vertragen sich Pflicht und Neigung. Der Geist selbst hat ihm Schonung aufgelegt, nur reden darf er, Dolche keine brauchen. Es rührt sich etwas hinter dem Vorhange; Hamlet hat Mut, er sieht den Gegner nicht; er verwundet den weichen, wehrlosen Teppich und trifft Polonius, den guten alten Mann.

Hamlets Wahnsinn steigt; die Maske der Verstellung, halb fällt sie, halb läßt er sie sinken. Der König wird zum Äußersten gebracht, er muß selbst zugrunde gehen oder Hamlet verderben. Da beschließt er, ihn nach England zu schicken, zu seinem Untergange. Er gibt ihm ganz freundliche Rechenschaft von der Notwendigkeit seiner Entfernung. Hamlet ist es gleich zufrieden, das Wörtchen *nein* steht nicht in seinem Wörterbuche, er sagt *gut* und läßt sich schicken. Er denkt an nichts, er entfernt sich von allem. Auf dem Schiffe übt er ein Bubenstück, begeht eine schimpfliche feige Tat gegen seine Begleiter Güldenstern und Rosenkranz. Diese jungen Leute wollten ihr Glück machen, sie zeigten sich dem Könige gefällig; aber sie durchschauen seine Tücke nicht und wissen nichts von der Botschaft, die sie nach England bringen. Hamlet schreibt wie ein Gauner falsche Briefe, schiebt sie den echten unter und bringt seine Begleiter und Jugendfreunde in die Falle, die ihm selbst gestellt. Er tut es nicht aus Bosheit, nicht aus Rachsucht, er tut es nur aus Eitelkeit. Noch nie ist ihm eine Tat gelungen, er will sich einmal etwas zugute tun, er will sich mit einem klugen Streiche bewirten. Der Zufall wirft ihn nach Dänemark zurück. Ob er jetzt auf etwas sinne, läßt er nicht erraten. Er wird zum Fechten mit Laertes eingeladen. Kaum hat er es zugesagt, wird es ihm übel ums Herz; nur die Ahnung einer Tat macht ihn schon krank. Er wird handeln, er wird sterben. Vorher versöhnt er sich mit Laertes auf eine würdige, rührende Art; noch einmal taucht der edle Schwan herauf und zeigt sich rein von dem Schmutze dieser Erde. Hamlet ficht, wird tödlich verwundet, und da, als er nichts mehr zu verlieren hat, als er keinen Mut mehr braucht, bringt er den König um. Es ist die Keckheit eines Diebes, der schon unter dem Galgen steht und Gott, die Welt und seinen Richter lästert. So endet ein edler Mensch, ein Königssohn! Er, der Wehe über sich gerufen, daß er geboren ward, die Welt aus ihren Fugen wieder einzurichten, tritt wie ein blindes Pferd das Rad des Schicksals, bis er hinfällt und ein armes Vieh den Peitschenhieben seiner Treiber unterliegt!

Das ist das Los des Schönen auf der Erde.[1]

Man hat viel von Shakespeares Ironie gesprochen. Vielleicht habe ich nicht recht verstanden, was man darunter verstanden; aber ich habe Ironie überall vergebens gesucht. Ironie ist Beschränktheit, – oder Beschränkung. Für letztere war Shakespeare zu königlich, für erstere hatte er eine zu klare Weltanschauung; er sieht keinen Widerspruch zwischen Sein und Schein, er sieht keinen Irrtum. Oft zeigt er uns lächelnd des Lebens verstellten, doch nie spottend des Lebens lächerlichen Ernst. Doch im Hamlet finde ich Ironie, und keine erquickliche. Der Dichter, der uns

---

1 *Wallensteins Tod*, 4. Aufzug, 12. Auftritt.

immer so freundlich belehrt, uns alle unsere Zweifel löst, verläßt uns hier in schweren Bedenklichkeiten und bangen Besorgnissen. Nicht die Gerechten, nicht die Tugendhaften gehen unter, nein schlimmer, die Tugend und die Gerechtigkeit. Die Natur empört sich gegen ihren Schöpfer und siegt; der Augenblick ist Herr und nach ihm der andere Augenblick; die Unendlichkeit ist dem Raume, die Ewigkeit ist der Zeit untertan. Vergebens warnt uns das eigene Herz, das Böse ja nicht zu achten, weil es stark, das Gute nicht zu verschmähen, weil es schwach ist; wir glauben unsern Augen mehr. Wir sehen, daß wer viel geduldet, hat wenig gelebt, und wir wanken. Hamlet ist ein christliches Trauerspiel.

Die Welt staunt Shakespeares Wunderwerke an. Warum? Ist es denn so viel? Man braucht nur Genie zu haben, das andere ist leicht. Shakespeare wählt den Samen der Art, wirft ihn hin, er keimt, sproßt, wächst empor, bringt Blätter und Blüten, und wenn die Früchte kommen, kommt der Dichter wieder und bricht sie. Er hat sich um nichts bekümmert, Luft und Sonne seines Geistes haben alles getan, und die Art ist sich treu geblieben. Aber den Hamlet staune ich an. Hamlet hat keinen Weg, keine Richtung, keine Art. Man kann ihm nicht nachsehen, ihn nicht zurechtweisen, nicht prüfen. Sich da nie zu vergessen! Immer daran zu denken, daß man an nichts zu denken habe! Ihn nichts und alles sein zu lassen! Ihn immer handeln und nichts tun, immer sich bewegen und nie fortkommen zu lassen! Ihn immer sich als Kreisel drehen zu lassen, ohne daß er ausweiche! Das war schwer. Und Shakespeare ist ein Brite! Hätte ein Deutscher den Hamlet gemacht, würde ich mich gar nicht darüber wundern. Ein Deutscher brauchte nur eine schöne, leserliche Hand dazu. Er schreibt sich ab, und Hamlet ist fertig.

Hamlet (1828):
SSB, Bd. 1, S. 482–499.

[...] Ich trieb Privatpatriotismus und gab eine Zeitschrift heraus: *Die Wage.* Ach Himmel! An Gewichten fehlte es mir nicht, aber ich hatte nichts zu wiegen. Das Volk auf dem Markte tat nichts und machte keine Geschäfte, und das Völkchen in den höhern Räumen handelte mit Luft und Wind und andern imponderablen Stoffen. Ich war in sehr großer Verlegenheit. Das Journal war angekündigt, der Druck hatte schon begonnen, die Abonnementsgelder waren schon ein- und ausgezogen, und ich wußte noch nicht, wie ich mein Versprechen erfüllen und das Versprochene voll machen sollte. Da riet mir ein Freiwilliger Jäger, der sein Leben liebgewonnen und, um es fortzusetzen, Komödiant geworden war, ich solle über das Theater schreiben. Der Rat war gut, und ich befolgte ihn. Ich setzte die wohlweise Perücke auf und sprach Recht in den wichtigsten und hitzigsten Streithändeln der deutschen Bürger – in Komödiensachen. Wie ein Geschworener urteilte ich nach Gefühl und Gewissen; um die Gesetze bekümmerte ich mich, ja ich kannte sie gar nicht. Was Aristoteles, Lessing, Schlegel, Tieck, Müllner und andere der dramatischen Kunst befohlen oder verboten, war mir ganz fremd. Ich war ein *Naturkritiker* in dem Sinne, wie man einen Bauer vor zwanzig Jahren – ich glaube, er hieß *Maus* –, der Gedichte machte, einen *Naturdichter* genannt hatte. Die Katze Kritik ging damals sehr schonend um mit jener Maus, zog ihre Krallen ein und liebkoste sie. Eine gleiche Nachsicht fand ich auch, wahrscheinlich aus gleichem Grunde: weil man eine gewisse bäuerliche Natürlichkeit an mir bemerkt. Die Menschen sind gar nicht so schlimm, als man gewöhnlich glaubt. Sie lassen jedem gern seine Meinung, häßlich oder schön, wenn er nur fest darinsteckt wie in seiner Haut; versteckt man sich aber hinter einer Meinung, dann ziehen die Leute mißtrauisch den Vorhang weg, um zu sehen, wer dahinter ist. Meine Kritiken fanden vielen Beifall, sogar Kotzebue lobte mich. Wie wütend war ich über Sand, als er mir meinen lieben guten Kotzebue umgebracht, der mich gelobt hatte. Es war Hamlet, der Polonius erstach, Rattengift – dummes Volk!

So sind diese dramaturgischen Blätter entstanden, die ich jetzt, gesammelt und vermehrt, den Lesern vorlege. Möchten sie größere Freude daran haben, als ich selbst dabei gefunden. Ich beklage verlorne Zeit und fruchtlose oder übel verwendete Mühe. Der Kritiker befördert so wenig die schöne Kunst, als der Scharfrichter die Tugend befördert. Beide schrecken nur von Vergehungen ab, beide bestrafen sie nur. Ich fange an zu glauben, daß die armen Bühnendichter doch recht haben mögen, wenn sie ihre Rezensenten Freudestörer schelten. Wir sind wirklich garstige Raupen, die Blatt nach Blatt abfressen, bis vom Buche nichts mehr übrigbleibt als der Deckel und die Rechnung des Buchhändlers. Ehe die Schlange Kritik mich verführte, war ich unschuldig wie der Mensch im Paradiese; ich konnte über einen Ifflandschen Hofrat, wenn er tugendhaft war, weinen wie ein Bürgermädchen, und über *Bären* und närrische *Pudeln* gleich einem Wiener lachen. Da aß ich vom Baume der Erkenntnis, lernte Gutes vom Bösen unterscheiden, und meine Zufriedenheit war hin. Da kam ich mit einem Vergrößerungsglase in das Schauspielhaus und entdeckte häßliche Flecken und Unebenheiten, wo ich früher alles schön und glatt gefunden. Da fing ich die armen Leute zu plagen an, und mich am meisten.

> – Ein Kerl, der *kritisiert*,
> Ist wie ein Tier auf dürrer Heide,
> Von einem bösen Geist im Kreis herumgeführt,
> Und ringsum liegt schöne grüne Weide.[2]

Es ist wahr, ich hatte bei meinem dramaturgischen Bestreben eine schönere und bessere Absicht als die, einen armen Dichter zu kränken, den die Natur schon genug gekränkt hatte, und seine armen Bewunderer zu verspotten. Aber ich blieb immer

---

2 *Faust I*, Studierzimmer.

ein Tor, zu hoffen, das Feiertägliche werde wirken, wo das Wochentägliche nicht gewirkt, und zu vergessen, daß es Lehren gibt, die, wenn nötig geworden, fruchtlos sind. Ich sah im Schauspiele das Spiegelbild des Lebens, und wenn mir das Bild nicht gefiel, schlug ich, und wenn es mich anwiderte, zerschlug ich den Spiegel. Kindischer Zorn! In den Scherben sah ich das Bild hundertmal. Ich war bald dahintergekommen, daß die Deutschen kein Theater haben, und einen Tag später, daß sie keines haben *können*. Das erstere war mir gleichgültig – man kann ein sehr edles, ein sehr glückliches Volk sein ohne gutes Schauspiel – aber das andere betrübte mich. Dieser Schmerz gab meinen Beurteilungen eine Leidenschaftlichkeit, die man mir zum Vorwurfe gemacht, weil man sie mißverstanden. »Sie sind zu scharf« – sagten mir oft Freunde, weil sie dachten, ich hätte es auf einen Dichter, einen Schauspieler abgesehen. Guter Gott! Wäre der Dichter oder der Schauspieler mein Sohn gewesen, ich hätte ganz so von ihm gesprochen wie von dem Fremden, so wenig dachte ich daran, einem wehe zu tun. Es war oft komisch, wenn junge Leute, die Respekt vor mir hatten, im Theater oder nach demselben auf meine Worte horchten, was ich urteilte von dem neuen Stücke, ob ich es für gut oder schlecht erklärte. Wahrhaftig, ich hatte beim zweiten Akte den ersten, wenn der Vorhang fiel, alles vergessen, und ich erinnerte mich gar nicht, ob das Stück gut oder schlecht war. Aber am folgenden Tage kam immer etwas, das mich daran erinnerte: das Stück *mußte* schlecht gewesen sein, und da setzte ich mich hin und beurteilte es und tadelte die Zeitung des Morgens im Komödienzettel des Abends, die Natur in der Kunst. Ich schlug den Sack und meinte den Esel. Das französische Schauspiel, das klassische zumal, ist mir weit mehr zuwider als das deutsche; aber nur, wenn ich es lese, nicht, wenn ich im Lande es darstellen sehe. Dann gewahre ich bald, daß die Gebrechen des französischen Dramas die der Franzosen, die ihrer Nationalität sind; die Gebrechen des deutschen Dramas aber zeugen von der *Unnationalität* der Deutschen, und das ist zum Verzweifeln, das ist keine bloße Komödie. Ein Volk, das nur der Pferch zum Volke macht, das, außer demselben, den Wolf fürchtet und den Hund verehrt und, wenn ein Gewitter kommt, die Köpfe zusammensteckt und geduldig über sich herdonnern läßt; ein Volk, das beim Jahresschlusse der Geschichte gar nicht mitgerechnet wird, ja, das sich selbst nicht zählt, wo es selbst die Rechnung macht, – ein solches Volk mag recht gut, recht wollig, ganz brauchbar für das Haus sein; aber es wird kein Drama haben, es wird in jedem fremden Drama nur der Chor sein, der weise Betrachtungen anstellt, es wird nie selbst ein Held sein.

Alle unsere dramatischen Dichter, die schlechten, die guten und die besten, haben das Nationelle der Un-Nationalität, den Charakter der Charakterlosigkeit. Unser stilles, bescheidenes, verschämtes Wesen, unsere Tugend hinter dem Ofen und unsere Scheinschlechtigkeit im öffentlichen Leben, unsere bürgerliche Unmündigkeit und unser großes Maul am Schreibtische – alles dieses vereint, steht der Entwicklung der dramatischen Kunst mächtig im Wege. Reden heißt uns handeln und schweigen groß handeln. Die Skulptur kam in der christlichen Zeit durch die Entwöhnung, nackte Gestalten zu sehen, herunter, und die Un-gewohnheit, nackte Charaktere zu sehen, läßt die dramatische Kunst in Deutschland nicht aufkommen. […] Dem tragischen Dichter ergeht es wie dem Schweizersoldaten. Er steht mitten im tragischen Schrecken, der Sturm der Schlacht tobt wild, Waf-fen klirren, Wunden ächzen, das Leben steigt im Preise, der Tod wird wohlfeil, der Augenblick gebietet, der Mut über den Augen-blick, die Flamme der Begeisterung erwärmt selbst den kalten Feigling, der Held kämpft wie ein Löwe – da, horch! – da summt einer den Kuhreigen; der Held steht stille, es wird ihm schwab-belig, seine Augen tröpfeln, er läßt den Arm sinken, wirft das Schwert hin, desertiert, vergißt Ehre, Pflicht, Ruhm, alles, läuft in die Heimat zurück, setzt sich hinter den Ofen und weint un-aufhörlich. Da sitzt der Held, statt zu streiten, warm im Herzen des Dichters – warm, weil er sich warm gelaufen; denn was ist ein deutsches Herz? – eine gefrorene Schweiz, nichts mehr.

Den armen Rest nimmt eine schamlose Zensur hinweg. [...] Es ist ganz zum Verzweifeln, daß der Deutsche mit der Temperatur der Jahreszeiten nie im Einklange steht. Im Winter geht seine Seele nackt, im Sommer trägt sie einen Pelz. Im Kriege ist er politisch und spricht nicht von Politik, während dem Frieden teilt er die Welt aus. Er schreibt Bücher über den Haushalt der Athener[3]; um den Haushalt der Österreicher, welchen er sein Geld anvertraut, bekümmert er sich nicht. Eine Berliner Akademie hält am Geburtstage des großen Friederichs eine Vorlesung über die Infinitesimalrechnung, und es wäre doch wahrhaftig zeitgemäßer, wohltätiger und patriotischer, zur Feier eines solchen Tages eine Vorlesung über den deutschen Fürstenbund zu halten. Engländer und Franzosen walzen mit der Zeit, der Deutsche tanzt einen Menuett mit ihr. [...] Neulich war ich ein Narr. Ich sah Lessings *Minna von Barnhelm* aufführen. Darin sagt der Wachtmeister Werner: »Unsere Vorfahren zogen fleißig wider den Türken, und das sollten wir noch tun, wenn wir ehrliche Kerls und gute Christen wären.« Varna war gerade an die Russen übergegangen, und ich dachte: Jetzt geht der Lärm los![4] ... O, mein Gott! kein Goldfingerchen hat sich gerührt. Ja es war stiller als vorher; es schien, als hätte der Atem des ganzen Hauses gefürchtet, irgendeine Teilnahme zu verraten. Dieses geschah freilich in Hannover; aber Hannover ist nur der Titel des Landes; ganz Deutschland ist hannövrisch. Der Teufel mag Komödien schreiben für solche Menschen!

Ich wollte, daß ich auch sagen könnte: wer mag vor solchen Menschen *spielen*! Aber, warum nicht gut spielen? Das Drama sei, wie es wolle, der Zuschauer sei, wie er wolle, gut spielen ist immer möglich und wird immer empfunden und mit Dank aufgenommen. Vielleicht kann man den niederen Stand der deutschen Schauspielkunst erklären, aber zu entschuldigen ist er gewiß nicht. Und wenn man die zwanzig guten Schauspieler und

---

3 August Boeckh: *Die Staatshaushaltung der Athener* (1817/18).
4 Der Fall von Varna stellte einen Wendepunkt dar im Russisch-türkischen Krieg von 1828/29.

Schauspielerinnen, die Deutschland vielleicht hat, versammelte und sie auf einer Bühne, im nämlichen Stücke, auftreten ließe, es würde doch nicht gut gespielt werden. Jeder bekümmert sich nur um seine Rolle, keiner um das Ganze, keiner um die Rolle des Mitspielenden. Warum sind die Orchester gewöhnlich gut, obzwar deren Mitglieder gewiß nicht alle Künstler sind, die fühlen und verstehen, was sie vortragen? Es kommt daher, weil sie in Ordnung gehalten werden, weil sie aus einem Takte, einem Tone spielen. Könnte man die Schauspieler nicht auf gleiche Weise leiten? Könnte man ihnen nicht Ton, Takt, Temperatur vorschreiben? Könnte nicht der Regisseur hinter den Kulissen mit einem Stäbchen kommandieren und das Zeichen geben, wenn geschrien oder gelispelt, langsam oder geschwind gesprochen wird, wenn der Kopf hängen oder sich gerade halten, der rechte oder der linke Arm sich bewegen soll? Die Schauspieler verstehen gewöhnlich das Stück und ihre Rolle nicht. Gebt ihnen Shakespeares *Hamlet*, und sie machen aus Hamlet einen Helden, aus dem Könige einen Schuft, aus Polonius einen Einfaltspinsel und Ophelia zur Schwärmerin. Man sollte bei jedem Theater einen Dramaturgen anstellen, der jedes neue Stück und die einzelnen Rollen darin den Schauspielern kritisch erläuterte. Die Bessern unter ihnen würden dadurch belehrt und ausgebildet, und bei denen von minderer Fassungskraft wenigstens das gewonnen werden, daß sie den Bau und Zusammenhang des neuen Stücks, daß sie es räumlich kennen lernten. Das wäre schon Vorteil genug. Man hat mir von Schauspielern erzählt, die schon zwanzig Jahre in einem Stücke aufgetreten sind, ohne dessen Ausgang zu kennen, weil sie lange vor demselben abzutreten haben und sie immer, die Zeit nicht zu verlieren, gleich in das Weinhaus gingen ... Warum keine *Theaterschule*? [...]

Vorrede der Dramaturgischen Blätter (1829):
SSB, Bd. 1, S. 206–217.

»Die öffentliche Meinung …
eine Volksbewaffnung«

Börne, Vorkämpfer für die Pressefreiheit

Die Freiheit der Presse in Bayern

[…] Die öffentliche Meinung ist der bestehenden Ordnung der bürgerlichen Dinge nicht hold, und das macht die Freiheit der Rede um so nötiger. Die öffentliche Meinung ist ein See, der, wenn man ihn dämmt und aufhält, so lange steigt, bis er schäumend über seine Schranken stürzt, das Land überschwemmt und alles mit sich fortreißt. Wo ihm aber ein ungehinderter Lauf gegeben ist, da zerteilt er sich in tausend Bäche mannigfaltiger Rede und Schrift, die, friedlich durch das Land strömend, es bewässern und befruchten. Die Regierungen, welche die Freiheit der Rede unterdrücken, weil die Wahrheiten, die sie verbreiten, ihnen lästig sind, machen es wie die Kinder, welche die Augen zuschließen, um nicht gesehen zu werden. Fruchtloses Bemühen! Wo das lebendige Wort gefürchtet wird, da bringt auch dessen Tod der unruhigen Seele keinen Frieden. Die Geister der ermordeten Gedanken ängstigen den argwöhnischen Verfolger, der sie erschlug, nicht minder, als diese selbst im Leben es getan.

Der freie Strom der öffentlichen Meinung, dessen Wellen die Tagesschriften sind, ist der deutsche Rubikon, an welchem die Herrschsucht weilen und sinnen mag, ob sie ihn überschreiten und das teure Vaterland und mit ihm die Welt in blutige Verwirrung bringen, oder ob sie sich selbst besiegen und abstehen soll. Cäsars Schatten zeigt warnend nach der Bildsäule des Pompejus.[1]

1 Julius Caesar wurde unter der Bildsäule des ermordeten Pompeius erstochen.

Die Abgeordneten der deutschen Bundesfürsten, man weiß es, sind jetzt ernst darauf bedacht, ein gemeinschaftliches Preßgesetz für alle deutschen Staaten auszusinnen. Der Tag, der es uns bringt, wird ein großer Tag der Weltgeschichte sein; denn an ihm wird kund werden, ob Mirabeau wahr gesagt oder ob der wegen seiner Blutschuld wild umhergetriebene Geist endlich um der Tugenden seiner Enkel willen den Frieden und die Ruhe seiner Asche fand.

Gleichförmig soll dieses Gesetz sein, und das ist wohlgetan. Wie könnten die Herzen der Völker sich befreunden, solange ihre Köpfe auseinander stehen? Zur Erhebung gehört eine Geisteskraft, welche die Gunst der blinden Natur verteilt; aber die Tugend der Herablassung vermag sich jeder anzueignen. Östreich und Weimar, Württemberg und Bayern, Nassau und Frankfurt haben verschieden gestaltete Preßgesetze. Diese sollen alle in dem Bette des Prokrustes sich gleichgemacht werden. Welche Art der Einrichtung man hierbei für die schmerzlichste achte, ob die Verkürzung oder die Ausdehnung, dieses hat Bayern kundgetan, indem es in seinem neuen Preßgesetze nur Schutz gegen die Gefahr der Verstümmelung gesucht hat.

Man kann sich die traurige Betrachtung nicht aus dem Sinne schlagen, daß Bayern wohl unterrichtet gewesen sein müsse von den schon im stillen gereiften Beschlüssen, welche die Bundesversammlung über die Freiheit der Presse fassen werde, und daß es in seine eigne Gesetzgebung nichts werde aufgenommen haben, was mit der bevorstehenden allgemeinen Anordnung im Widerspruche stünde. Darum eile jeder, der sein Vaterland liebt, auszusprechen, was er für die Freiheit der Presse wünscht und fürchtet. In wenigen Wochen ist vielleicht jede Klage straffällig und fruchtlos. Wir müssen denken, es stünde unserem Wohnorte eine Belagerung bevor, und wir wollten schnell, ehe die Tore geschlossen werden, noch einmal im freien Felde frische Luft einatmen.

Das bayrische Edikt über die Freiheit der Presse verleugnet standhaft seinen eignen Namen; denn von *Freiheit* ist darin nirgends, sondern überall nur von *Beschränkung* die Rede. Es ist, was in der württembergischen Verordnung geschehen, durchaus nicht bestimmt worden, wie und über welche Gegenstände man frei seine Meinung äußern dürfe, so daß es ganz der Willkür überlassen bleibt, abzuurteilen, was in einer Schrift Erlaubtes oder Verbotenes enthalten sei. Die für Bücher bewilligte Zensurfreiheit kann nicht als eine ernste Huldigung unserer Zeit angesehen werden; denn diese hat, Östreich ausgenommen, schon früher in ganz Deutschland bestanden. Aber auch über der einzigen freundlichen Stelle des Edikts schwebt etwas Schwüles, das uns ängstlich macht, nämlich die Bemerkung, daß Verfasser, Buchhändler und Drucker ihre Schriften keiner Zensur zu unterwerfen hätten, *»wenn sie nicht allenfalls bei kostbaren Werken, zur Sicherung ihrer bedeutenden Auslagen, selbst darum nachsuchen wollen.«* Es ist so leicht, furchtsame Menschen zu ängstigen, daß solche Einladungen zu einer freiwilligen Zensur von Erfolg sein müssen, vorzüglich bei Buchhändlern und Druckern, welche, den Ruhm und den Eifer des Schriftstellers nicht teilend, nur den Vorteil ihres Gewerbes im Auge haben. Auf diese Art könnte eine freiwillige Sklaverei der Presse herbeigeführt werden, die, weil sie verdient, um so verderblicher wäre. Ist endlich diese für Bücher bewilligte Zensurfreiheit etwas mehr als ein Blendwerk, da alle Buchhandlungen, Antiquarien, Lesebibliothekinhaber und Vorsteher der Leseinstitute bei einer großen Geldstrafe verpflichtet sind, ihre Katalogen der Polizeiobrigkeit, unter deren Aufsicht sie im allgemeinen gesetzt sind, zu übergeben, welches nur eine Zensur unter einer andern Form ist? Die Vorschrift, daß Schriften auch noch in den Händen ihrer Käufer einer Polizeiaufsicht untergeordnet sind, ist an Strenge ohne Beispiel in Deutschland.

Und selbst von dieser trügerischen Freiheit sind alle politische Zeitungen und periodische Schriften politischen oder statistischen Inhalts ausgenommen. Diese sollen einer dafür angeordneten Zensur unterworfen bleiben.

Wenn die Zensur der Zeitschriften sich darauf beschränkte, nur solche Äußerungen zu unterdrücken, die, würden sie verbreitet, den Verfasser nach dem Gesetze strafbar machten, dann wäre sie vielleicht zu dulden. Aber sie begnügt sich damit nicht; sie schreitet stundenlang vor dem Gesetze her und macht Staub, um ihm Platz zu machen. Also ist sie verdammlich; denn sie verbietet, was, ist es einmal geschehen, die Gesetze nicht bestrafen dürften.

Wo die Rede in den Tagesblättern nicht freigegeben ist, da beraubt sich die Regierung des einzigen Mittels, die Gebrechen des Staates zu erfahren und Aufklärung über die Verwaltungsmißbräuche zu erlangen, welche die Beamten verschulden. Sie beraubt sich des Vorteils, den sie aus dem Anhange der öffentlichen Meinung ziehen könnte. Denn es mögen unter solchen Verhältnissen in den Zeitschriften noch so viele freie, unabhängige und dem Vaterlande ergebene Stimmen die Sachen der Regierung aus eignem Antriebe verfechten, so wird sich das Volk dennoch niemals von ihnen leiten lassen, sondern überall die Bauchrednerei der Minister zu hören glauben, welche ihre eigne Meinung mit verschiedenen nachgeahmten fremden Stimmen aussprechen.

Preßfreiheit ist ein bedeutungsloser Schall, wenn die Zeitschriften von ihr ausgenommen sind. Will man der öffentlichen Meinung ernstlich eine Teilnahme an der Staatsregierung gönnen, so muß ein freies Urteil über Gesetzgebung und Gesetzgeber, das sich ausspricht, ehe noch die Gesetze unabänderlich geworden sind, verstattet werden. Dieses stets geharnischte Wort muß aber täglich die Runde machen und alle Posten und Schildwachen der Staatsverwaltung untersuchen. Wenn es nur alle Jahre einmal in einem schwerfälligen Buche langsam umherreist, dann kömmt es zu spät, und sein Tun ist fruchtlos. [...]

Gegen die Vorschrift, daß Staatsdiener nichts von dem, was ihr Geschäftskreis sie Bemerkenswertes erfahren läßt, weder ihren Mitbürgern noch Ausländern durch den Druck mitteilen dürfen, ist nichts einzuwenden. Es ist dieses ganz folgerecht und dem übrigen angemessen. Nur sollten Männer, denen solche Pflichten aufliegen, nicht *Staatsdiener* sondern *Hofdiener* genannt werden.

Überflüssig wäre eine Rüge dessen, was in dem bayrischen

Gesetze wegen der Untersuchung und Bestrafung der Preßvergehen bestimmt worden ist. Diese seine Schwäche ist nur die
notwendige Begleiterin der größern Gebrechen, mit welchen die
neue Staatsverfassung zur Welt kam. Das öffentliche gerichtliche
Verfahren, die feste Säule der bürgerlichen Freiheit, das Ge-
schwornengericht, diese einzige Bürgschaft eines über Leidenschaften und Schwachsinn erhabenen Richterspruchs, ist im allgemeinen versagt geblieben; wie hätte man es in einzelnen Fällen
verstatten können? In der Untersuchung der Preßvergehen ist
der Polizei und den andern verwaltenden Behörden ein unheil-
bringender Spielraum gegeben. Die Eigensucht des Klägers
findet an der Gerechtigkeit des Richters keinen Einhalt; denn
Kläger und Richter sind die nämlichen. Die Beamten, welche,
zwischen Fürst und Volk in der Mitte stehend, ihren Vorteil dabei finden, kein aus Liebe, Tugend und Gerechtigkeit geflochte-
nes Band zwischen beiden entstehen zu lassen, und darum die
öffentliche Meinung, diese erhabene Sonne und unbestochene
Wächterin, die alles an den Tag bringt, hassen und verfolgen,
diese nämlichen Beamten klagen die Preßvergehen an und richten und strafen sie zugleich.

So wäre denn das deutsche Volk abermals in seinen Hoffnungen getäuscht worden, und dessen biedere Fürsten hätten ihren
schwer erworbenen Gewinn aus dieser geschäftigen Zeit dem
Vorteile ihrer Amtmänner von neuem hingegeben.

Die Freiheit der Presse in Bayern (1818):
SSB, Bd. 1, S. 824–830.

Denkwürdigkeiten der Frankfurter Zensur

[…] *Zensur!* Das ist ein Wort, womit man den leichtsinnigsten,
gedankenlosesten, heitersten Schlemmer in Trübsinn, ernstes
Nachdenken in Schrecken und Staunen versetzen oder den
düstersten Murrkopf zum unauslöschlichen Gelächter reizen

könnte. Ein Wort, das furchtbar und lächerlich, erhaben und läppisch, bewunderungswert und abgeschmackt zugleich ist. Es ist das Eine, wenn damit das Große erstrebt und erreicht, es ist das Andere, wenn damit nach Kindischem gezielt und nicht einmal dieses erlangt wird. Seit dreißig Jahren rauscht das bewegte Meer des losgelassenen Geistes der Menschheit in hohen und stolzen Wellen daher und schwemmt die sandigen Ufer weg. Und da sehen wir ein Land, das sich kühn und kräftig dem anströmenden Ozean entgegensetzt, das ihn mit eisernem Strande abhält, so daß nicht ein Tropfen ohne Bewilligung über das Ufer spritzen kann. Von dem Meere wird durch enge Kanäle nur so viel ins Land geleitet, als man bedarf, um Blumen- und Küchengärten zu wässern; vom Geiste der Zeit nur so viel geschöpft, als zur Befriedigung des Magens und der Sinne nötig ist. Aber dort wird mit der Sättigung auch der Hunger abgehalten, und die Bürger fühlen sich frei und glücklich, weil man sie keine größere Freiheit wünschen lehrte, als die sie besitzen, und kein höheres Glück, als dessen sie teilhaftig werden können. Nun gibt es ein anderes Land, wo die Machthaber, wie die Kinder beim Baden, den Strom durch die Finger fließen lassen, damit er spärlicher fließe; wo sie sich mit Schneeballen gegen Kanonenschüsse wehren und beim Nordlichtschein mit Sprützen zu Hülfe eilen, weil sie die Helle für eine Feuersbrunst halten. Dort wird die Stillung des Durstes verwehrt, aber das Essen gesalzner Speisen wird erlaubt, ja befördert; das Erhitzen wird verstattet und die Abkühlung verboten. Da wird ein Geistesdruck geübt, der um so grausamer ist, weil er nur schmerzt, ohne niederzuhalten, und weil er den Bürgern einen Zwang auflegt, wobei die Machthaber selber nichts gewinnen ... Es ist klar, daß ich von der *östreichischen* Zensur und von *der in Frankfurt* rede. Dort bleibt kein Bedürfnis unbefriedigt, weil man das Entstehen solcher Bedürfnisse, die man nicht befriedigen wollte, zu verhindern verstand. Die inländische Zeitungszensur hat nichts Auffallendes; sie übt keine fruchtlose Härte, weil auch die fremden Blätter, die ins Land gekommen, einer Zensur unterliegen und weil bei der Beschränkung der Preßfreiheit ein großes Prinzip zugrunde liegt, das folgerecht und daher mit Erfolg durchgesetzt wird. Aber in Frankfurt sind nur die in der Stadt gedruckten Tagesblätter einer Zensur unterworfen, alle ausländischen sind davon frei; diese liegen in hundert Lesegesellschaften, Kaffee- und Gasthäusern auf den Tischen. Wozu nützt also die Zensur, die solche Äußerungen verbietet, die in allen übrigen deutschen Blättern stehen? […]

Man sucht die Ausübung einer so strengen Zeitungszensur mit der Anwesenheit der Bundesversammlung zu rechtfertigen. Das heißt Feigheit durch Furcht beschönigen wollen. Wie, die Bundesversammlung, die Stellvertreterin aller deutschen Mächte, von denen die meisten Preßfreiheit, manche Zensurfreiheit in ihren Staaten haben, sollte verlangen, daß in einem fremden unabhängigen, republikanischen Staate nicht geschehen dürfe, was bei ihnen selbst zu Hause geschieht? Welche Gesandtschaft könnte sich über eine freimütige Sprache in den hiesigen Tagesblättern beschweren? […]

Die öffentliche Meinung ist eine Macht im Staate; um ihre Gunst buhlen, das heißt sie anerkennen, und sie anerkennen, das heißt ihr huldigen; denn es gibt keine Stelle neben oder über ihr, man kann nur, ihr unterworfen, zugleich mit ihr bestehen. Aber die öffentliche Meinung *bekämpfen*, das heißt auch sie anerkennen, und wenn man in einem solchen Kampfe unterliegt und Land verliert, so verliert man mit dem Besitze auch das Recht auf das abgetretene Gut. Darum muß Östreich den Kampf mit der öffentlichen Meinung vermeiden, weil hier Sieg so gefährlich ist als Niederlage. Seinen starken Einfluß, den es auf die deutschen Angelegenheiten ausübt, darf es nie zur Unterdrückung der Preßfreiheit gebrauchen wollen; dieses um so weniger, je mehr ihm daran gelegen ist, das in seinem eigenen Staate bestehende Regierungssystem unangefochten fortbestehen zu lassen.

Preußen kann der Preßfreiheit keine Fesseln anlegen wollen; es würde sein Lebensprinzip zerstören, wenn ihm sein Bestreben gelänge. Ohne geographischen, ohne politischen, ohne den innern Schwerpunkt, den ein reicher Boden, ein blühender Handel, ein ehrfurchteinflößendes Alter gewährt, findet es nur seine Stütze in der öffentlichen Meinung, seinen Schutz in der Liebe seines Volkes, seinen Einfluß in der Achtung deutscher Bürger. Die preußische Regierung täusche sich nicht; sie sucht aufrichtige Liebe, unerschütterliche Anhänglichkeit bei jedem deutschen Hofe vergeblich; man ist ihr im Herzen gram, weil aus ihrem Staate der Freiheitstrieb des deutschen Volks ausgegangen ist; man wird sie verlassen in der Not, und dann würde ihr das deutsche Volk allein Schutz gewähren, wenn sie seine Dankbarkeit dadurch fesselte, daß sie es, wie sie die Erwartung dazu erregt hat, gegen die aristokratischen Anfechtungen des südlichen Deutschlands kräftig schützt. [...]

Denkwürdigkeiten der Frankfurter Zensur (1819):
SSB, Bd. 1, S. 881–885.

In einer gewissen Beziehung kann man freilich mit Grund sagen, daß die Gelehrten und Philosophen die französische Revolution befördert haben, so betrachtet nämlich, daß jeder Revolution eine Umwandlung der öffentlichen Meinung vorhergegangen sein muß und daß die Schriftsteller allein es sind (wo nämlich keine Volksvertretung stattfindet), durch welche die öffentliche Meinung sich ausspricht. Doch den Philosophen darum einen verbrecherischen Teil an den Übeltaten der Staatsumwälzung in Frankreich zuschreiben zu wollen, ist ebenso ungerecht als lächerlich. Sie sind es nicht, welche die öffentliche Meinung leiten, sie sind ihr vielmehr selbst unterworfen und verhalten sich zu ihr wie die Sprache zum Gedanken; aber verdammlich kann nie der Ausdruck, sondern nur der Sinn sein. Die Philosophen, welche die Gesinnung des Volkes aussprachen und verrieten, noch ehe sich diese in Taten offenbarte, waren vielmehr heilsam und haben den Jammer der Zeit sehr gemildert. Wenn einmal die alten Dämme im Staate unhaltbar geworden und durchbrochen sind, breitet sich die öffentliche Meinung von selbst aus, die Schriftsteller und Redner aber führen sie durch Kanäle unschädlicher ab. Man irrt sich, wenn man den Rednern geschehenes Unheil vorwirft, indem man behauptet, sie hätten Leidenschaften aufgeregt; sie haben sie vielmehr unschädlich gemacht, indem sie ihnen einen Ausweg bahnten. Der Blitz, dessen begleitenden Donner wir vernehmen, ist schon unbeschädigend an uns vorübergegangen. In Revolutionen sind die Schweigenden gefährlicher als die Redenden. Auch die Aufklärung hat in Frankreich die Übel nicht verschuldet, sondern nur die versteckten an den Tag gebracht. Die Sonne, welche über einem Schlachtfelde aufgeht, hat die Toten auf demselben nicht geschlagen, sondern nur gezeigt. Sie lehrt uns den Verlust berechnen – und das ist besser.

Aphorismus (1822):
SSB, Bd. 2, S. 310f.

Zensur. – Zur Verweigerung der Preßfreiheit können drei Ursachen bewegen. Entweder man fürchtet, die Deutschen würden die Preßfreiheit gebrauchen, die Gewalttätigkeiten oder Mißbräuche der Regierungen aufzudecken; dann gestünde man ein, daß man solche Geheimnisse zu bewahren habe. Oder man fürchtet, die Preßfreiheit werde mißbraucht werden, Unruhen im Vaterlande zu stiften; dann bekennt man, das deutsche Volk sei unaufgeklärter und unsittlicher als das französische, englische und niederländische, und zugleich gesteht man ein, daß das Volk mit seiner Verfassung oder Regierung nicht zufrieden sei. Oder drittens, man will durch Verweigerung der Preßfreiheit das Volk in der Gewohnheit erhalten, sich nicht in Staatsangelegenheiten zu mischen; dann aber beginge man den größten politischen Fehler, den man heute nur begehen kann. […]

Notizen zum Tagebuch (1829/30):
SSB, Bd. 1, S. 1220f.

Freitag, den 1. Oktober

Cotta will hier in Paris eine Zeitung herausgeben, wie mir eben D. erzählte, an den er sich vorläufig deswegen gewendet. Wenn es nur zur Ausführung kömmt – es wäre himmlisch. Hundert deutsche Minister würden darüber verrückt werden. Was könnte dieser Mann mit seinem Reichtume, seiner Tätigkeit, seinem Geschäftskreise und seinen Verbindungen nicht alles wirken, wenn er wollte! Er allein versteht es, wie man die furchtsamen Federn beherzt macht und die verborgensten Schubladen der Geheimniskrämer öffnet. Wenn ich an die Zensur denke, möchte ich mit dem Kopfe an die Wand rennen. Es ist zum Verzweifeln. Die Preßfreiheit ist noch nicht der Sieg, noch nicht einmal der Kampf, sie ist erst die Bewaffnung; wie kann man aber siegen ohne Kampf, wie kämpfen ohne Waffen? Das ist der Zirkel, der einen toll macht. Wir müssen uns mit nackten Fäusten, wie wilde Tiere mit den Zähnen, wehren. Freiwillig gibt man uns nie die Preßfreiheit. [...]

Briefe aus Paris (8. Brief; 1830):
SSB, Bd. 3, S. 38.

Paris, Montag, den 14. Februar 1831

Italien! Italien! Hören Sie dort meinen Jubel? Daß ich eine Posaune hätte, die bis zu Ihren Ohren reichte! Ja, der Frühling bezahlt hundert Winter. Die Freiheit, eine Nachtigall mit Riesentönen, schmettert die tiefsten Schläfer auf. In meinem engen Herzen, so heiß es ist, waren Wünsche so hoch gelegen, daß ewiger Schnee sie bedeckte und ich dachte: niemals taut das auf. Und jetzt schmelzen sie und kommen als Hoffnungen herab. Wie kann man heute nur an etwas anderes denken, als für oder gegen die Freiheit zu kämpfen? Auch ein Tyrann sein ist noch groß, wenn man die Menschheit nicht lieben kann. Aber gleichgültig sein! Jetzt wollen wir sehen, wie stark die Freiheit ist, jetzt, da sie sich an das mächtige Österreich gewagt. Spanien, Portugal, Rußland, das ist alles nichts; der Freiheit gefährlich ist nur Österreich allein. Die andern haben den Völkern nur die Freiheit geraubt; Österreich aber hat gemacht, daß sie der Freiheit unwürdig geworden. Wie das Herz der Welt überhaupt, so hat auch jedes Herz, auch des besten Menschen, einen Fleck, der ist gut österreichisch gesinnt – er ist das böse Prinzip. Diesen schwarzen Fleck in der Welt wie im Menschen weiß Österreich zu treffen, und darum gelingt ihm so vieles. Jetzt wollen wir sehen, ob ihm Gott eine Arche gebaut, die es allein rettet in dieser allgemeinen Sündflut. Aber wie wird uns sein, wenn Spanien und Portugal, Italien und Polen frei sein werden und wir noch im Kerker schmachten? Wie wird uns sein, wenn im Lande Loyolas und des Papstes die Preßfreiheit grünt, diese Wurzel und Blüte aller Freiheit, und dem Volke Luthers wird noch die Hand geführt, wie dem Schulbübchen vom Schreibmeister? Wo verbergen wir unsre Schande? Die Vögel werden uns auspfeifen, die Hunde werden uns anbellen, die Fische im Wasser werden Stimme bekommen, uns zu verspotten. Ach, Luther! – wie unglücklich hat der uns gemacht! Er nahm uns das Herz und gab uns Logik; er nahm uns den Glauben und gab uns das Wissen; er lehrte uns rechnen und nahm uns den Mut, der nicht zählt. Er hat uns die Freiheit dreihundert Jahre ehe sie fällig war ausbezahlt, und der spitzbübische Diskonto verzehrte fast das ganze Kapital. Und das wenige, was er uns gab, zahlte er wie ein echter barloser deutscher Buchhändler in Büchern aus, und wenn wir jetzt, wo jedes Volk bezahlt wird, fragen – wo ist unsere Freiheit? antwortet man: Ihr habt sie schon lange – da ist die Bibel. Es ist zu traurig! Keine Hoffnung, daß Deutschland frei werde, ehe man seine besten lebenden Philosophen, Theologen und Historiker aufknüpft und die Schriften des [der?] Verstorbenen verbrennt … Als ich gestern die italienischen Nachrichten las, ward ich so bewegt, daß ich mich eilte, in die Antikengalerie zu kommen, wo ich noch immer Ruhe fand. Ich flehte dort die Götter an, Jupiter, Mars und Apollo, den alten Tiber und selbst die rote böse Wölfin, Roms Amme, und Venus die Gebärerin, Roms Mutter, und Diana und Minerva, daß sie nach Italien eilen und ihr altes Vaterland befreien. Aber die Götter rührten sich nicht. Da nahte ich mich den Grazien, hob meine Hände empor und sprach: »Und sind alle Götter stumpf geworden, rührt sie das Schöne, bewegt sie das Mißgestaltete nicht mehr – Ihr holden Grazien müsset Österreich hassen; denn unter allen Göttern haßt es am meisten euch! Schwebt nach Italien hinunter, lächelt der Freiheit und zaubert die deutschen Brummbären über die Berge hinüber!« Und wahrlich, sie lächelten mir [...]

Briefe aus Paris (34. Brief; 1831):
SSB, Bd. 3, S. 174f.

Paris, den 13. Oktober 1831
[...] Ich habe mit der Hoffnung auch alle Mäßigung aufgegeben. Ich werde künftig über Politik nicht mehr schreiben, wie ich es bis jetzt getan. Mäßigung wird ja doch nur für Schwäche angesehen, die zum Übermute, und Rechtlichkeit für Dummheit, die zum Betruge auffordert. In dem ersten Artikel meines projektierten Journals trete ich mit einer trotzigen Kriegserklärung hervor. Ich sage unter andern: »In frühern Zeiten hatten wir die friedliche *Wage* in unserm Schilde geführt. Glühendes Gefühl, unsere Liebe und unsern Zorn, unsere Hoffnung und unsere Furcht, den wilden Sturm des Herzens – alles brachten wir unter Maß und brachten Ordnung in jede Leidenschaft. Zwar wurden die Machthaber immer von uns verwünscht, weil sie trotzig behaupten, das Glück und die Freiheit der Welt sei ihr Eigentum, und von ihrem guten Willen, von ihrer eigenen Schätzung hinge es ab, wieviel sie den Völkern davon zurückhalten, davon überlassen, und welchen Preis sie dafür verlangen mögen. Aber wir dachten: es sei! mit Krämern muß man feilschen; da ist Gold, da ist die Wage. Aber sie strichen das Geld

ein und warfen höhnisch das Schwert in die Schale. Wollt ihr's so? Nun, es sei auch. Schwert gegen Schwert ... Denn seit wir gesehen, daß der jüngste König um die Gunst der ältesten Tyrannen buhlt, und die ältesten Tyrannen selbst den Raub einer Krone lächelnd verzeihen, wird nur zugleich mit der Krone die Freiheit auch geraubt – seitdem hoffen wir nichts mehr von friedlicher Ausgleichung. Die Gewalt muß entscheiden. Besiegen könnt ihr uns, aber täuschen nicht mehr.« Ich werde das Journal die *Glocke* nennen. [...]

Briefe aus Paris (52. Brief; 1831):
SSB, Bd. 3, S. 302 f.

Paris, Montag, den 13. Februar 1832
[...] Endlich, endlich findet sich doch einmal einer, der einen deutschen Mann steckt in das hohle deutsche Wort, und jetzt hat es eine Art. Das Wort *hinter* der Tat, der Diener hinter seinem Herrn, das ist feine Sitte. Die große Idee einer deutschen Nationalassoziation zur Verteidigung der Presse hat Wirth zugleich ausgeführt und besprochen. Man unterzeichnet monatliche Beiträge, die kleinste Summe wird angenommen, sogar ein Kreuzer monatlich. Mit diesem Gelde werden die liberalen Bücher und Zeitungen befördert, die Geldstrafen für Preßvergehen bezahlt und nötigenfalls für die Familien derjenigen Schriftsteller gesorgt, die wegen Preßvergehen eingekerkert werden. Das Eigentum der Blätter gehört der Gesellschaft. Der Redakteur eines liberalen Journals wird aus der Kasse bezahlt. Die Journalisten werden als *Beamte* des *Volks* angesehen und können, wenn sie sich unfähig oder des Vertrauens unwürdig zeigen, abgesetzt werden. Diese Idee, die öffentliche Meinung förmlich zu organisieren, um sie der Standesmeinung der Regierung entgegenzusetzen und die Organe derselben, die Journalisten, als die Beamten des Volks zu betrachten, schwebte

mir schon längst vor. Wenn dieser Plan, dessen Ausführung in Rheinbayern schon begonnen, sich über ganz Deutschland verbreitet und Wurzel faßt, kann noch alles gerettet werden, sogar auf friedlichem Wege.

Briefe aus Paris (75. Brief; 1832):
SSB, Bd. 3, S. 564 f.

Menzel der Franzosenfresser

[...] Ich hätte durch meine Schriften und mein Betragen nicht selten die redlichsten Männer beleidigt, und jener allmähligen Entwickelung der deutschen Herrlichkeiten sehr dadurch geschadet – meint Herr Menzel. Wer hätte sich je träumen lassen, daß ich der Mann bin, der die deutsche Bundesversammlung leitet! Wahrlich, unsere politischen Nimrods haben es seit zwanzig Jahren in ihrer Freiheits-Vogeljagd nicht viel weiter gebracht, und das muß ein rechter Gimpel sein, der sich von ihren Polizeipfiffen in das Garn locken läßt. Durch lautes Fordern einer Freiheit deren stille Gewährung verhindern – durch Mißbrauch der Presse der guten Sache schaden – o! wir kennen diesen Ton. Und es trocken herauszusagen: ein Deutscher kann die Presse gar nicht mißbrauchen. Da, wo Zensur herrscht, hat jeder, der sich von ihr freizumachen wußte, in seinen öffentlichen Äußerungen nur das Sittengesetz und die Stimme seines Gewissens zu beraten, aber kein bürgerliches Recht, kein Staatsgesetz, keine gesellige Schicklichkeit. Jede Tyrannei ruft das Unrecht der Natur hervor, und Gewalt tritt gegen Gewalt. [...]

Menzel der Franzosenfresser (1836):
SSB, Bd. 3, S. 900 f.

»Herings-Salat«

Börne, der Satiriker

Monographie der deutschen Postschnecke
Beitrag zur Naturgeschichte der Mollusken und Testaceen

Es ist sehr einfältig, daß ich gleich vorn sage: ich werde mich in dieser Abhandlung über vaterländische Postwägen satirisch auslassen; denn indem ich durch dieses Geständnis die Überraschung störe, übertrete ich die heilsamsten Polizeigesetze der Redekunst. Aber kann ich anders? Ist nicht zu fürchten, jene gelehrte Überschrift werde alle Leser abschrecken, wenn sie nicht bald erfahren, daß es damit Scherz gewesen? Sie sollte aber keinen abschrecken als den Zensor, zu seinem und meinem Vorteile, und da dieser jetzt schon getäuscht ist und der falsche Paß der verdächtigen Abhandlung glücklich über die Grenze geholfen hat, so ist längere Verstellung unnötig. Wahrlich, Menschenliebe, Mitleid und Rührung durchwärmen mich nie stärker, als wenn ich an einen Zensor denke, der besser ist als sein Amt. […] Über Postwägen aber habe ich schon auf früheren Fahrten die besten satirischen Einfälle gefunden, doch sie auch alle wieder verloren. Mein Ideenmagazin ist zu klein und gibt mir keinen Platz, um Gedankenernten, die ich nicht gleich verzehre und niederschreibend verarbeite, aufzuspeichern. Gedanken über Postwägen konnte ich aber nie gleich aufschreiben, da der Stoß *dieser* mit dem Anstoße zu *jenen* immer zusammenfiel. Noch auf meiner letzten Fahrt sah ich, wie einem Commis voyageur, der während des Fahrens einen badenschen Kupferkreuzer, den er durch den Schlag einem Bettler zugeworfen, seinem Prinzipalen zur Rechnung bringen wollte, durch das Rütteln des Wagens so stark die Hand schwankte, daß das 1 statt in die Kreuzer- in die Guldenreihe kam, worüber der junge Mensch ganz untröstlich war; denn, sagte er, es sei nicht mehr zu ändern, da er sich durch Radieren bei seinem Prinzipalen verdächtig machen würde.

Ich brauche nur fortzufahren, denn wie ich merke, bin ich, ohne darauf zu denken, bereits satirisch gewesen. Es wäre Unverstand von mir, wenn ich das langsame Fahren der Postwägen innerhalb der Städte aus dem Grunde tadeln wollte, weil Knigge in seinem Buche *Über den Umgang mit Menschen* das Gegenteil anratet. Knigge nämlich sagt, in Städten solle man schnell fahren, damit, wenn am Wagen etwas Zerbrechliches sei, er da zerbräche, wo Hülfe in der Nähe wäre. Kondukteurs und Postillione können hinlänglich beweisen, daß sie jenes Werk über feine Lebensart niemals gelesen haben; vielmehr sind die Vorteile dieses langsamen Fahrens auffallend. Nach den Fenstern guter Freundinnen kann man oft und lange zurücksehen; guten Freunden begegnet man zweimal auf der Straße; hat ein Reisender vergessen, seine Rechnung im Gasthause zu bezahlen, so kann ihm der Wirt nachgehen und ihn daran erinnern. [...]

In *Langen*, als der ersten Station oder Bet[t]fahrt, dachte ich gar nichts, sondern schlief während dem Umspannen der Pferde sanft im Bette, um nachzuholen, was ich in der vorigen Nacht wegen der Abschiedszeche versäumt hatte. Wir kamen um halb sechs Uhr abends in Darmstadt an. Dies war gewiß gut gefahren; denn erst um zwölf Uhr hatten wir Frankfurt verlassen, und mich, der ich in ebensoviel Zeit den Weg zu Fuß mache, pflegen gute Freunde einen guten Fußgänger zu nennen. Wieviel schwerer aber ein beladener Postwagen fortzubringen sei als ein 120pfündiger Doktor, bedenke man gehörig! In Darmstadt hatte ich sowohl *am* als *im Darmstädter Hofe* – welcher auch der Wiener Hof genannt werden könnte, denn der Wirt jenes Gasthauses heißt *Wiener* – folgende gute Gedanken. Ich zog eine künftige Zeit ganz nahe zu meiner Einbildungskraft herbei, eine schönere Zeit, da man nicht mehr die schlechten Menschen zu geheimen Aufsehern über die guten bestellt, sondern umgekehrt. Ich dachte mir, wieviel besser es alsdann sein würde, wenn lohnsüchtige Wächter durch erlogene Gefahren nicht länger Fürsten und Völker mit Argwohn erfüllten und sie ängstigten. Alsdann, dachte ich, wird man mich wohl auch zum geheimen Kundschafter gebrauchen, und irgendein unsichtbarer Ober-Tugend-Direktor gibt mir den Auftrag, Deutschland zu durchreisen, um die Stimmung des Volks zu untersuchen und zu erforschen, ob nirgends unzärtliche verdächtige Triebe sich offenbaren. Ich wäre hierauf eiligst von Frankfurt abgereist und hätte aus dem *Darmstädter Hofe* zu Darmstadt folgendes berichtet:

»Herr geheimer Ober-Tugend-Direktor!

Zufolge erhaltenen Auftrags bin ich heute mittag um zwölf Uhr von Frankfurt im Postwagen abgegangen und um halb sechs Uhr abends in Darmstadt angekommen, von wo aus ich die Ehre habe, Ihnen zu berichten. Wenn ich nicht fürchtete, Zweifel gegen meinen Diensteifer zu erregen, so würde ich sogleich wieder zurückkreisen, da der Zweck meiner Sendung schon vollkommen erreicht ist. Ich habe auf dem ganzen zurückgelegten Wege auch keine Spur von dem gefährlichen bösen Geiste der Einwohner, sondern im Gegenteile überall einen guten gefunden. Zugleich aber sind mir die stärksten Beweise geworden, daß der nämliche gute Geist das ganze deutsche Volk beseelt. Der *Postwagen* überzeugte mich davon. Posthalter, Kondukteurs, Postillione, Wagenmeister, Packer wie überhaupt das ganze Hochfürstlich Thurn-und-Taxischfahrende Personal gehen bei ihrem Geschäft mit solcher Bedächtigkeit zu Werke, daß man wohl sieht, es sind gute, ruhige Bürger, die Deutschen, die nichts Gewagtes unternehmen. Desgleichen die Passagiere, deren keiner über das langsame Fahren ungeduldig wurde und etwas aus der Haut fuhr. Ja, selbst der junge Mann, der in Heilbronn Hochzeit machen wollte, zeigte mehr Zufriedenheit als

Unzufriedenheit, daß der Wagen zwischen Frankfurt und Darmstadt sich dreimal erquickte mit Wein und kalten Speisen, nämlich in Sprendlingen, Langen und Arheiligen. Beweist nicht schon das häufige Trinken die besten Gesinnungen? Menschen, die verdächtige Gedanken hegen, sind auf ihrer Hut und trinken Wasser, weswegen auch die Diligencenpostillione im revolutionssüchtigen Frankreich kein Trinkgeld fordern, damit sie nicht versucht werden zu trinken. Sie werden, Herr geheimer Ober-Tugend-Direktor, aus dem Gesagten mit Vergnügen entnehmen, daß in Deutschland alles ruhig ist und bleiben wird; denn Sie sind viel zu gerecht, eine einzige Ausnahme dem ganzen Volke anzurechnen. Eine solche Ausnahme ist mir allerdings aufgestoßen. Unter den Passagieren war einer, der durch seine Unzufriedenheit mit der bestehenden Ordnung der Postdinge deutliche Spuren neologischer Denkungsart zeigte. Er trippelte vor Ungeduld mit den Füßen, schnalzte mit den Fingern und gebärdete sich überhaupt wie toll. Mehrere Male rief er den Postillionen zu, sie sollten doch in's Teufels Namen nicht so rasch fahren, er verliere den Atem, er werde schwindlig, und die schönsten Gegenden flögen an ihm vorüber. Ich hörte, wie jener Passagier auf der Station Langen zum Postillion sagte: ›Ehrwürdiger Greis, wie Ihr doch noch so sehr munter und rüstig seid! Da habt Ihr nicht bloß die 8 kr. Taxe, sondern noch 2 weitere, und macht Euren jüngsten Enkeln, die noch unverheiratet sein können, eine Freude damit!‹ Dies war deutlich genug gespottet. Ja, in Arheiligen, da der Kondukteur etwas Wein zu sich nahm, spottete er noch offener und sagte, es wäre zweckmäßig, wenn in jedem Postwagen ein Hochfürstlich Thurn-und-Taxisches Stückfaß gestellt würde, damit das fahrende und gefahrene Personal daraus zapfen und trinken könnte, ohne sich aufzuhalten, und eine vollständige Restauration der Postwägen sei noch wünschenswerter. Dieser gefährliche Passagier hat noch auf andere Weise seine verdächtigen Gesinnungen an den Tag gelegt. In Darmstadt machte er beim Aussteigen einen großen Sprung über einen Kothaufen, ob er zwar sehr bequem hätte durchgehen können. Es ist gar nicht zu zweifeln, daß er hierbei ein Turnziel zu erreichen gesucht. Bei solchen bedenklichen Zeichen habe ich jenen gefährlichen Passagier stets im Auge behalten und werde ihn ferner beobachten, auch ihn durch andere Vertrauten beobachten lassen. Ich bin so gewisser, daß er keinen Schritt tun und kein Wort reden kann, das ich nicht erführe, da ich selbst dieser Passagier bin. In Stuttgart werde ich die Ehre haben, Ihnen weiter zu berichten. Genehmigen Sie, Herr geheimer Ober-Tugend-Direktor, die Versicherung meiner Hochachtung.«

Ich wollte eben den Brief versiegeln, da trat der Kondukteur in die Gaststube des *Darmstädter Hofes* und lärmte stark. Er fragte mich, ob ich denn nicht wisse, daß ich auf einem Postwagen fahre, der keinen Augenblick Zeit verliere und auf niemanden warte. Ich sollte eilen, denn er könne sich nicht länger aufhalten, als bis er seinen Schoppen Wein werde getrunken haben, den ich ihm soeben hätte vorsetzen lassen. Nach einer halben Stunde gingen wir beide ans Posthaus, und wirklich war der Sattelgaul schon vorgespannt. Ich erschrak; wie leicht hätte ich zu spät kommen können! […]

In Heidelberg hielten wir uns nicht lange auf; ich hatte nur Zeit, sechs Professoren, den Schloßgarten und die nächsten Umgebungen der Stadt zu besuchen. Es waren liebe alte Freunde meiner Studienjahre. Dort machte der Franzose einer Landsmännin Platz. Ich konnte auf dem ganzen Wege nicht recht klug aus ihm werden […]. Allerdings war der Kerl verdächtig; denn er war Franzose und erhob die Deutschen über seine eigenen Landsleute. Die ihn zu Heidelberg ablösende Landsmännin wollte eine Gouvernante vorstellen, die nach Lausanne, ihrem Geburtsorte, reiste. Im Postwagen nahm sie ihren Platz und die Passagiere zu gleicher Zeit ein. Hinter dem Schleier, der über das niedliche Spitzenhäubchen herabhing, wetterleuchteten zwei schwüle Augen. Der kleine Mund lächelte bezaubernd, wenn er schwieg und wenn er sprach. Sie warf ein breites Netz aus, dessen Maschen sehr eng waren. Von einem Schreinergesellen, der aus Paris kam, ließ sie sich ein deutsches Zettelchen übersetzen;

der Schreiner leimte mühsam, aber stolz und zufrieden die Worte zusammen. Die junge Ehefrau aus Königsberg nahm sie ein, indem sie gegen ihren Gemahl einsilbig war, und diesen gewann sie durch verstohlenes Treten der Fußzehen. Ich selbst betete sie schon aus Dankbarkeit, obzwar im stillen an, da der Strom ihrer Rede mein Tintenfluß war, aus dem ich für den Charakter einer Französin zu einem künftigen Ostern- oder Michaelisromane unaufhörlich schöpfte. Sie setzte ihre feine Aufmerksamkeit sogar fort, wenn wir Passagiere des Nachts schliefen, und sie fragte den Heilbronner Bräutigam im Dunkeln mit der herzlichsten Teilnahme: warum er so stille und zerstreut sei. Unter allen Passagieren war sie gegen mich am artigsten aus keinem andern Grunde, als weil ich grob war. Denn man gewinnt die Weiber nie häufiger, als wenn man sie für Nieten hält.

Obige Gouvernante ist für unsere Naturgeschichte von der äußersten Wichtigkeit; denn sie sagte über die Physiologie der Postwägen die frappantesten Dinge. [...]

Nur Bosheit kann es für Bosheit erklären, daß die Französin auf gemeldete Weise länger als zwei Stunden ironisch war. Hatte sie nicht mit der Zeit dazu (die Zögerung des Postwagens verschaffte sie) zugleich das Recht dazu erlangt? Was sie über verwandte deutsche Angelegenheiten pythisch sprach (der Glühweinnapf gab die delphischen Dünste), verschweige ich mehr unwillig als freiwillig. Ich half ihr mit größerer Hochachtung und weniger Geschicklichkeit *in* den Wagen, als ich ihr neun Viertelstunden früher *heraus* geholfen hatte. [...]

Eine Stunde hinter Heilbronn, um Mitternacht, hielt der Wagen auf freiem Felde still. Die Türe wurde hastig aufgerissen, und eine fürchterliche Gestalt in langem Barte und Schwert an der Seite drohte einzusteigen. Der Neuvermählte schrie: »Herr Jesus!« Seine Frau wollte schnell ihre Ohrringe abziehen und kneipte mir mit den Worten: »Da, lieber Herr!« so fürchterlich ins Ohr, daß ich später mein zaghaftes Schreckgeschrei verschönernd in einen Schmerzesruf verwandeln konnte; die Französin sagte gelassen: »Hätten wir nur eine Laterne« (sie hoffte, der

Räuber würde sie schonen, sobald er sie sähe); der Schreiner-
gesell blieb ruhig. Wir wurden es auch alle wieder, da der Kondukteur erklärte, der Herr wollte ein wenig einsteigen, weil es
schneie. Der Fußgänger, der, wie sich später ergab, um sich ab-
zuhärten, gern in Winternächten reiste, nahm den Bräutigams-
platz an der Seite der Französin ein. Er verriet bald durch Worte
und Taten, daß er sich vor kurzem aus einer Turnpflanzschule
gerissen (einige Erde hing ihm noch an der Wurzel), und daß er
sich nach Ludwigsburg zu versetzen gedenke, um dort Ableger
zu machen. Als die Französin ihre Sprache, die sie keineswegs
verloren, sondern nur versteckt hatte, wieder herbeigeholt, ließ
der Turnsetzling das Wagenfenster nieder und sagte, er müsse
Luft schöpfen. Es werde ihm immer engbrüstig, sobald er die
Sprache des Erbfeindes höre. In seiner baldigen Erziehungs-
anstalt werde er, zum Nutzen seiner Zöglinge, die das Französische unglücklicherweise früher kennen gelernt als ihn, eine falsche französische Grammatik und ein desgleichen Wörterbuch
drucken lassen, damit sie es daraus wieder verlernten. Auch
dürften sie nie eine Halsbinde tragen. Er kenne nichts, was die
Stabilität der Zwingherrschaft stärker schütze als jene beiden
Dinge. Der verderbliche Einfluß der französischen Sprache sei
jedermann hinlänglich bekannt; der der Halsbinden aber weniger. Eine Halsbinde bilde eine unübersteigliche Mauer zwischen
Kopf und Herz, weswegen beide nie zusammenkommen könnten. Darum wären auch die Soldatenhälse am engsten zuge-
schnürt. Die Weiber, welche keine tragen, dächten gefühlvoller
und fühlten verständiger; sie hätten stets Liebe im Kopfe und
liebten nie ohne vernünftigen Zweck. Die freien Griechen hätten nie Halsbinden getragen.

Die Französin erfuhr früher aus den Handlungen als aus den
Reden des Turners (sie verstand das Deutsche wenig), daß er die
Höflichkeit zu den Lastern des Erbfeindes zähle. Wir männlichen Passagiere alle hatten uns aus Rücksicht ihrer auf der ganzen Reise des Rauchens enthalten. Als ich mir hinter Heidelberg
die erste Pfeife gestopft, wußte sie (noch hatte der Zunder im

Kopfe nicht gezündet) ein vorläufiges Husten geschickt nachzu-
machen und sagte, der Rauch mache ihr Reiz. »Sie haben dann
einen Reiz mehr«, hatte ich ihr artig erwidert. Sie faßte dankend
den Sinn, ohne die Worte zu verstehen, wie man bemerken kann,
daß selbst ein zweijähriges lallendes Mädchen lächelt, wenn man
ihm etwas Schönes sagt. Aber es half mich nichts. Sie sagte, als
Französin sei ihr Vaterland überall, und wie ich wissen werde,
sei das Rauchen ausländischen Tabaks in Frankreich verboten.
Ich mußte nachgeben. Aber der Turner bekümmerte sich nicht
darum und dampfte. In Besigheim auf der Station führte die
Französin Klage beim Posthalter und berief sich auf ihren Hei-
delberger Postzettel, worin es heißt: »Das Rauchen ist untersagt.« Der Turner zeigte einen Stuttgarter Postzettel vor, der ihm
vor wenigen Tagen nach Heidelberg ausgefertigt worden und
worin es Art. 15 heißt, das Rauchen aus wohlverschlossenen
Pfeifen sei erlaubt; nun aber könne nicht geleugnet werden, daß
es ganz der nämliche Weg sei, der von Heidelberg nach Stuttgart
und von Stuttgart nach Heidelberg führe. Der Posthalter wagte
weder das badensche noch das württemberger Landrecht zu beleidigen und enthielt sich der Entscheidung. Ich aber hatte einen
glücklichen Gedanken. Ich trat ernst vor den Turner hin und
sprach: »Wandersmann, die alten Deutschen haben nie ge-
raucht!« Da warf er heftig die Pfeife zur Erde, umarmte mich,
drückte mich an seine Brust und sprach: »O Bruder!« Darauf
holte er aus dem Wagen einen Aschenkrug, der auf dem Lei-
chenfelde der zweiundzwanzigsten Legion in der Nähe von
Mainz ausgegraben worden war. Daraus schenkte er mir Met in
ein Horn ein und trank mir zu. Wir ließen die freundschaftstif-
tenden Poststationen hochleben. Kurz vor dem Einsteigen sagte
ich dem Teutonen: »Bruder, du bist ein Narr! Dir es mündlich
zu beweisen, ist jetzt die Zeit zu kurz. Ich will es aber schriftlich
in meiner Monographie der deutschen Postschnecke dartun.« Er
wolle sich gedulden, sagte er. Darauf fuhren wir weiter. [...]
   In Ludwigsburg räumte der altdeutsche Nachzügler und
Spätturner seinen Platz Nr. 6 einem Manne ein, der sehr nieder-

geschlagen schien und in der hohen Postwagenversammlung nur Sitz und keine Stimme nahm. Erst eine Stunde später munterte ihn die Präsidialstimme (die der Französin) zum Reden und Klagen auf. Er sei ein Hutmachermeister, erzählte er, und in Ludwigsburg wohnhaft. Vor einigen Monaten sei er von der Wanderschaft zurückgekommen und habe bald darauf eine Frau und das Meisterrecht genommen. Sein Schwiegervater, ein Weinwirt, habe ein glänzendes Hochzeitfest gegeben und die feinsten, gebildetsten Honoratioren als starke Hutkonsumenten dazu eingeladen. Die Gäste, als sie spät am Morgen weggegangen, hätten ihren Dank nur stammeln können, so voll sei ihnen Kopf und Herz gewesen. Zwei Tage später sei ihm dieser und jener der Hochzeitsgäste auf der Straße in den Weg gekommen, und da habe er mit mehr Verdruß als Erstaunen bemerkt, daß ihn keiner bald mehr habe kennen wollen. Es hätte niemand den Hut vor ihm abgezogen, und höchstens habe man mit einer leichten Handbewegung seinen Gruß erwidert. […] Die Hutmachergeschwornen hatten auf den Abend sämtliche Meister zusammenberufen lassen und ihnen vorgestellt, daß dem Handwerke große Gefahr drohe. Die gebildetsten Stände der Stadt hätten sich nämlich vereinigt, gemeinschaftlich grob zu sein, den Hut nicht mehr vor einander abzuziehen, sondern sich beim Begegnen bloß starr anzusehen. Was in dieser Not zu tun sei? Aber keiner habe Rat gewußt. Wie nun seitdem das Nichthutabnehmen täglich zunehme, nehme der Hutverbrauch täglich ab, und sechs brot- und hoffnungslose Meister hätten sich vorgenommen, nach Rußland auszuwandern. Er, Passagier, reise nach Stuttgart, um sich einen Paß zu holen.

Die Französin hörte dieser Erzählung um so aufmerksamer zu, je weniger sie der ihr fremden Sprache wegen davon verstand. Ich aber schämte mich der Albernheiten meiner Landsleute und hütete mich, den Dolmetscher zu machen. Ich log ihr eine unglückliche Liebe vor und lockte dem guten Mädchen eine Träne in die Augen. Den Hutmachermeister aber tröstete ich. »Beruhigen Sie sich, lieber Freund«, sagte ich, »unsere deutschen Landsleute sind glücklicherweise keine chronische Narren, sondern nur akute; das Hutfieber wird bald vorübergehen. Kehren Sie nach Hause zurück, doch wollen Sie sich von Ihrem Auswanderungsvorhaben nicht abbringen lassen, so eilen Sie sich wenigstens nicht, indem Sie zu Fuße aus Deutschland wandern, sondern fahren Sie lieber im Postwagen, und ehe Sie die deutsche Grenze übertreten, wird sich die Gesinnung der groben Gesellschaft gebessert haben.« Meine Zusprache blieb nicht ohne Erfolg, und als ich den Hutmachermeister aufmerksam machte, wie sehr durch das Rütteln des Postwagens die Hüte gequetscht und abgenützt würden, man habe sie nun auf dem Kopfe, auf dem Schoße oder oben im Netze, so erheiterte sich sein Gesicht, und er sagte, er bemerke dieses mit Vergnügen, und die Beulen, welche die Hüte von den Schlägen des Wagens empfinden, wären wahre Pestbeulen für sie, woran sie sterben müßten. […]

In Stuttgart zerbrach ich den ironischen *Mantel*, zog die Glocke in die Höhe und ließ sie frei ihre Jammertöne über vaterländische Postwägen in der Trinkstube ausbrummen. »Herr Major«, sagte ich, »hätte ich einen Säbel wie Sie, meine ästhetischen Flüche gehörig zu unterstützen, hol' mich der Teufel, ich haute ein, und es gäbe blutige Köpfe. Ist der Passagier ein Narr jedes Postmeisters, Kondukteurs und Postillions, und muß er liegen bleiben, sooft es diesen Herren gefällt, Wein zu trinken oder auszuschenken? Kommt man in ein Nest und trägt nicht Lust, im Postwagen zu warten und zu frieren, umdreht der Eigentümer des Ofens unsern schlotternden Leib wie die Katze den Brei, und tausend Fragezeichen im Gesichte zweifeln, was man befehle? Muß ein armer Passagier leben wie die große Welt in Paris und um Mitternacht Koteletts essen? In Zeit von 46 Stunden, worunter 14 nächtliche, habe ich 12 Schoppen Wein getrunken und noch einige mehr bezahlt für den Kondukteur. Wie weit ist es, Herr Major, von Frankfurt nach Stuttgart? Also kaum 40 Stunden! und auf diesem kurzen Wege haben wir 15 Stunden Rast gehalten. Ich bin von Straßburg nach Paris, und von Paris nach Metz auf der Diligence gereist […], und auf diesen beiden Reisen zusammen hat sich der Wagen nicht 10 Stunden aufgehalten. Ist das nicht zum Tollwerden, nämlich das erstere? Ist es nicht Schimpf und Schande, daß das Zusammentreffen der Postwägen auf den Kreuzwegen so schlecht eingerichtet ist, daß ich – ich erzähle es Ihnen jetzt schon, Herr Major, ob es mir zwar erst acht Tage später auf meiner Rückreise begegnen wird – daß ich in Bruchsal 24 Stunden liegen bleiben und auf den Straßburger Wagen warten mußte, bis ich weiter konnte nach Frankfurt? Warum gibt man den Reisenden nicht wenigstens Wartegeld, gleich den quieszierenden Staatsdienern, bis sie einen Platz und ihr Fortkommen finden? Wer verstattet mir meine Auslagen für zwei Lagen Postpapier, die ich in Bruchsal zu dieser Monographie verwendete, und, Herr Major – ich benutze diese Gelegenheit, mich zu unterrichten –, warum nennt man feines Papier so uneigentlich Postpapier? […] Hätten Sie, wie ich, die *Abendzeitung* gelesen, Herr Major, wären Sie nicht auch auf meinen nachfolgenden Gedanken gefallen? Man sollte nicht die Leidtragenden, sondern die Leichen selbst auf Hochfürstlich Thurn-und-Taxischen fahrenden Postwägen zum Begräbnisse führen, damit sie Zeit gewönnen, aus dem Scheintode zu erwachen, da, wenn in der Asche des Lebens nur noch ein Fünkchen glimmt, das Rütteln des Wagens es zur Flamme anfachen müsse. Wäre dieses nicht eine sehr gute ambulante Totenschau?«

Nachdem ich mich auf diese Weise schlau zu revolutionären Äußerungen verleitet hatte, ging ich eiligst auf mein Zimmer, um alles, was ich von mir gehört, wie folgt zu berichten.

»Herr geheimer Ober-Tugend-Direktor!

Es war zum Glücke der Welt, daß ich nicht von Darmstadt sogleich wieder umgekehrt bin, sie wäre selbst umgekehrt worden, die Welt, wenn ich es getan hätte. Ich habe die Wurzel der Verschwörung entdeckt und halte sämtliche Verschwornen, ihre Namen nämlich, in meinen Händen. Schon wollte ich mich außer acht lassen, da ich seit jener Turnübung, wovon ich Ihnen früher berichtet, sonst keine verdächtigen Gesinnungen geäußert hatte, da habe ich mich noch zu rechter Zeit ertappt und die Überzeugung erhalten, daß ich nicht allein des Verdachtes verdächtig, sondern höchst wahrscheinlich wirklich verdächtig bin. Zu Heilbronn im *Falken* belauschte ich ein Gespräch, das ich mit dem Oberkellner geführt, und das ich stellenweise hierhersetzen will: *Ich:* Welche Zeit ist es? *Kellner:* Ich habe die Uhr nicht schlagen hören. *Ich:* Wo ist Ihr Herr? *Kellner:* Er sitzt dort am Tische und trinkt roten Wein. *Ich:* Wo ist der Hausknecht? *Kellner:* Er liegt im Stalle und schläft. *Ich:* Wo kauft man Apfelsinen? *Kellner:* Bei Wolf auf dem Reismarkt. *Ich:* Bringen Sie mir Karbonaden! *Kellner:* Die letzte Kohle ist ausgelöscht. *Ich:* So bringen Sie mir eine Hammelskeule … Der Herr, der Blut trinkt – der schlafende Knecht – der reißende Wolf in den Apenninen – die ausgelöschte Kohle – der Keil – Karbonari … Das war der eigentliche Sinn jener Unterredung, die kleinen heuchlerischen Abänderungen an den Worten konnten mich natürlich nicht irremachen. Die Vermutung meiner karbonarischen Umtriebe bestätigte sich in der Folge noch mehr. Ein Vertrauter, von dem ich mich in Stuttgart hatte beobachten lassen, berichtete mir, der Postwagenkondukteur habe irgendwo erzählt, er hätte mich gefragt wo ich in Stuttgart einkehren wolle, und mir das *Waldhorn* empfohlen, worauf ich aber mit Hastigkeit erwiderte: ›Nein, nein, ich logiere jedesmal im *Römischen Kaiser* und werde auch dieses Mal dort logieren, ich lasse nicht vom *Römischen Kaiser*.‹ Sie werden, Herr geheimer Ober-Tugend-Direktor, von selbst daraus entnehmen, daß ich meine Anhänglichkeit an die alte deutsche Reichsverfassung und das ehemalige Reichsoberhaupt hinlänglich an den Tag gelegt und den verbrecherischen Wunsch, die Einheit Deutschlands wiederhergestellt zu sehen, offenbart habe. Weiter wurde mir berichtet, ich hätte bei Tische mit einem Franzosen sehr eifrig von *jambon de Mayence* gesprochen und wäre leichtsinnig genug gewesen, zu glauben, es werde keiner merken, daß ich den ehemaligen Mainzer Präfekten *Jean Bon St.-André* im Sinne führe. Höchst wahrscheinlich ist dieser Napoleonische Präfekt nicht gestorben, wie er vor einigen Jahren auszubreiten gesucht, sondern präfektiert in Mainz heimlich fort.

Da ich auf diese Weise die Wurzel der Verschwörung entdeckt hatte, ging ich ihrem Stamme und ihren Zweigen nach und war so glücklich, die wichtigsten Entdeckungen zu machen. Die *alta vendita* der deutschen Karbonari[1] ist in Ludwigsburg, und bereits hat sie zu Tübingen, Stuttgart, Frankfurt und Offenbach Töchterlogen errichtet. Statt der ausgelöschten Kohle haben sie, wegen Gleichheit der Farbe, den Hut zum Sinnbilde genommen, und sie nennen sich *Brüder vom standhaften Hute*. Ihr geheimer Zweck ist: Gleichheit, Liebe, Höflichkeit; öffentlich aber sind sie grob und stellen sich fremd gegeneinander, um sich nicht zu verraten. [...] Es ist dringend, diesen karbonarischen Umtrieben Einhalt zu tun. Nur allein durch die Mobilität der Hüte kann in Deutschland die Stabilität der Köpfe erhalten werden.

Ich muß eiligst den Bericht schließen; denn man meldet mir soeben, daß ich ausgehen werde, und ich muß mir nachfolgen, meine verdächtigen Schritte ferner zu beobachten.

Der Ihrige.

Nachschrift. Da ich bemerkt habe, daß ich beim Trinken gern plaudere, so habe ich mir auf meine Kosten mehrere Male Wein vorsetzen lassen und bin so frei, die Rechnung der gemachten Auslagen Ihnen beifolgend zu überschicken.«

Auf meiner Rückreise von Stuttgart nach Frankfurt fuhr der Wagen mit lobenswerter Schnelligkeit. Schon wollte ich meinen satirischen Feldzug wieder einstellen, diesen gerechteren Krieg

---

1 *Alta vendita*: die Zusammenkunft der höchsten Instanzen der italienischen Carboneria, der zentralen Geheimverbindung des Risorgimento, deren Rituale dem Köhler-Brauch entliehen waren. Mit den Anspielungen auf die Verfolgung der Karbonari persifliert Börnes Satire die deutsche Demagogenjagd.

als die üblichen; denn er sollte die Feinde dafür bestrafen, daß sie mit der Zeit *nicht* fortgingen. Aber unglücklicherweise wurden zu Bruchsal die versäumten Versäumnisse nachgeholt. Ich mußte 24 Stunden dort liegen bleiben. Da ließ ich mein Kriegsmanifest ergehen und rückte vor. Dem Turner aber schrieb ich in der Eile folgende Zeilen nach Ludwigsburg.

Trübsal, den 9. Nov. 1820

»Bruderherz!

In Besigheim versprach ich, Dir ein anders Mal zu beweisen, daß Du ein Narr bist, aber Du mußt Dich gedulden; denn ich bin gegenwärtig sehr beschäftigt, da mein Vortrupp noch in dieser Stunde ins Taxische einrückt. Nur so viel sei Dir gesagt: Du bist kein Hofnarr, aber ein Volksnarr, und das ist schlimmer; denn das heißt: *aller Leute Narr.*

Der Ort, wo ich mein schreibendes Hauptquartier aufgeschlagen habe, heißt Bruchsal, aber mir ist er ein Trübsal und Scheusal. Wenn die Verzweiflung Witz gibt oder nimmt, so werde ich hier ein Voltaire oder eine Kretine. Ich möchte aus der Haut fahren, wäre nur eine Öffnung groß genug, mich durchzulassen, da ich ganz geschwollen bin vor Wut. So einen geschlagenen Hund, wie ich, gab es noch nicht. Nur zwei Wünsche habe ich jetzt. Erstens wünsche ich, daß zehentausend Millionen Donnerwetter in das verfluchte Nest schlügen, und zweitens wünsche ich das nämliche noch einmal.

Ich gehe zu streiten für die gute Sache. Falle ich, so lasse Deine Jungen jedes Jahr an meinem Sterbetage einen Burzelbaum über meinen Grabeshügel schlagen. Lebe wohl, Bruderherz!«

Monographie der deutschen Postschnecke (1821):
SSB, Bd. 1, S. 639–667.

Paris, Donnerstag, den 19. Januar 1832

[...] Wäre ich Pfarrer von Fechenheim, Bergen oder Bockenheim, hätte ich am ersten Sonntage nach dem monarchischen Gemetzel an der Mainkur ohngefähr folgende Predigt gehalten und dadurch gewiß zur Erhaltung der Ruhe mehr beigetragen, als zehn Schwadronen Husaren imstande sind.

»Liebe Gemeinde!

Am Freitag wart ihr wieder rechte Esel gewesen und habt euch totschießen lassen. Wißt ihr, warum? Ich will die ganze Woche keinen Tropfen Wein trinken, wenn ihr es wißt. Dummköpfe seid ihr und Schwerenöter! Ihr jammert über die Maut, ihr wollt keine Maut bezahlen! Wißt ihr denn, was die Maut ist heutzutage? Wißt ihr, was sie sonst gewesen? Begreift ihr denn gar nicht, wie viel besser ihr es jetzt habt als in frühern Zeiten? Nun, so gebt acht; ich will euch eine Laterne in den Kopf hängen.

Viele von euch sind doch schon einmal den Rhein hinabgefahren; der Hans dort, das weiß ich, ist oft als Flotzknecht nach Holland gekommen, ehe er sich eine Frau genommen – ein kreuzbraves Weib, sie hat mir gestern eine fette Gans geschickt. Und wer von euch nicht am Rhein war, der ist doch einmal in Königstein gewesen und am Falkenstein vorbeigekommen. Nun, das ist alle eins. Oben auf den Bergen an beiden Seiten des Rheins, da seht ihr viele verfallene alte Schlösser, die man Burgen nennt. Sie waren aber nicht immer so öde und verfallen, wie sie jetzt sind. Ehemals waren es prächtige Schlösser, worin die Ritter wohnten, und es ging lustig daher. Liebe Kinder! Die Ritter, das waren prächtige Leute! An denen hatte doch der liebe Herrgott noch seine Freude. Wenn sie sich recht wild herumtummelten in ihres Vaters Garten, und er lag am Sonnenfenster und sah zu, wie sie spielten, lachte er und sagte: Jugend hat keine Tugend, das will sich austoben; aber es ist mein Herz und mein Blut. Wenn aber der liebe Herrgott uns jämmerliche Wichte sieht, seine jüngsten Kinder, die den ganzen Tag hinter den Büchern hocken und heulen, wenn sie der gestrenge Herr Schulmeister mit seinem Lineal anrührt, dann schämt er sich, unser Vater zu sein, schlägt das Fenster zu und brummt: Ja, ja, ich bin alt geworden! So ein Ritter war kerngesund, stark wie ein Stier, und wenn er sein Kreuz gegen den Teufel geschlagen hatte, fürchtete er sich vor nichts mehr in der Welt. So ein Kerl hat euch den Tag zehen Pfund Rot- und Schwarzwildbret gegessen, sechs Pfund Hammelfleisch, ein schön Stück Schinken, einen großen Rosinenkuchen, aber wenig Brot. Dazu hat er getrunken zwei Eimer Bacharacher oder Rüdesheimer und abends vor dem Schlafengehen ein paar Maß warmen Gewürzwein. Ich sage euch, Kinder, es ist nichts gesünder als warmer Wein mit Zucker, Nelken und Zimt gemacht. Gestern hatte ich einen starken Schnupfen, und ich legte mich früh zu Bette. Wie ich nun das Licht auslöschen wollte, wer kömmt herein? Meine Haushälterin. Sie hatte mir kein Wort davon gesagt, war in die Küche gegangen und hatte mir eine Kumpe Glühwein gemacht. Den setzt sie vor mein Bett und sagt: Herr Pastor, das wird Euch guttun. Ich habe den Glühwein getrunken, habe tüchtig geschwitzt, und heute morgen war der Schnupfen weg. Merkt ihr noch was davon? Seht ihr, solch ein lustig Leben haben die alten Ritter geführt: gut gegessen, gut getrunken und gut geschlafen. Und die übrige Zeit haben sie gejagt und sich untereinander herumgebalgt. Das war aber kein Kriegführen wie heute, es war ein wahrer Spaß. Man schlug sich einander auf Helm und Schild, und war einer tüchtig getroffen, so ging er zum Schmied, und den andern Tag war alles wieder gut. Das hundsföttische Pulver war noch nicht erfunden.

Nun hört weiter! Die Ritter hatten zwar große Schlösser, schöne Pferde, viele Jagdhunde und Knechte; aber sie hatten kein Geld. Woher wollten sie Geld haben? Sie arbeiteten niemals und verdienten also nichts. Aber alle Menschen sind Gottes Kinder, und wenn es einen Menschen gibt, der nichts arbeitet, ist es Christenpflicht, daß der andere, welcher arbeitet, ihn ernährt. Die frommen Ritter, welche Gottes Gebot kannten und ehrten, richteten sich auch darnach, und sooft sie Geld brauchten, nahmen sie es von den Arbeitsleuten, die welches hatten; und das machten sie so. Auf die hohen Türme ihrer Burgen stellten sie einen armen Knecht mit einem Horn, der mußte Tag und Nacht achtgeben und umherschauen, und sobald ein Schiff mit Waren den Rhein hinauffuhr oder ein Wagen auf der Chaussee kam, um ihre Ladung auf die Frankfurter Messe zu bringen, stieß der Knecht ins Horn. Die Ritter, die das Zeichen verstanden, sprangen darauf vom Tische oder aus dem Bette auf, ergriffen ihr Schwert und eilten die Burg hinab. Schiff und Wagen wurde angehalten, Schiffer, Fuhrleute und Kaufherrn wacker durchgebläut, Kisten und Kasten aufgeschlagen und alles herausgenommen. Darauf sagten die Ritter: Viel Glück zur Frankfurter Messe, Ihr Herrn, und kehrten mit ihrem Fange jubelnd zur Burg zurück. Und weil sie auf diese Art ihr Brot verdienten, nannte man sie *Raubritter*. Die Waren verkauften sie dann um einen Spottpreis an Juden, und so hatten sie Geld. Die Juden verkauften den geplünderten Kaufleuten ihre eigenen Waren wieder, und darauf zogen sie zur Frankfurter Messe, und alles war gut. *So ist die Maut entstanden, und was damals die Raubritter waren, das sind heute die Zöllner.*

Jetzt gebt weiter acht. Die Kaufherrn überlegten endlich bei sich: Wäre es nicht gescheiter, wir gäben den Rittern lieber gleich so viel bar Geld, als sie für unsere Waren von den Juden bekommen? Diese Spitzbuben lassen sich von uns zweimal soviel bezahlen, als sie selbst bezahlt. So wäre die Hälfte Profit, und die Prügel wären auch gespart. Sie schickten also dem Ritter Kunz eine Deputation; die trug ihm vor: Herr Ritter, *Ihr* seid ein ehrlicher Mann, *Ihr* habt uns nie etwas zuleid' getan; aber Euer Nachbar, der Ritter Ruprecht, ist ein Spitzbube und ein Räuber, der, sooft wir vorbeikommen, uns mißhandelt und beraubt. Wir kommen also, Euch einen Vorschlag zu machen. Sooft wir an Eure Burg kommen, begleitet uns mit einem Fähnlein bis vor der Burg Eures bösen Nachbarn vorüber, beschützt uns und duldet nicht, daß er uns beraube und zugrunde richte. Für Euern guten Willen geben wir Euch jedesmal hundert Goldgulden.

Ritter Kunz erwiderte: Ihr seid kluge Leute, und ich will es bedenken, heute abend gebe ich meinen Nachbarn einen Schmaus: Habt ihr nicht vielleicht ein Fäßchen Bacharacher auf euerem Schiff? Die Kaufleute holten das Fäßchen, gingen darauf zu Ritter Ruprecht und sagten ihm: Herr Ritter, *Ihr* seid ein ehrlicher Mann, *Ihr* habt uns nie etwas zuleid getan; aber Euer Nachbar, der Ritter Kunz, ist ein Spitzbube und ein Räuber, der, sooft wir vorbeikommen, uns mißhandelt und beraubt. Wir kommen also, Euch einen Vorschlag zu machen. Sooft wir an Eure Burg kommen, begleitet uns mit einem Fähnlein bis vor der Burg Eures bösen Nachbarn vorüber, beschützt uns und duldet nicht, daß er uns beraube und zugrunde richte. Für Euern guten Willen geben wir Euch jedesmal hundert Goldgulden. Ritter Ruprecht erwiderte: Ihr seid kluge Leute, und ich will es bedenken; morgen mittag gebe ich meinen Nachbarn einen Schmaus, habt ihr nicht vielleicht einige gute Schinken auf euerm Wagen? Die Kaufherrn holten die Schinken und gingen darauf zum Ritter Eberstein, und so gingen sie von einem Ritter zum andern von Rüdesheim bis nach Bonn und sprachen mit allen auf die nämliche Weise. Und wie abends viele Ritter zum Ritter Kunz zum Schmause kamen und jeder seinem Nachbarn erzählte, wie die Kaufherrn ihn ins Gesicht einen ehrlichen Mann gescholten und seinen Nachbarn als Spitzbuben gelobt, lachten sie alle ganz unbändig und zechten, bis der Morgen graute. Die Handelsleute hatten es aber jetzt viel besser als früher.

So währte das einige Jahrhunderte lang. Endlich merkten die Kaiser, Könige, Herzöge, Fürsten, Landgrafen, die Vorfahren unserer gnädigsten Landesherrn, daß sie lang dumm gewesen. Sie dachten: Ei, die Ritter verdienen ein schön Stück Geld an den Bürgers- und Landleuten, sind wir nicht rechte Narren, daß wir es nicht selbst verdienen? Wer ist Herr im Lande, wir oder die Ritter? Das muß anders werden. Sie sagten also den Kaufleuten: Ihr untersteht euch nicht mehr, euch von den Rittern loszukaufen; das Geld, das ihr ihnen gegeben, gebt ihr künftig uns selbst, und dagegen beschützen wir euch gegen jede Gewalt. Die Kaufleute mußten das zufrieden sein, und den Rittern wurde von den Landesherrn untersagt, sie zu beunruhigen. Diese ließen sich aber nicht wehren, und wenn die Kaufleute vorüberkamen und nicht bezahlten, wurden sie wie früher geplündert und totgeschlagen. Sie mußten also, wollten sie Ruhe haben, die Ritter auch bezahlen. Unsere gnädigsten Landesherrn erfuhren dies und dachten bei sich: Unsere Kaufleute geben für jede Ladung Ware den Rittern hundert Goldgulden und uns hundert Goldgulden; wäre es nicht klüger, sie gäben uns zweihundert Goldgulden und den Rittern gar nichts? Sie ließen also die Kaufleute rufen und sagten ihnen: Ihr gebt uns künftig zweihundert Goldgulden für jede Fuhre und den Rittern gar nichts; und diesen wollen wir schon das Handwerk legen. Auch hielten sie Wort, zerstörten alle Raubburgen, nahmen die Ritter gefangen und führten sie an ihren Hof, wo sie durch gutes Futter bald zahm gemacht wurden. Den Kaufleuten aber gaben sie das *Geleit*, sooft sie auf die Messe zogen. Als es nun keine Ritter und keine Räubereien mehr gab und die Kaufherrn keine Furcht mehr hatten, gingen sie zu ihren Landesherrn und sagten ihnen: wir danken untertänigst für den bis jetzt geleisteten Schutz; aber wir brauchen ihn nicht mehr, denn die Straßen sind sicher. Die Fürsten erwiderten darauf: es freut uns, daß ihr uns nicht mehr braucht, wir brauchen aber euer Geld, und den Geleit müßt ihr bezahlen nach wie vor, und das ist jetzt altes Herkommen. Nach einiger Zeit bedachten die Fürsten: Ist es nicht ganz überflüssig, daß wir den Kaufleuten Husaren zur Begleitung mitgeben, da doch die Wege sicher sind? Die Kosten des Geleits könnten wir ja sparen. Sie hoben also das Geleit auf und ließen sich statt *Geleitgeld Zoll* bezahlen. An allen Ein- und Ausgängen des Landes wurden *Zollhäuser* errichtet, und sooft da Waren vorüberkamen, mußten sie den alten Raub und das alte Geleit abkaufen, welche Abgabe man Zoll nannte. Beklagte sich nun ein benachbarter Fürst, daß man seine Untertanen drücke, antwortete der diesseitige: Herr Bruder, macht es mit meinen Untertanen, wie ich es mit den Eurigen mache; laßt Euch auch Maut von ihnen bezahlen; Schafe wollen geschoren sein, sonst gedeihen sie nicht.

Jetzt werdet ihr deutlich einsehen, daß ihr Ochsen seid, wenn ihr euch über die Maut beklagt. Habt ihr es nicht ehemals noch viel schlimmer gehabt? Sonst wurdet ihr beraubt und gemißhandelt; jetzt werden euere Kisten mit Ordnung geöffnet, man nimmt euch mit Höflichkeit euer Geld ab, und ihr bekommt keine Schläge mehr. Zwar werdet ihr noch jetzt, wie zu den Zeiten der Raubritter totgemacht, wenn ihr die Maut nicht bezahlen wollt und euch zur Wehre setzt; ihr werdet aber nicht mehr wie damals totgehauen, welches grob war, sondern totgeschossen, welches viel höflicher ist und gar nicht wehe tut; und da ihr auf Befehl eueres gnädigen Landesherrn totgeschossen werdet, so ist das noch eine Ehre für euch. Wenn ihr aber fragt: warum nimmt unser gnädigster Landesherr, der doch so reich ist, uns armen Teufeln ihre paar Pfennige weg; warum müssen wir das Pfund Zucker mit dreißig Kreuzer bezahlen, das uns noch vor acht Tagen nur achtzehn gekostet? so zeigt ihr wieder, daß ihr Ochsenköpfe seid. Behält denn unser gnädigster Landesvater euer Geld für sich? Ei bewahre! Das braucht er nicht, er hat mehr als genug. Aber mit euerm Geld ernährt er die Nachkommen jener Raubritter, die wie ihre Vorfahren nicht arbeiten und nichts erwerben, als Müßiggänger an seinem Hofe leben, und für die ihr, da sie euch nicht mehr berauben dürfen, wie billig, sorgen müßt. Und nicht bloß für diese Räuberbrut braucht unser gnädigster Landesfürst euer Geld, sondern auch, seine vielen Soldaten zu bezahlen. Und jetzt seid mir keine Esel und fragt: wozu braucht er so viele Soldaten? Das habt ihr ja am Freitag selbst gesehen, wozu er sie braucht! Hätte er keine Soldaten gehabt, hätte er ja mit euch nicht fertig werden können, als ihr die Maut gestürmt. Nun sagt ihr aber vielleicht: aber wäre keine Maut da, wären wir ruhig geblieben; sind wir ruhig, braucht man keine Soldaten; hat man keine Soldaten, braucht man unser Geld nicht, ist die Maut unnötig. In dem, was ihr da sagt, ist etwas Verstand, und ich sehe, ihr seid gar nicht so dumm, wie ihr ausseht. Aber, liebe Kinder, ihr müßt noch etwas bedenken. Unser gnädigster Landesvater braucht nicht bloß seine Soldaten gegen euch, seine Kinder, sondern er braucht sie auch gegen Fremde, gegen den äußern Feind. Fragt ihr nun: Wer ist sein Feind, wer will ihm etwas zuleide tun? muß ich euch aufrichtig antworten: es denkt keiner daran. Aber unser gnädigster Landesherr hat eine große Familie, für die er auch sorgen muß. Alle Kaiser, Könige, Großherzoge, Herzöge und Fürsten sind seine nahen Verwandte, denen er in der Not beisteht; das ist Christenpflicht. Macht ihr es nicht auch so? Der Kaiser von Rußland ist sein Bruder, der Kaiser von Österreich ist auch sein Bruder, der König von Preußen ist sein Schwager. Nun seht: der Kaiser Nikolas will Polen haben, der Kaiser Franz will Italien haben, der König Friedrich Wilhelm weiß selbst nicht, was er haben will; denn er will alles haben. Nun ist aber das mächtige Frankreich drüben; dort ist der König nicht Herr über alles, er ist nicht mehr als jeder andere, er ist nur der erste Bauer im Lande. Das Volk ist dort alles, und für das Volk geschieht alles. Nun sagen die Franzosen: alle Völker sind mit uns verwandt, wir sind alle von einer Familie. Die Polen sind unsere Brüder, die Italiener sind unsere Vettern, die Deutschen sind unsere guten Nachbarn. Und wir wollen nicht leiden, daß ihnen jemand etwas zuleide tue, sondern ihnen helfen. Darum leiht unser gnädigster Landesfürst den Kaisern und Königen seine Soldaten, damit sie mit den Franzosen fertig werden, und darum müßt ihr Maut bezahlen. Und die Soldaten, die man gegen die Franzosen schickt, das sind euere eigenen Söhne und Brüder, und damit sie gern marschieren – denn wer könnte sie zwingen, wenn sie nicht wollten –, lügt man ihnen vor, die Franzosen wären Feinde der Deutschen und wollten unser Land erobern. Glaubt es nicht! Die Franzosen sind euere besten Freunde, und wenn sie kommen, kommen sie bloß, den Polen und euch beizustehen, und ihr müßt sie mit Jubel empfangen und gleich in die Schenke führen. Aber schließt eure Mädchen ein bis sie wieder fort sind!

Jetzt habe ich euch erklärt, was die Maut ist; nun geht und bessert euch. Wie wollt ihr es denn vor Gott und euerem Gewissen verantworten, wenn ihr widerspenstig seid gegen euren gnädigsten Landesherrn und ihn zwingt, Soldaten gegen euch zu schicken, die ja alle euere Brüder und Söhne sind und die, wenn sie euch erschießen, Vater- und Brudermörder werden? Geht und bezahlt die Maut. Und wollt ihr ja einmal wieder kommen und die Maut zerstören, so seid keine Ochsen und bleibt weit von den Soldaten stehn, was ihnen Herz macht, auf euch zu schießen, sondern geht ihnen ganz nahe auf den Leib, damit sie euch erkennen. Bringt eure Töchter mit. Die Liese dort wird unter den Jägern gewiß mehr als einen Schatz finden – brauchst nicht rot zu werden, Liese, wir waren alle einmal jung –, und wenn sie nun zu ihnen tritt und sagt: aber Peter, aber Hans, seid ihr denn stockblind? Seht ihr denn nicht, daß ich es bin? Haben wir nicht auf der vorigen Kirchweih miteinander getanzt? Peter, da ist ja mein Vater, der dir manchen Apfel von seinem Baume geholt? Hans, da ist ja mein Bruder, dem du erst neulich den Bierkrug an den Kopf geworfen? Lieber Peter, kennst du deine Liese nicht mehr? Willst du um ein Stück Kommißbrot ein Mörder werden? Bist du nicht selbst ein Bauerkind? Was gehen dich die Fürsten, was geht dich die Maut an? Komm zu uns, lieber Hans! Du sagst nichts? Nun, da steh' ich, schieß mich armes Mädchen tot, wenn du das Herz hast. Aber ich sage euch, meine geliebten Kinder, Hans und Peter werden nicht das Herz haben zu schießen, sondern das Gewehr wird ihnen aus der Hand fallen, und sie werden anfangen zu weinen. Und alle ihre Kameraden werden das Gewehr wegwerfen, euch in die Arme stürzen und heiße Tränen vergießen, daß sie so gottlos verblendet gewesen. Dann braucht ihr keine Maut mehr zu bezahlen. Jetzt geht nach Hause und bessert euch. Wer mich nicht verstanden, ist ein Esel. Amen!«

Briefe aus Paris (70. Brief; 1832):
SSB, Bd. 3, S. 470–479 (Sonderdruck 1833 u. d. T. ›Mautpredigt‹).

Paris, Samstag, den 28. Januar 1832

– Rothschild hat dem Papste die Hand geküßt und beim Abschiede seine hohe Zufriedenheit mit dem Nachfolger Petri unter allergnädigsten Ausdrücken zu erkennen gegeben. Jetzt kömmt doch endlich einmal alles in die Ordnung, die Gott beim Erschaffen der Welt eigentlich hat haben wollen. Ein armer Christ küßt dem Papste die Füße, und ein reicher Jude küßt ihm die Hand. Hätte Rothschild sein römisches Anliegen, statt zu 65 p.c. zu 60 erhalten und so dem Kardinalkämmerling zehntausend Dukaten mehr spendieren können, hätte er dem Heiligen Vater um den Hals fallen dürfen. Wie viel edler sind doch die Rothschild als deren Ahnherr Judas Ischariot! Dieser verkaufte Christus für dreißig kleine Taler, die Rothschild würden ihn heute kaufen, wenn er für Geld zu haben wäre. Ich finde das alles sehr schön. Louis-Philippe, wenn er in einem Jahre noch König ist, wird sich krönen lassen; aber nicht zu Reims in St. Remi, sondern zu Paris in *Notre-Dame de la bourse*, und Rotschild wird dabei als Erzbischof fungieren. Nach der Krönung wird man, wie üblich, Tauben auffliegen lassen, und eine unter ihnen, eine lustige Lachtaube, wird nach St. Helena hinüberfliegen, sich auf das Grab Napoleons setzen und seinen Gebeinen lachend erzählen, sie habe gestern seinen Nachfolger salben sehen, aber nicht vom Papste, sondern von einem Juden, und der jetzige Beherrscher Frankreichs habe den Titel angenommen: *Empereur des cinq pour Cent, Roi des trois pour Cent, protecteur des banquiers et médiatiseur des agents de change.* Ich weiß aber wahrhaftig nicht, was die dumme Taube dabei zu lachen findet. Wäre es nicht das größte Glück für die Welt, wenn man alle Könige wegjagte und die Familie Rothschild auf deren Throne setzte? Man bedenke die Vorteile. Die neue Dynastie würde keine Anleihen machen; denn sie wüßte am besten, wie teuer ihnen das zu stehen käme, und schon dadurch allein würde die Abgabenlast der Untertanen jährlich um viele Millionen erleichtert werden. Die Bestechungen der Minister müßten aufhören, die aktiven wie die passiven; denn womit sollten sie, wofür sollte man sie bestechen?

Das wird dann alte Regel. Dadurch würde die Moral sehr in Flor kommen. Alle Zivilisten würden aufhören, bis auf die der Rothschilde, welche aber für die Völker keine neue Last wäre; denn die Rothschilde hatten sie als Privatleute auch schon bezogen, und zwar eine stärkere als die irgendeines andern Fürsten.

Wenn das Haus Rothschild auf dem französischen Throne säße, wäre die Welt von der großen Furcht des Kriegs befreit, der zwischen diesem mächtigen Hause und dem Hause Habsburg auszubrechen droht. Österreich und Rothschild sollen, wie die englischen Blätter aus guten Quellen berichten, seit einiger Zeit sehr gereizt gegeneinander sein. Österreich hat nämlich die Entdeckung gemacht, daß die Freundschaft, mit welcher die Brüder Rothschild es beehren, ihm teuer zu stehen komme. Das letzte vierprozentige Anleihen schloß jenes Haus zu 85 oder 86 ab. Aber gleich nach Abschluß des Vertrags gewann es 6 bis 7 p. c. Ein so außerordentlicher Umstand mußte die Aufmerksamkeit des österreichischen Kabinetts erwecken. Es beschloß daher, für seine Finanzen künftig wohlfeilere Agenten zu wählen oder seinen Geldunternehmungen eine Konkurrenz zu eröffnen. Das Haus Rothschild, um solche Schritte zu vereiteln und der österreichischen Regierung zu zeigen, daß man seine Allianz nicht ungestraft brechen dürfte, wußte darauf durch seine Verbindungen und Spekulationen das bare Geld in Wien, Frankfurt und andern Städten so selten zu machen, daß kein anderes Haus imstande war, eine Staatsanleihe zu unternehmen. Österreich mußte um Verzeihung bitten. [...]

Briefe aus Paris (72. Brief; 1832):
SSB, Bd. 3, S. 482–484.

Freitag, den 10. Februar [1832]
[...] Ich schicke Ihnen heute den Herings-Salat. Es ist eine große Schüssel, und Sie werden Durst darauf bekommen.

Herings-Salat

Beim *Thor*, beim hohen *Odin* und beim höchsten *Bör*, meinem erhabenen Ahn, dieser Knabe Alexis[1] kämpft mit einer Berserkerwut, für die ihm einst in Walhalla ein Zwiebelkuchen duften wird! Aber noch bedenke ich mich. Soll ich, oder soll ich nicht? Kennten mich nur die Menschen alle, fühlten es nur alle mit, welch einen Stolz ich aufzuopfern habe, wenn ich solchen niedrigen Troßbuben das Gesicht zuwende. Aber auch diesen Stolz lege ich auf den Altar des Vaterlandes, und wahrlich, hätte ich ihm alles zu verdanken, was ich ihm zu verzeihen habe – ich wäre ihm jetzt nichts mehr schuldig. Oder glaubt ihr, es wäre nichts, mit einem Philisterchen zu rechten, daß es geworden, wie es die Natur in einer langweiligen Stunde aus dem Kern einer Haselnuß geschnitzelt? Wenig für einen Mann von Ehre und Gefühl, sich vor ein Nürnberger Schächtelchen hinzustellen, wie es beschaffen, wenn eben der letzte Nachtlichtdocht herausgenommen: offen und leer – und es ernsthaft zu fragen, warum es nichts enthalte und wo seine Seele hingekommen? Es ist viel. Und doch dauert mich der arme Schelm! Sie haben ihm heimlich Branntwein in seine Bierkaltschale gegossen, und der blasse blöde Junge, der früher nicht den Mut hatte, eine rotwangige Bauerndirne zum Tanze aufzufordern, stürzt hervor, wird ein Held, fliegt die Sturmleiter hinauf und erwacht nicht eher aus seinem Taumel, bis eine starke Faust dort oben ihn mit einer Ohrfeige lachend in den Graben hinunterstürzt. Dann jammert er: »Ach, Papa Schlesinger![2] Ach, lieber Papa Schlesinger! Ach, wäre ich doch freimütig und zu Hause geblieben! Ach, hätte ich doch kein Handgeld genommen! Ach, wäre ich nur fort von hier, man erwischte mich kein zweites Mal!« Törichter Knabe! Trinke Milch und gehe nicht hin, wo Werber zechen. Sie haben

1 Willibald Alexis (eigentl. Georg Wilhelm Heinrich Häring, 1798–1871). Börnes Satire ist eine Antwort auf Alexis' herabwürdigende Besprechung der ›Briefe aus Paris‹.
2 Adolf Martin Schlesinger (1769–1839), Verleger der Zeitschrift ›Der Freimüthige‹, die Jahrgänge von 1830 bis 1835 wurden von Willibald Alexis redigiert.

dir wohl versprochen, du solltest Hauptmann werden; aber du bliebst Trommelschläger dein ganzes Leben. Du dauerst mich.

Ich habe des großen *Bör*, meines göttlichen Ahns, gedacht. Das war er, und darum nenne ich mich *Börne* (Sohn des Bör). Mütterlicher Seite stamme ich von *Bestla* ab, des Riesen Bälthorn Tochter und Gattin des Bör. Keiner, der mich kennt, wird mich des Ahnenstolzes fähig halten; ich erwähne nur meine Abstammung, um jenen törichten Menschen, welche glauben, daß eine hohe Geburt ein niederes Leben gut mache und eine niedrige Geburt ein hohes Leben verderben könne, mir vorwerfen, ich sei als Jude geboren und darum weniger als sie – um ihnen zu zeigen, daß ich mehr bin als sie, wie durch mein Leben, so auch durch meine Geburt. Der Ursprung meiner Familie geht hoch über das Christentum hinaus und ist noch älter als das Judentum. Wir stammen aus der Lichtwelt, *Muspelheim* war unser Wiegenland; ihr aber stammt aus der Nebelwelt, von *Niflheim* seid ihr hergekommen, seid *Ymirs* böse Kinder und die verzwergten Enkel der langweiligen, aber einst gewaltigen *Eisriesen*. Einst heiratete ein Mann aus meiner Familie eine Frau aus der eurigen, die *Kuh Audhumla*, und diese Verwandtschaft spüre ich bei naßkaltem Wetter in allen meinen Gliedern.

Zweitausend Jahre vor Christus zog der mächtige *Heimdallr*, Nachkomme Börs und einer meiner glorreichen Vorfahren, mit einem zahllosen Heere dem Mittage zu, um dort die Teutonen, die Nachkömmlinge Ymirs, aufzusuchen und mit diesen seinen tückischen Vettern einen alten Rechtsstreit auszukämpfen. Nach langem und beschwerdevollen Zuge kam Heimdallr mit seinem Heere an der Grenze des feindlichen Landes an. Die Nacht war angebrochen, aus allen Städten und Dörfern schallten die Sturmglocken, und zahllose Wachtfeuer brannten ringsumher. Heimdallrs kampfbegierige Streiter jauchzten dem kommenden Morgen entgegen. Als der Held eben sein letztes Horn ausgeleert und sich unter einer Eiche zur Ruhe legen wollte, wurde ihm eine Botschaft gemeldet. Es erschienen fünfundzwanzig Zwerge in seidnen Kleidern und mit hundert Bändern und Goldblechen behangen. Der Kleinste derselben trat hervor, warf sich Heimdallr zu Füßen, küßte sie, stand dann wieder auf und sprach: »Allerdurchlauchtigster Fürst und Herr, Allergnädigste Geißel Gottes! Mein Herr, *der König der Hofräte*, sendet mich zu Allerhöchstderen allerhöchster Person und fleht Allerhöchstdieselben, ihn in diesen kritischen Zeiten mit keinem Kriege zu überziehen, weil deren heilige Person gerade beschäftigt ist, mit ihren getreuen Untertanen die ›Stumme von Portici‹[3] einzustudieren. Allerhöchstdieselben mögen geruhen zu bedenken, oder wollen geruhen zu bedenken, wie es meiner schuldigsten Ehrfurcht am angemessensten lautet, daß von dieser neuen Oper das Glück des ganzen Volkes der Hofräte abhängt, und darum geruhen, gefälligst umzukehren und Allerhöchstderen Königreich, das gesegnete Muspelheim, wieder mit Allerhöchstderen Gegenwart zu beglücken. Mein Herr und König übersendet Ew. glorreichen Majestät durch meine unwürdigen Hände dieses blaue Band der schönen Sängerin,[4] deren Hausorden, als ein Zeichen seiner Freundschaft und unwandelbaren Gesinnung, und bittet Allerhöchstdieselben mit Allerhöchstdenselben einen Allerhöchsten Zollvertrag abzuschließen, zu wechselseitigem Vorteile der beiderseitigen Höfe.« Als darauf der Zwerg dem großen Heimdallr das kleine Ordensband umhängen wollte, aber kaum seine Knie erreichen konnte, brach darüber Heimdallrs Heer in solch ein donnerndes Gelächter aus, daß achtzehn von den Zwergen vor Schrecken umfielen und starben. Deren Anführer und Vormund riß sich die Haare aus dem Kopfe, warf sich Heimdallr abermals zu Füßen und sprach mit tränenden Augen: »Allerdurchlauchtigstes göttliches Wesen! Mächtiger Beherrscher von Muspelheim! Mögen Allerhöchstdieselben in Allerhöchstderen gerechtem Zorne, wenn ich mich alleruntertänigst so ausdrücken darf, es unserm unglücklichen Lande nicht anrechnen, daß einige schlechte Hofräte sich

---

3 Oper von D. F. E. Auber (1782–1871), bei deren Aufführung in Brüssel am 25. August 1830 die belgische Revolution ausbrach.
4 Gemeint ist die von Friedrich Wilhelm III. in den Adelsstand erhobene Sängerin Henriette Sontag (1806–1854).

erkühnt, in Gegenwart Allerhöchstderen geheiligter Person umzufallen und zu sterben. Es sind junge Leute, die erst vor zehn Jahren von Jena zurückgekommen, wo ihnen die Burschenschaft heillose demagogische Schwärmereien in den Kopf gesetzt. Wollen Allerhöchstdieselben Gnade für Recht ergehen lassen und sich damit begnügen, daß wir zu Allerhöchstderen Satisfaktion gleich morgen früh unsern Zensor aufknüpfen, weil er, wie dieses Beispiel der frechsten majestätsschändenden Todesart lehrt, den revolutionären Grundsätzen nicht streng genug Einhalt getan. Gnade! Friede! O, wäre die Stumme von Portici hier, daß sie selbst für uns reden könnte!« Heimdallr geriet in den heftigsten Zorn und sprach:»Ihr feigen Hunde habt nicht den Mut, mit uns zu kämpfen, und wollt uns meuchelmörderisch in den Rücken fallen! Ihr sprecht von Frieden, und im ganzen Lande erschallen die Sturmglocken! Ihr sprecht von Ergebenheit, und ringsumher verraten zahllose Wachtfeuer ein zahlloses Heer!« – Der Zwerg schlug sich vor die Stirn und erwiderte:»O jammervolles, o allerhöchstbetrübtes Mißverständnis! Allerhöchstdieselben geruhen nicht zu wissen, was Sie sprechen! Allerhöchstdieselben geruhen falsch zu hören und falsch zu sehen! Was Serenissimus für Sturmglocken gehalten, ist nichts als das festliche Geläute, womit wir Allerhöchstderen erfreuliche Ankunft feiern, und was Allerhöchstdieselben geruhten für Wachtfeuer anzusehen, waren die Illuminationen, die im ganzen Lande der Hofräte von der Polizei anbefohlen worden. O Gnade! O Barmherzigkeit!« Heimdallr gab dem Zwerge einen Fußtritt und sprach:»Fort, Hunde, mit Tagesanbruch seht ihr mich wieder!«

Nach Aufgang der Sonne stand Heimdallr mit seinem ganzen Heere im Gebiet der Hofräte. Der Zwerg vom vorigen Tage trat abermals hervor und sprach:»Allerdurchlauchtigster, ich wünsche wohl geruht zu haben. Allerhöchstderen heiterer Blick verkündet uns Ruhe und Frieden. Der Zensor ist gehenkt, und die Güter der achtzehn Demagogen, die gestern abend eines revolutionären Todes gestorben, sind konfisziert worden. Ich bin von meinem Könige und Herrn bevollmächtigt, dem durchlauchtigsten Beherrscher von Muspelheim eine Operallianz anzubieten. Die beiderseitigen respektiven Höfe sollen auf ewige Zeiten ihre Sängerinnen und Tänzerinnen miteinander austauschen, zum größten Vorteile des Handels, der Industrie, der Moral, Gesundheitspolizei und Bevölkerung der beiden Staaten. Um Allerhöchstdenselben die Kosten der Kriegsrüstung zu ersetzen, will mein König und Herr die Hälfte seiner Staaten an Ew. Majestät abtreten. Höchstderen alleruntertänigster Zwerg hat seinem Herrn dazu geraten. Wir sind unserer Hofräte, Domänenverwalter, Gardeoffiziere, Minister, Kammerherrn, Oberstallmeister, Oberzeremonienmeister, Hofdamen, Mätressen, Generalintendanten und Hofbankiers, in allem nur 814. Für diese bleibt die Hälfte des Landes groß genug, und wenn die uns bleibenden Untertanen zweimal soviel Steuer bezahlen als früher, verlieren wir nichts an den andern. Geruhen jetzt Ew. Majestät ein ganz untertäniges Frühstück einzunehmen und dann der Generalprobe der ›Stummen von Portici‹ holdreichst beizuwohnen.«

Nachdem der Zwerg-Hofrat so gesprochen, erhob sich im Hintergrunde ein wildes Geschrei: »*Zu den Waffen, zu den Waffen! Keinen schmachvollen Frieden! Auf Brüder! Es lebe Teutonia! Es lebe die Freiheit!*« Heimdallr schob die Hofräte, welche die Aussicht hemmten, weg, um zu sehen, was hinter ihnen vorging. Da gewahrte er eine Schar edler Jünglinge, welchen der Mut in den Augen blitzte, welchen Kampfbegierde die Wangen rötete, und [die], den Rufe zur Schlacht erwartend, freudig mit den Schwertern auf den Schild schlugen. Heimdallr mit seiner Heldenschar streckten froh bewegt ihre Arme den Heldenbrüdern entgegen und riefen: »Gruß, Liebe und Dank euch Brüdern! Wir kommen, ihr seid es wert, mit uns zu streiten, und, Sieger oder besiegt, in Walhalla trinken wir aus *einem* Horn!« Da erbleichte der Zwerg, sprang auf einen Stuhl, sah die tapfern Jünglinge zornig an und sprach: »*Ruhe ist die erste Bürgerpflicht!*«[5] Heimdallrs Krie-

---

5 Öffentlicher Anschlag im Namen der preußischen Regierung nach der verlorenen Schlacht bei Jena im Oktober 1806.

gern bot sich darauf ein Schauspiel dar, worüber sie zu Bildsäulen erstarrten und ihnen Schwert und Schild mit donnerndem Getöse aus den leblosen Händen fiel. Sobald die teutonischen Jünglinge gehört: »*Ruhe ist die erste Bürgerpflicht!*« legten sie ihre Rüstung ab, zogen Schlafröcke an, stopften ihre Pfeifen und fingen an zu lesen und zu schreiben. Heimdallr sprach darauf zu seiner Schar: »Auf, tapfere Genossen, flieht, fort von hier. Wir sind gekommen, mit Männern zu kämpfen, nicht mit Schulmeistern und ihren Knaben. Fort von jener bedauernswürdigen Jugend, fort von diesen verächtlichen Alten! Flieht und schaut nicht rückwärts, bis wir nach Muspelheim gekommen.« So verließ Heimdallr mit seinem Heere Teutonia, ließ aber zur Bewachung der Hofräte sechs Mann und einen Unteroffizier zurück.

Dieser Unteroffizier war Heimdallrs jüngster Sohn, der aber trotz seiner königlichen Abstammung nicht besser gehalten wurde als der gemeinste Krieger. Nachdem aber sein Vater fortgezogen war und der junge Mensch sich selbst überlassen blieb, konnte er den Schmeicheleien und Kriechereien der Hofräte nicht lange widerstehen. Er verweichlichte, sein reines skandinavisches Blut artete aus, und von dem vielen Essen und Trinken, das man ihm alle Tage vorsetzte, bekam er die Gicht, welche Krankheit sich durch länger als zweitausend Jahre in seiner Familie fortgeerbt. Vierundzwanzighundert Jahre nach Heimdallr reiste ein Nachkömmling jenes Unteroffiziers, namens *Widar*, wegen seines Podagras nach Baden bei Rastatt. Auf dem Wege dahin, im württembergischen Städtchen Mergentheim, lernte er ein schönes Mädchen kennen, namens *Goldchen*, Tochter des Juden *Baruch*. Er verliebte sich in sie und verlangte sie zur Gattin. Er erhielt sie unter der Bedingung, ein Jude zu werden und den Namen Baruch anzunehmen. Widar lernte in Baden den berühmten Dichter Robert kennen, der ihn Tag und Nacht um Stoff zu einem Drama quälte. Widar erzählte ihm seine eigene Lebensgeschichte, und daraus entstand Roberts europäisches Schauspiel »*Die Macht der Verhältnisse*«. Darauf zog Widar oder Baruch an den Main, da, wo später Frankfurt erbaut wurde.

Die Gegend gefiel ihm, und er ließ sich da nieder. Sein Haus stand an der Stelle, wo jetzt in Sachsenhausen die untere Mühle liegt. Nach und nach siedelten sich viele Heiden und Juden dort an, und es entstand eine Stadt, die Widar nach seinem Namen nannte. Dieses zeigt auch das Wort Frankfurt ganz deutlich; denn *Frank* heißt im Skandinavischen *Wi*, und *furt* heißt *dar*. Also waren es Juden, die Frankfurt gegründet, und S. T. der Herr Senator Dr. Schmid Wohlgeboren waren daher im größten Irrtum, als sie gegen mich, der die Rechte der Juden verteidigte, vor einigen Jahren im Gelehrtenvereine bemerkten: die Juden könnten keine Bürger sein in Frankfurt, weil es vor 1500 Jahren Christen gewesen, welche Frankfurt erbaut. Gerade im Gegenteile. Wenn hier die Religion ein Recht geben oder nehmen könnte, wären die Frankfurter Juden die einzigen Bürger, und die Christen wären bloß Schutzchristen, welche die Juden in eine Christengasse einsperren und ihnen verbieten dürften, mehr als zwölf Ehen jährlich zu schließen, damit sie nach und nach aussterben und den Handel der Juden nicht ganz zugrunde richten.

Auf diese Weise ist meine früher heidnische Familie eine jüdische geworden und ist es geblieben bis auf den heutigen Tag. Ich aber, als im Jahre 1818 die jüdische Familie Rothschild so übermächtig wurde, beschloß zum Christentume überzugehen; denn es war immer meine Neigung, es mit der schwächern und unterdrückten Partei zu halten. Der Pfarrer wollte mich aber unter dem Namen *Baruch* nicht taufen, und darum nahm ich den Namen *Börne* an, um hiedurch das zerrissene Band mit meinem Ahnherrn, dem göttlichen Bör, wieder festzuknüpfen. Seitdem heiße ich also *Börne* und nicht *Baruch modo Börne* wie das Frankfurter Polizeiprotokoll ohne Punkte vom 5. Dezember sagt. [...] Die Achtung, die ich Ihnen bezeuge, sind Sie auch mir schuldig. Den Doktor erlasse ich Ihnen, auch meine übrigen Titel, deren ich viele habe, brauchen Sie mir nicht zu *salvieren*, auch dem *Wohlgebornen* entsage ich. Aber nennen Sie mich *Herr Börne*, ich bestehe darauf.«

– Auf dieses Tutti lasse ich ein Solo folgen; denn ich spiele ein unparteiisches Doppelkonzert, in dem ich zwar als Komponist und Konzertgeber mir die erste Stimme vorbehalte, doch zur gehörigen Zeit mit der zweiten abwechsle. Jetzt kömmt die Reihe zu geigen an den Meister Alexis. »Noch nie habe ich ein Buch mit so steigendem Widerwillen, bis es zuletzt völliger Ekel wurde, durchgelesen. Börne ist ein deutscher Ultraliberaler, sagen Sie! Mein Gott, reicht denn das Wort aus, diesen Inbegriff von knabenhafter Wut, pöbelhafter Ungezogenheit, diesen bodenlosen Revolutionsgeist, diese hohe, ans Alberne streifende Begeisterung für negierende Begriffe auszudrücken, ja nur zu bezeichnen? Tut man nicht unsern Liberalen unrecht, Börne als einen ihresgleichen zu nennen? Mich dünkt, so etwas von erschütternd Nichtigem, in einer abschreckenden Gestalt, ist noch nicht dagewesen, wenigstens nicht in der deutschen Literatur … Er wälzt sich in Gemeinplätzen, in einem bacchantischen Taumel, oder wie jener irische Häuptling, der sich vor der Fronte in den Kot warf, um sich abzukühlen, wenn ihn das Fieber brannte. Es juckt ihn, und er kratzt sich, daß es eine Lust ist.« Noch einmal, mich dauert der arme Schelm! Vor vierzig Jahren hatte irgendein pfuschender Naturgesell von Lappen, die er seiner Meisterin gestohlen, dem kleinen hagern Seelchen Röckchen und Höschen zusammengeschneidert. Zur Ruhe, zum Sitzenbleiben und zum Referieren geboren, war dem Seelchen das enge Kleidchen weit genug, und die Nähte hielten. Aber da schlägt ein Blitz in seiner Nähe nieder, das Seelchen erschrickt, springt auf, zum ersten Male bewegen sich die Glieder, *die knappe Sprache platzt*, Lumpenworte hängen herum, und dem armen nackten Seelchen kann man alle Rippchen zählen. Edler! Warum bist du erschrocken? Nicht dir galt der Blitz; Lorbeeren verschont er. Übrigens nehmen Sie mir es nicht übel, wenn ich mehrere Male Du zu Ihnen sage. Zuweilen rede ich in Streckversen, und dann duze ich jeden ohne Unterschied des Ranges, der mir in den Weg kömmt. Aber eines bitte ich Sie mir zu erklären. Ich erinnere mich ganz genau: es war im Jahre 1819, nach dem Karlsbader Kongresse; da nahm ich Asafötida ein, und zwar in Mixtur; denn ich verabscheue die feigen Pillen. Es war ein einziger Löffel voll, es war der Ekel einer Minute und der Schauer von fünf Minuten. Aber hinge mein Leben davon ab, ich nähme keinen zweiten Löffel Asafötida. Sie aber, mein Bester, haben mehrere Stunden an meinem Buche mit immer steigendem Ekel gelesen! Wie ertrugen Sie das? Wer hieß Sie das? Wer bezahlte Ihnen das? Oder finden Sie solche Freude am Ekel, daß Sie ihn gutwillig suchen, warum erbrechen Sie sich vor den Augen aller Welt? Ist das artig? Tut das ein wohlerzogener Mensch? Zwar haben es die alten Römer auch getan, aber Sie sind kein alter Römer, sondern im Gegenteil ein Referendär. Zweitens, beantworten Sie mir die Frage: ist das literarische Unterhaltungsblatt ein Nachtgeschirr? Endlich möchte ich wissen, wo Sie gelesen, daß ein irischer Häuptling sich durch ein Schlammbad vom Fieber geheilt? Ich habe eben das Fieber, aber es nützt mir nichts.

Alexis: »Von diesem in ihm kochenden Grimme merkte man wenig, als er vor einigen Jahren eine Reise durch Norddeutschland machte. Man wußte bis dahin nicht viel mehr von ihm, als daß er um Frankfurt herum berühmt sei … Die meisten hörten zum ersten Male von ihm, weil er ins »Morgenblatt« eine Kritik über die Sontag einrücken lassen, und so wurde er in Berlin präsentiert.« *»Es ist der Mann, der über die Sontag geschrieben.«* Teurer Freund! Du gleichst dem Geiste, den du begreifst. […] Ja freilich, so ist es; man wußte in Berlin nichts von mir, als daß ich über die Sontag geschrieben, und so wurde ich jedem vorgestellt: *es ist der Mann, der über die Sontag geschrieben!* Wenn ich jener Tage gedenke – doch ich will erst das Feuer schüren; mich friert, wenn ich daran denke. Komme her, Muse, setze dich zu mir beim Kamin und erzähle mir von jenen Tagen. Aber sei vernünftig und kichere nicht!

Ich wohnte in der Stadt Rom, und doch war es fürchterlich kalt. Aber es war die Stadt Rom Unter den Linden. Am zweiten Tage nach meiner Ankunft, morgens zwischen zehn und zwölf Uhr und 22 bis 24 Grade, kamen *Robert*[6] und *Hering* zu mir,

6 Ludwig Robert (1778–1832), dt. Autor u. Bruder Rahel Varnhagens.

schwarz gekleidet, in seidenen Strümpfen und überhaupt sehr festlich zubereitet. Ich saß gerade beim Kaffee: »Börne!« sagte Robert, »trinken denn die Geister Kaffee?« Darauf sah er Hering an und wartete auf eine günstige Rezension seines Einfalls. Hering aber, der seinen Beifall für sich selbst aufsparen wollte, sprach: »Warum nicht? Im Kaffee ist Geist, schöne Geister begegnen sich, darum trinkt Börne Kaffee.« Darauf sagte er: »O Börne! Sontag! Göttlich!« und fiel mir laut schluchzend um den Hals. Robert aber sprach mit bewegter, doch fester Stimme: »Ermannen Sie sich, Referendär; wir wollen gehen, das Volk harrt Ihrer, Börne.« Wir gingen. Vor dem Hause begegnete uns ein Mann; wir blieben stehen. Hering sprach: »Hofrat! Börne!« Der Hofrat war erstarrt und rief: »Börne? Sontag – göttlich!« dann ging er. Nach zehn Schritten kam wieder ein Mann. Robert sprach: »Hofrat! Börne!« Der Hofrat war erstarrt und rief: »Börne? Sontag – göttlich!« Etwas weiter begegnete uns wieder einer. Hering sprach: »Hofrat! Börne!« Der Hofrat war erstarrt und rief: »Börne? Sontag – göttlich!« So wurde ich Unter den Linden vierunddreißig Personen vorgestellt, die alle Hofräte waren. Endlich erreichten wir den Pariser Platz. Ich hoffte, meine Leiden würden jetzt geendigt sein; aber nein. Man schleppte mich dem Tiergarten zu. Unter dem Brandenburger Tore machten wir halt. Hering blieb mir zur Seite, damit ich nicht entwischte; Robert aber stellte sich mir gegenüber, zog ein dickes Manuskript aus der Tasche, es waren gewiß hundert Bogen, ich zitterte wie ein Espenblatt, und er fing zu lesen an. »Heil dir im Siegeskranz, Vater des Vaterlands!« – Da schlug sich Robert vor die Stirn und rief: »Ich Esel! da habe ich ›den Waldfrevel‹ statt der Rede eingesteckt! Schadet aber nichts, ich weiß sie auswendig. Edler Börne! Hier unter diesen Pferden, die einst die Franzosen schmachvoll nach Paris geführt, die wir aber glorreich wieder zurückgebracht; hier unter diesen Pferden, wo Jahn einem Turnjungen Ohrfeigen gegeben, weil auf die Frage: was er jetzt denke, der Junge geantwortet: er denke gar nichts; worauf Jahn gesagt, er solle daran denken, wie man die Pferde wieder schaffe; hier unter diesen Pferden denke ich« ... »Lieber Robert«, fiel ich ins Wort, »ganz Berlin weiß, daß Sie unter Pferden ein denkendes Wesen sind, aber« ... doch Robert ließ sich nicht einhalten und fuhr fort: »Hier unter diesen heiligen Hallen, glücklich nachgebildet den Propyläen in Athen, welche ebenso viele Talente zu erbauen gekostet, als Sie besitzen, nämlich tausendundzwölf; hier unter diesen schönen Talenten – ich wollte sagen Propyläen –, wo einst die verdienten Männer des Altertums auf Kosten unsers geliebten Königs verpflegt worden, freie Kost, Wohnung, Heizung und Wäsche hatten, täglich eine Flasche Champagner und monatlich hundert Taler Taschengeld« ... Der Referendär fiel hier dem Robert ins Wort und sagte: »lieber Robert, Sie faseln. Sie verwechseln Propyläen mit Prytanäen.«[7] Robert aber erwiderte ärgerlich: »Prytanäen oder Propyläen, das ist mir alles eins.« Er wollte fortfahren; ich aber, halbtot vor Hunger und Durst, raffte alle meine Kraft zusammen und sprach: »Lieber Robert! In den Prytanäen oder Propyläen (denn weil es Ihnen alle eins ist, ist es mir auch alle eins) bekamen die verdienten Männer des Vaterlandes, wenn sie Hunger hatten, ein Gebackenes zu essen, das man *Madsa* nannte. Sind Sie der Meinung, daß das Wort *Mazza*, womit Ihre Glaubensgenossen das ungesäuerte Brot bezeichnen, das sie an ihrem Pascha essen, mit jenem griechischen *Madsa* verwandt sei? Ich bin nicht der Meinung, sondern ich stimme mit der des berühmten seligen Wolf überein, der in seinen ›Prolegomenen‹ zum Homer gezeigt, daß das griechische *Madsa* nichts anders gewesen als ein Berliner Pfannkuchen. Ach, lieber Robert! Ach, teurer Alexis! wie glücklich wäre ich, wenn ich jetzt ein Dutzend Pfannkuchen hätte! Aber wohlverstanden, von den guten in der Jägerstraße, mit einer Zuckerglasur und mit Aprikosen gefüllt.« Robert, an den Rest seiner Rede denkend, sagte schmerzlich lächelnd: »Herr, dein Wille geschehe!« Sie führten mich zurück. Bald kam ein

---

7 Prytanäen: Amtshaus der Athener Ratsmitglieder, in denen auch Ehrenspeisungen stattfanden.

Mann, wir blieben stehen, und Hering sagte: »Justizrat! Börne!«
Der Justizrat erstarrte und sagte: »Börne? Sontag – göttlich!«
Das wiederholte sich alle zehn Schritte, bis unter die Stechbahn.
Dieses Mal aber waren es lauter Justizräte. Endlich traten wir bei
Josty ein, und dort wurde ich im Namen der preußischen Monarchie von deren Stellvertretern mit Pfannkuchen, Schokolade
und Madera bewirtet. Hering überreichte mir den ersten Pfannkuchen auf silbernem Teller und sprach: »Börne! Dieser Pfannkuchen ist ein Bild Ihrer schönen Seele!« Darüber mußte ich
aber in ein so unbändiges Lachen ausbrechen, daß ich die Schokolade umstieß, die herabfloß und mir ein ganz neues schwarzes
Kleid zugrunde richtete, das mir am nämlichen Morgen erst der
Schneider gebracht hatte. Denn am Tage vorher, dem zweiten
meiner Ankunft in Berlin, waren mir meine Kleider aus dem
Zimmer gestohlen worden, woraus ich erkannte, daß Preußen
wirklich eine von republikanischen Institutionen umgebene
Monarchie sei; denn je freier ein Volk, je schlechter ist seine Polizei. In Paris wurde mir nie etwas gestohlen.

Und diese Menschen, die mir einen Purpurmantel umgeworfen, mich Unter den Linden im Triumphe herumgeführt,
vor mir hergingen wie Haman vor dem Mardochai[8] und aus-
riefen: »*So ehrt Ahasverus den Mann, der über die Sontag geschrieben!*« – diese Menschen, die mir tausendundzwölf Talente
angeschmeichelt und meine Seele mit einem Pfannkuchen verglichen – machen mir jetzt die größten Grobheiten, aus Todesfurcht, Herr von Arnim, der Polizeipräsident, möchte es erfahren, daß sie bei einem Essen, das sie mir im *Café Français* Unter
den Linden gegeben, allen Königen den Tod zugetrunken!

[…] Der Referendär hat mir auch vorgeworfen, ich hätte
nichts gelernt, ich wäre ein unwissender Mensch! Oder hat es
mir Robert vorgeworfen, oder Pittschaft oder ein anderer? Die
vielen Grobheiten haben mich ganz verwirrt gemacht; daher
kann ich unmöglich darüber Buch und Rechnung führen. […]

8 Buch Esther 6,6–13

Also einer von meinen Gegnern sagte, ich wäre ein unwissender Mensch. Ich? Wie viele Gelehrte gibt es denn in Deutschland außer mir, die einem armen Skribenten zu raten wissen, wie er es zu machen hat, mit seinem Einkommen auszukommen, daß er nicht nötig habe, für Tagelohn zu schimpfen? Er muß es machen wie der Thrazier *Paräbius*, der Freund des Königs *Phineus*. Er muß der Nymphe Thynis einen Altar errichten, dann wird es ihm nie mehr an Lebensmitteln fehlen. Ich weiß freilich nicht, wer der *Apollonius* ist, der die Geschichte des Paräbius erzählt – ob *Apollonius Licinius*, des Crassus Freigelassener, der korrekteste Schriftsteller aller Zeiten, denn er hat nie etwas herausgegeben; oder *Apollonius der Rhodier*, von dem man ein berühmtes Heldengedicht vom Argonautenzuge besitzt; oder *Apollonius Cronus*, der Philosoph aus der Megarischen Schule; oder *Apollonius von Perga*, der berühmte Mathematiker, welcher ein Meisterwerk von den Kegelschnitten herausgegeben; oder *Apollonius von Tyana*, der Pythagoräer, von dem man die unglaublichsten und lächerlichsten Wunder erzählt (so soll er in der kurzen Zeit von zehn Jahren einen ganzen Monat des »Freimütigen« zweimal durchgelesen haben) – aber ein einzelner Mensch kann nicht alles wissen. Dagegen weiß ich, daß *Carme* die Tochter *Eubulus'* und Enkelin *Carmanors* war, und daß *Jupiter* mit ihr die *Britomartis* erzeugte, und daß diejenigen Gelehrten, welche, wie Schwabe in seinem Mythologischen Lexikon, behaupten, die *Carme* wäre eine Tochter des *Phönix* und Enkelin des *Agenors* gewesen, krasse Ignoranten, jämmerliche Wichte, verfluchte Kerls und elende Schmeißfliegen sind, welchem Gesindel man einmal auf die Finger klopfen muß, daß etwas Furcht hineinfährt.[9] Ich habe gelernt, daß man sich sehr hüten müsse, die Δεῖπνα ἀπὸ σπυρίδος der Griechen mit dem Sportulis der Römer zu verwechseln,[10] daß man ungebetene Gäste σκιάς nannte, und ich weiß auch den Grund davon. Nicht weniger ist mir aus meinen Studien be-

9 Börne bedient sich der auf ihn gemünzten Schimpfwörter seiner Gegner.
10 Börne wusste sehr wohl, dass beide Begriffe picknickartige Mahlzeiten bedeuten konnten.

kannt, daß man bei den Römern diejenigen Causarii nannte, welche wegen Kränklichkeit vom Kriegsdienste befreit werden mußten, daß aber, weil dabei oft Betrügereien vorgingen, bei ausbrechendem Kriege strenge Untersuchungen angestellt wurden, weswegen der hohe Frankfurter Senat, als er den Beschluß gefaßt, mich bei der Polizei anzustellen, welches ein Kriegsdienst ist, ein Platz im Geniekorps; und da einer der Senatoren die Einwendung gemacht, meine Kränklichkeit verstatte mir nicht, diesen Dienst zu versehen, erklärte: nun, so solle ich im Dezember von Paris nach Frankfurt reisen, um mich von dem dortigen Stadtphysikus untersuchen zu lassen. Und weiß ich nicht, daß, tät' ich dies auch, es mir nichts nützen würde, weil, wenn auch der Frankfurter Stadtphysikus mich aus alter Freundschaft krank machte, ich doch dienen müßte, da, sooft ein Tumult entsteht oder die Stadt in höchste Not gerät, gar keine Entschuldigung angenommen wird? War aber nicht neulich in Frankfurt ein Tumult wegen der Torsperre, und ist nicht die Stadt durch die preußische Maut in die höchste Not geraten? Das alles weiß ich, und ich wüßte noch tausendmal mehr, wenn ich außer Funkes Real-Schullexikon, worin ich das Zeug gestern abend gelesen, noch einige andere klassische Werke von zu Hause mitgenommen hätte, wie: Eschenburgs »Handbuch der klassischen Literatur«, »Heliodore, die Lautenspielerin aus Griechenland«, Thibauts »Pandekten« und Roberts »Waldfrevel«. Und jetzt kommen solche Mordbrenner, solche Mauerbrecher, Dornbüsche, lächerliche Toren, heillose Gesellen und jämmerliche Wichte, und erfrechen sich zu sagen, ich hätte nichts gelernt! Aber ich werde dem seichten Geschwätze dieser elenden Schmeißfliegen bald ein Ende machen. Ich beschwöre Sie, lassen Sie auf der Stelle aus meinem Hause den großen Koffer holen, der in der Dachkammer steht. Nicht den englischen Koffer; denn da drin liegen bloß meine Novellen, Romane, Tragödien, Vaudevilles, Romanzen, Xenien und eine deutsche Übersetzung von Willibald Alexis' Schriften – welche mir alle zu meinem ernsten Zweck nicht dienen können. Sondern den größern deutschen

Koffer, welcher mit einem Felle überzogen ist, den drei Latten festhalten. Darin liegen meine gelehrten Manuskripte. Ferner ein großes gelbes Felleisen, worin die zu meinen Werken gehörigen Zitate gepackt sind. Ganz oben im Koffer liegt ein Verzeichnis sämtlicher Manuskripte, wovon ich eine Abschrift mit nach Paris genommen. Ich bitte Sie nun inständig, aus dem Koffer diejenigen Manuskripte zu nehmen, die ich Ihnen mit den Nummern bezeichnen werde, und sie mir durch die Post hieherzuschicken. Nur vier oder fünf will ich drucken lassen: das wird ganz hinreichen, der Welt zu zeigen, wer ich bin. Aber, um des Himmels willen, lassen Sie den Koffer und das Felleisen in Ihrer alleinigen Gegenwart öffnen und untersuchen, aber ja keinen Ihrer gelehrten Freunde dabeisein. Es könnte mir einer ein Manuskript oder gar einen Gedanken oder gar ein Zitat stehlen; denn die Gelehrten haben in solchen Dingen weder Scham noch Gewissen. Ich wünsche also zu haben: Nr. 189. *»De Confectione tractarum Berolinensium.«* Auctore L. Boerne 1826. – Nr. 214. *»De captura harengorum.«* 1831 – Nr. 215. Deutsche Übersetzung des nämlichen Werkes: *»Von dem Heringsfange.«* Mit Zeichnungen. – Nr. 333. *»Kommentar über die Gesetzgebung der geheimen Polizei, nach englischen und nordamerikanischen Grundsätzen bearbeitet.«* Mit Anmerkungen von *Wurm.* Endlich mein Hauptwerk: Nr. 709. *»Vollständiges Verzeichnis aller Trauerspiele, Lustspiele, bürgerlichen Schauspiele, Liederspiele, Melodramen und Opern, welche auf sämtlichen deutschen Bühnen vom Jahre 1774 bis zum Jahre 1827 aufgeführt worden sind, nebst Angabe der darin aufgetretenen Schauspieler und Schauspielerinnen, Sänger und Sängerinnen, und Nachweisungen aller über die theatralischen Leistungen Deutschlands erschienenen Kritiken.«*[11] Nach den Quellen bearbeitet von Ludwig *Börne* und mit einer Vorrede von Ludwig *Robert,* zwölf Teile. Ich wollte dies Werk schon verflossenen Sommer in Baden drucken lassen, ließ mich aber durch Robert davon abwendig machen. Er

---

11 Börne spottet hier über seine eigene Schreibfaulheit.

widerriet mir wegen der stürmischen Zeit, in welcher alle Talente untergingen. Ich hätte mich aber von Robert nicht sollen abwendig machen lassen. Grobe und schwere Talente wie die seinigen gehen freilich leicht unter; aber meine, leicht wie Nußschalen, schwimmen oben und haben keinen Sturm zu fürchten. Ich werde das Manuskript dem Herrn Brockhaus anbieten, der es gewiß gern verlegt, da es ein deutsches Nationalwerk ist und gleichsam eine Fortsetzung von Ludens »Geschichte der Deutschen«. Es ist nur ein Jammer, daß er so schlecht bezahlt.

[...] Ein anderer Artikel in dem nämlichen Blatte, ein *Brief aus Berlin*, wahrscheinlich von dem nämlichen Hering, erklärt die wunderbare Erscheinung und gibt die besten Aufschlüsse. Mir brauchte er sie nicht erst zu geben; die Naturgeschichte der deutschen Hasen im gesunden und im kranken Zustande war mir zu genau bekannt, als daß mir jene Erscheinung hätte unerklärlich bleiben können. Aber andern, die weniger belehrt als ich, werden die Aufschlüsse nützlich und willkommen sein. Der zweite Alexis schreibt von mir: »Der Verfasser genoß hier früher eines außerordentlich guten Rufes, der viel über seine Verdienste hinausragte ... Der Mann wurde hier *verehrt* und *vergöttert* ... Und jetzt auf einmal dieser ungeheure Abfall! Man spricht nur mit Abscheu und Widerwillen von ihm. *Jeder möchte seine Hand in Unschuld waschen und nie bekannt mit ihm gewesen sein.* Gewiß sind die in jenen Briefen niedergelegten Ansichten durchaus verwerflich, aber ebenso gewiß ist es, *daß die jetzt hier vorherrschende persönliche Erbitterung nicht allein aus dieser Quelle fließt.* Teils tritt bei vielen gekränkte Eitelkeit ins Spiel, teils bei andern *die Furcht, man möchte nun auch sie nach einem neuen Maßstabe zu beurteilen versucht werden* ... Die Julirevolution hatte ihn völlig berauscht, und in diesem Rausche zeigte er sich auf einmal, wie er war. *Daß ihn dies gereut, bezweifle ich gar nicht.*« O der große Menschenkenner! ... Doch ich will das Wichtigere besprechen. Ja freilich, das ist es. Sie haben mich verehrt und vergöttert in Berlin. Als ich aber anfing, gegen die Gewaltigen im Lande zu reden, da ward ihnen todesangst. Sie dachten an die Hausvogtei, an Magdeburg, Köpenick, den Galgen und *Pilatus-Kamptz*.[12] Sie verleugneten mich und werden mich noch hundertmal verleugnen, ehe der Hahn kräht. *Kräht aber einmal der deutsche Hahn*, werden sie sich wie die Würmer zu meinen Füßen winden und von denen mit Haß und Abscheu sprechen, welche sie jetzt verehren und vergöttern.

O Berliner! O Hasenpasteten! O Kuchenfresser! O ihr dreizehn Bühnendichter, welchen erst die Knochen wieder hart geworden, und die ihr, seit die Katze nicht zu Hause ist, ganz lustig auf den Tischen herumspringt! – wenn ich jetzt unter euch erschiene, mit meinem alten Herzen zu eurem alten Herzen träte, würdet ihr nicht entsetzt vor mir fliehen wie vor dem Dämon der Cholera und mit tränenden Augen vor eurem Pilatus wimmern: »O wir Unglücklichen! Wir kennen den Mann gar nicht!« Ich komme! Wenn ihr nicht artig seid, komme ich. Wahrhaftig, ich muß nach Berlin; das Herz hüpft mir vor Freude, wenn ich daran denke. Ich muß diese Menschen in Angstschweiß verwandeln, daß ihr ganzes Dasein in den Gossen abfließe. Den einen suchte ich in dem Buchladen auf, wo nichts geheimbleibt, fiele ihm um den Hals und spräche: »Du siehst, teurer Freund, ich habe Wort gehalten und kam, sobald mich Preußens Söhne riefen!« An den andern drängte ich mich in der Oper, zeigte ihm den *Messager* und sagte ganz laut: »Du bist ein Schelm, dein Stil ist gar nicht zu verkennen.« Dem dritten schriee ich bei Stehely zu: »Deine gestrige Nachricht, daß der König abdanke, bestätigt sich; um desto besser.« Meinem vertrautesten Freunde aber, dem Referendär Hering, schriebe ich folgenden Brief: »Teurer Brutus! Himmlisch warst Du wieder gestern abend. Warum mußtest Du uns wegen Deiner Diarrhöe so bald verlassen? Als Du fort warst, tranken wir auf die Gesundheit des preußischen Marats. Deine Epigramme auf Herrn

---

12 Karl Christoph von Kamptz (1769–1849), 1819 als preußischer Polizeiminister hauptverantwortlich für die Demagogenverfolgung. Die in diesem Zusammenhang genannten berüchtigten Orte füllte K. mit den politischen Untersuchungsgefangenen.

von Witzleben und den Prinzen von Mecklenburg wurden zum zweiten Male vorgelesen und mit jauchzendem Beifall aufgenommen. Der österreichische Gesandte läßt Dich erinnern, daß Du ihm eine Abschrift davon versprochen. Ich habe heute Briefe vom General Uminski[13] bekommen. Tausend Grüße für Dich. Nie wird er es vergessen, daß Du ihn drei Tage in Deinem Hause versteckt gehalten und er seine Flucht von hier nur Deinen Anstrengungen zu verdanken hat. Morgen versammeln wir uns wieder zum Abendessen. Wir feiern den 21. Januar, den schönen Tag, an dem das Haupt eines Tyrannen gefallen.[14] Du wirst doch kommen? Noch eine andere, noch eine schönere Begebenheit feiern wir. Aber Du erfährst das erst morgen. Doch nein, Du lieber ungeduldiger Mensch, noch heute, Du sollst es gleich erfahren. Rate! Wie, Dein Herz sagt Dir, Du ahndest nichts? Du hast gewiß wieder Leibschmerzen. *Die Sontag ist in die Wochen gekommen*, und die hohe Kindbetterin und das neugeborne Kind befinden sich sehr wohl. Und jetzt? Bist Du heute imstande, ein vernünftiges Wort in den ›Freimütigen‹ zu schreiben, dann will ich zwölf Dutzend Austernschalen ohne ihren Inhalt hinunterschlingen. *Dein Spartakus.* N. S. Die Kisten mit den Dolchen werden heute abend bei Dir abgeholt werden.« Dieses Billett würde ich an den Referendär Hering adressieren, versiegeln, wieder aufbrechen und damit auf die Polizei gehen, meinen Permissionsschein gegen acht Groschen erneuern zu lassen. Da ließ' ich das Billet unbemerkt aus der Tasche fallen. Ein Polizeibeamter würde es aufheben und es ganz natürlich finden, daß es der Referendär dort verloren. Und jetzt die Untersuchung, die Herings-Angst! Das alle müßte köstlich sein. [...]

Briefe aus Paris (74. Brief; 1832):
SSB, Bd. 3, S. 522–547.

13 Jan Nepomucen Umiński (1798–1851), polnischer General, der nach der polnischen Revolution als Flüchtling in Frankreich lebte.
14 Tag der Hinrichtung Ludwigs XVI.

»Freiheit geht nur aus Anarchie hervor«

Börne, radikaler Demokrat

Revolution heißt eine Umgestaltung der öffentlichen Meinung, solange diese Umgestaltung noch im Werden, noch nicht vollendet ist. In diesem Sinne ist Deutschland auch im Revolutionszustande, und die von der Bundesakte zugesagten ständischen Verfassungen sind nicht minder Folgen der Revolution, als die Charte es ist, die Ludwig XVIII. bewilligte – sie wurden nicht *gegeben*, sondern *nachgegeben*.

Aphorismus (1822):
SSB, Bd. 2, S. 268.

Nouvelles lettres Provinciales,
ou lettres écrites par un provincial à un de ses amis,
sur les affaires du temps. Paris, 1825

Stellte man einen Unkundigen unbelehrt auf eine Anhöhe, daß er von dort herab das Treiben und die Bewegungen eines Waffenkrieges beobachte und davon Rechenschaft gebe, und man fragt ihn dann, was er wahrgenommen, was der Zweck des Kampfes sei? – würde er berichten, was ihm seine Augen erzählt. Er würde sagen, die feindlichen Heere suchten sich wechselseitig aufzureiben oder sich einzuschließen und gefangen zu nehmen; ihr Zweck sei, jenen Hügel zu erstürmen, dieses Tal zu verteidigen, jene Brücke zu besetzen, diese Festung zur Übergabe zu nötigen. Der Beobachter hätte dann nur erzählt, was er gesehen, hätte nichts falsch gesehen und dennoch die Wahrheit nicht berühret; denn er hätte die Bewegung mit dem Wege, den Weg mit dem Ziele, das Ziel mit dem Endziele verwechselt. In einer ähnlichen, doch in einer weit schlimmern Lage befindet sich derjenige, der die Meinungskämpfe unserer Zeit betrachtet. Hier vereinigt sich alles, ihn zu täuschen und irre zu führen. [...]

Man hört die einen sagen: es werde gestritten für oder gegen die *Unbeschränktheit der Herrschaft*. Aber wenn es dieses wäre, müßte man Angriff wie Verteidigung für gleich ungeschickt erklären. [...] Wenn es dieses wäre, würde man nicht sehen, daß die Feinde unbeschränkter Regierungen gegen Aristokratie und Geistlichkeit eifern, die ihnen doch dazu dienen, den gemeinschaftlichen Feind, den Ministerialismus schwächen zu helfen. Man hört die andern sagen, es streite sich um die *Form der Regierung*. Aber die Regierungsform gewährt weder der Herrschsucht noch der Freiheitsliebe Bürgschaft. Frankreich unter seiner jetzigen monarchischen Verfassung genießt größere Freiheit, als es unter der Republik genossen, und die Regierenden in einigen schweizerischen Freistaaten haben größere Gewalt, als ein König von England sie hat. Kann nun die Herrschaft in Freistaaten, die Freiheit in Monarchien ihre Rechnung finden, so kann es die Regierungsform nicht sein, die der Gegenstand des Kampfes ist. Dann wird behauptet: Die Völker forderten *Gleichheit*, und sie werde ihnen verweigert. Aber Gleichheit kann ohne Freiheit bestehen, und nur diese beglückt. Die Franzosen genossen Gleichheit unter Napoleon, und Napoleon war Herr genug. Ferner war es das große Wort der französischen Revolution, das jetzt noch forttönt: *Die Herrschaft der Menschen* solle aufhören, die *Herrschaft der Gesetze* solle sein. Aber wo gäbe es einen Staat in Europa, wo nicht die Gesetze, wo die Menschen herrschten? Nicht einmal früher war eine solche Klage mit Recht zu führen. Die *Lettres de Cachet* waren *gesetzlich* von dem eingeführt, von dem damals alle Gesetze ausgingen. In Spanien werden die Freimaurer gesetzlich gehangen. Was gewinnen sie dabei? Ist es oft nicht wünschenswerter, der Willkür eines Tyrannen preisgegeben zu sein, der doch als Mensch zu erweichen ist, als in die Gewalt unerbittlicher Gesetze zu fallen? Endlich ist es die *Volkssouveränität*, von der man sagt, sie sei, hier behauptet, dort bestritten, der Gegenstand des bürgerlichen Zwistes. Doch diejenigen, die für die Souveränität des Volkes kämpfen, welches wünschenswerte Gut erwarten sie von dem Siege? Soll Herrschaft sein, ist es besser, sie ist in den Händen eines einzigen als in den Händen vieler, besser sie ist unwandelbar, als daß sie wechsle. Nehme das ganze Volk an der Regierung teil, Mann für Mann, Seele für Seele: dadurch würde die Freiheit nicht gesichert. Es kann das Volk sein eigener Tyrann sein, und es ist es oft gewesen.

Von allen den genannten edlen und unedlen Trieben kann keiner als der Stamm betrachtet werden, aus dem alle Leidenschaften und alle guten Wünsche entsprossen, die sich seit vierzig Jahren auf dem Felde des bürgerlichen Lebens blutig bekämpften. Es muß eine andere Quelle sein, woraus das Verderben, eine andere, woraus das Heil entspringt. Wir wollen diese aufsuchen und ihre Lage bezeichnen. Sie ist nicht zu entdecken, sie ist nur wieder zu finden; schon Montesquieu hat sie entdeckt. Doch konnte ihm eine Quelle, die in seiner Zeit noch nicht wie in späterer zum breiten, alles verheerenden Strome fortgewachsen, nicht von gleicher Bedeutung erscheinen, als sie uns erscheint, und eine Wahrheit, welche erst durch die Reibungen unserer Zeit durchsichtig geworden, mußten Montesquieus Blicke nur trüb erkennen. Daher hatte er eine große Lehre, wie schüchtern gedacht, so nur leise ausgesprochen, in dem kurzen Satze: *il ne faut pas trop régner.*[1] Aber diese sechs Worte lösen alle Rätsel der Zeit; in ihnen liegt alles Heil und alles Verderben, alle Not und alle Hilfe.

[...] nicht, ob die Quelle aller Macht in der Regierung oder im Volke zu suchen – sondern das ist die Frage: ist die Herrschaft

---

[1] Grundtendenz von Montesquieus ›De l'esprit des loix‹ (1748).

oder die Freiheit als das Ursprüngliche, ist die Herrschaft oder die Freiheit als das Bedingende anzusehen? Ist der Mensch frei geboren und die bürgerliche Gesellschaft nur eingeführt worden, daß sie die Freiheit wahre und schätze wie der Becher den Wein; oder ist der Mensch zur Dienstbarkeit geboren und darf ihm nur so viel Freiheit verstattet werden, als er bedarf, seine Kräfte für den Dienst der Gesellschaft auszubilden und zu verwenden? Kurz, es ist die Frage: ist der *Staat* Zweck oder der *Mensch* in ihm?

[...] Der Staat ist das Bett des Prokrustes, worin man den Menschen ausreckt oder verstümmelt, bis er hineinpaßt. Der Staat, die Wiege der Menschlichkeit, ist ihr Sarg geworden. Der Staat ist zugleich Gott und Priester, und für den Gott werden scheinheilig alle Opfer gefordert, nach welchen dem Priester gelüstet. Dieser Aberglaube erbt sich fort und fort. Was wird noch heute der Jugend in der Schule frei gelehrt? Sparta bewundern, die spartanische Verfassung lieben. [...] Und das preist man? War Lykurg besser als Robespierre? Er war schlimmer. Robespierre opferte die Menschen, Lykurg die Menschlichkeit. Robespierre *opferte* sie, er *schlachtete* sie nicht. Er war kein Menschenmetzger, wie alte Weiber und kindische Männer glauben: er war ein *guter Bürger* im Sinne der reinsten Glaubenslehre. Der Staat war sein Gott, *sein* Staat, der *republikanische* – gleichviel. Er war ein Absolutist wie einer. Der Jakobiner hat gar nicht nötig, sich zu bekehren, um ein guter Royalist zu werden; der Royalist braucht seinen Glauben nicht zu verändern, um zu tun, was Bessières getan.[2] Beide kämpfen für die Macht, in welcher Hand sie sich auch befinde; beide streiten gegen die Freiheit, wer diese auch geltend zu machen strebe, sei es das Volk, sei es der Fürst.

Es braucht nicht untersucht zu werden, was die Menschen gewollt, als sie in bürgerliche Gesellschaften zusammentraten:

---

2 Jorge Bessières versetzte als aragonischer Aufständischer 1823 Madrid in Angst und Schrecken.

sie haben es nicht *gewollt*, sie haben es ohne Bedacht getan, sie waren dem Triebe ihrer Natur gefolgt. [...] Aber wie im Raume nur das Bestehende, in der Zeit nur der Augenblick Herr ist, so bleibt der Mensch, welcher *ist*, alleiniger Zweck der Natur, und die Menschheit, welche nur *war* oder *wird*, ist ihr bloß Mittel. Daß ferner *alle* Kräfte *aller* Menschen zur Entwicklung kämen, daß keine Kraft durch verschwenderischen Gebrauch sich selbst verzehre, keine die andere verschlinge, daß kein Mensch den andern verdränge: mußte die Tätigkeit jedes einzelnen Menschen beschränkt werden durch Maß, Zeit und Ort, und die Wechsel-verhältnisse der Menschen unter sich mußten geordnet werden. Dieses wurde erreicht durch bürgerliche Gesetze, und diesen ge-setzlichen Zustand nennt man den Staat. Auf welche Weise der Staat jede einzelne menschliche Natur beschränkt, ist bekannt genug, und wäre es nicht bekannt, brauchte es doch nicht er-örtert zu werden. Das Recht der Herrschaft ist man gewohnt auf Treu und Glauben anzunehmen; nur von dem Rechte der Freiheit fordert man Beweise durch echte Urkunden und gültige Zeugen.

Die Gesetze sind es also, welcher sich der Genius der Men-schen bedient, seine Schützlinge zur höchsten Vollkommenheit zu bringen; denn die Freiheit wird nur beschränkt, daß sich ihre Lebenskraft durch alle Glieder der Menschheit je nach Bedarf verbreite. Aber nur ein solches Mittel kann als brauchbar ge-achtet werden, das für seine einstige Entbehrlichkeit Bürgschaft leistet. Ein Mittel von unaufhörlichem Gebrauche würde für seine Unbrauchbarkeit oder für die Unerreichbarkeit des Zwek-kes zeugen. Die Gesetze müssen fähig sein, sich überflüssig zu machen, oder sie sind es immer gewesen und werden es immer bleiben. Doch auf welche Weise können die Gesetze überflüssig werden, da ja die Freiheit immer wird beschränkt sein müssen? Dieses wird dadurch möglich, daß die Gesetze den Bürger zur *Gesetzlichkeit* erziehen; daß sie ihm schöpferisch einbilden, was sie ihm früher nur künstlich angebildet; daß sie ihn lehren, seiner eigenen Stimme zu gehorchen, wie früher der fremden, und seinen Willen zu beschränken, wie er vorher nur seine Tat beschränkt. Je näher die Bürger diesem Ziele kommen, je weiter muß der Ort der Scheidung zurücktreten: die Gesetze müssen an Macht verlieren, was die Gesetzlichkeit an Macht gewinnt. [...]

Gleich töricht und ungerecht ist der Vorwurf über zurückgehaltene Freiheit. Wo denn und von wem wurde noch *Freiheit* gefordert? Nur *Freiheiten* wurden verlangt, und nur diese wurden bewilligt oder versagt. Kein Volk in Europa ist frei. Selbst in der englischen Staatsverfassung wird nicht, wie es sollte sein, die Freiheit von der Herrschaft, sondern die Herrschaft wird von der Freiheit beschränkt; der Herrschaft wird die Primogenitur zuerkannt, und die Freiheit wird reichlich apanagiert. Auch das britische Volk hat nur Freiheiten, aber keine Freiheit. Freiheiten aber sind die gültigsten Beweise für die Herrschaft. Darum hört man auch überall die Macht nur von Freiheiten sprechen und sieht sie das Wort Freiheit ängstlich meiden. Sie spricht von freien Institutionen: die Freiheit wird eine *Einrichtung* genannt, und doch ist nur die Herrschaft eine!

[...] Nicht darauf kommt es an, daß die Macht in dieser oder jener Hand sich befinde: die Macht selbst muß vermindert werden, in welcher Hand sie sich auch befinde. Aber noch kein Herrscher hat sich die Macht, die er besaß, und wenn er sie auch noch so edel gebrauchte, freiwillig schwächen lassen. Die Herrschaft kann nur beschränkt werden, wenn sie *herrnlos* – Freiheit geht nur aus Anarchie hervor. Von dieser Notwendigkeit der Revolutionen dürfen wir das Gesicht nicht abwenden, weil sie so traurig ist. Wir müssen als Männer der Gefahr fest in das Auge blicken und dürfen nicht zittern vor dem Messer des Wundarztes. *Freiheit geht nur aus Anarchie hervor* – das ist unsere Meinung, so haben wir die Lehren der Geschichte verstanden. [...]

Nouvelles lettres Provinciales [...] (1825):
SSB, Bd. 2, S. 403 – 416.

Man rede deutlich mit uns, man weise mit dem Finger auf das Blatt der Geschichte, wo je eine monarchische Regierung aus eigenem Antriebe dem Volke Freiheit gegeben, ja seinen Druck nur erleichtert hat. Wohl hat die Staatswirtschaft, wie die Landwirtschaft sich verbessert; wohl haben die Fürsten endlich eingesehen, daß ihre Untertanen, ihre Knechte und ihr Vieh mehr arbeiten und daher mehr eintragen, wenn sie gut genährt sind; wohl wurde in den früheren Jahrhunderten die Freiheit der Stadtbürger erweitert; allein dieses geschah, um die fürstliche Macht der Feudalmacht gegenüber zu stärken, und sobald die Feudalmacht gestürzt war, kehrte der fürstliche Despotismus mit verdoppelter Gewalt zurück, und die Leiden und Lasten des Bürgerstandes wurden größer als vorher, denn er mußte den im Besitze herabgekommenen oder ganz verarmten Adel, der in die Hofdienerschaft trat, wie den ganzen Aufwand der Fürsten mit dem Ertrage seines Gewerbfleißes bestreiten. Wohl hat in unsern Tagen die englische Regierung die Freiheit des Volks vermehrt, Reformen in die Staatsverfassung eingeführt; allein ihre Gerechtigkeit bestand bloß in ihrer Klugheit. Sie gab der drohenden Stellung des Volkes nach, ehe sie in Gewalttätigkeit überging. Und wir werden sehen, wie weit diese Reformen sich entwickeln, wie lange sie sich erhalten haben; wir werden erfahren, daß sie eine Revolution nicht entbehrlich gemacht und daß diese nicht vermieden werden kann. Man rede uns darum nicht von Erziehung des Volks zur Freiheit, von progressiven Staatsverbesserungen; die Zeit der Täuschung ist vorüber; die Logik ist kein Geheimnis mehr, weder der Staatsmänner, noch der Gelehrten, sie ist an allen Straßenecken zu finden. Man heuchle uns keinen Jammer vor über die Verderblichkeit der Revolutionen; ihr Fluch fällt auf die, die sie verschuldet. Der Schaden ist klein, der Vorteil ist groß. [...] Hätte man dem französischen Volke gleich im Anfange der Revolution die ganze, vollständige Freiheit bewilligt, – nicht die, welche der König, nicht die, welche die Konstitutionellen, nicht die, welche die Girondisten wollten, sondern die Freiheit und die Gleichheit, wie sie die Jakobiner gewollt, – wäre der Kampf, der nun bald ein halbes Jahrhundert dauert, abgekürzt worden. Was hat man nun gewonnen durch Zurückdrängen der Freiheit in enge Grenzen? Der Kampf wird zum dritten Male beginnen, blutiger als je, und der Blutpreis der Freiheit wird dreifach bezahlt werden müssen. […] Nur durch gewaltsame Revolutionen wird der Staat verbessert, nur durch Ausgelassenheit wird das Volk zur Freiheit erzogen; denn nur die Anarchie vermag die Keime der Unterwürfigkeit und des Knechttums in den Bürgern zu zerstören, jene Keime, aus welchen bei jeder günstigen Witterung die Tyrannei immer von neuem wieder aufschießt.

[…] Es gibt etwas, das mehr ist als das Recht: die Gerechtigkeit; etwas, das höher steht als das allgemeine Wohl: die allgemeine Sittlichkeit, und etwas, das noch schöner ist als die Freiheit: die Tugend. Darum haben durch das ganze Leben der Menschheit Philosophie, Politik und Erfahrung stets fruchtlose Versuche gemacht, einen vollkommenen Staat zu gründen, weil sie ihn nie auf Gerechtigkeit, Tugend und Sittlichkeit gegründet und diese nie zum Zwecke des Staatslebens gemacht; weil sie der Dauer, dem längstmöglichen Dasein des Staates die Würde des Staates aufgeopfert; weil ihr einziges Bestreben dahinging, die Harmonie zwischen den verschiedenen Teilen, die Wechselverrichtungen der Glieder und der Organe des Staatskörpers zu erhalten, und ganz darüber vergaßen, daß es eine sittliche Harmonie gibt, die höher steht als die sinnliche und die zum Unglück der Menschheit nur während der Anarchie der Revolution auf einige Zeit zum Vorschein kommt … Die Tugend des Menschen ist sein Leben in der Menschheit; die Tugend der Menschheit ist Leben in Gott. Außer der bürgerlichen Gesellschaft hat der Mensch keine Tugend – er lebt nur sich.

Studien über Geschichte und Menschen
der Französischen Revolution (1834):
SSB, Bd. 2, S. 1102–1105.

»Paris ist ein Strudel«

Börne, der Flaneur

Paris, den 21. Okt. 1819

[...] Da bin ich nun, meine Freundin, nicht neu belebt für eine neue Welt, sondern mit dem Gefühle eines Robinson, der Schiffbruch gelitten und auf eine unbewohnte Insel geworfen worden. Paris erscheint mir als ein menschenleeres Land. Dieses Toben, dieses Donnern, dieses Zischen, dieses Drängen – ich sehe und höre nichts darin als ein Ungewitter, als das Rauschen und Wogen des leblosen Meeres. Da die Bewegung überall und ohne Ende ist und nirgends ein stiller Ort sich findet und niemals eine Zeit der Ruhe eintritt, so zeigt all dies Tun weder Freiheit noch Zweck. Die Menschen treiben nicht, sie werden getrieben. Paris ist ein Strudel nicht im bildlichen, sondern im buchstäblichen Sinne des Wortes, der alles unaufhaltsam fortreißt. [...]

An Jeanette Wohl (21. Okt. 1819):
SSB, Bd. 4, S. 241.

[...] Es ist leicht zu erklären, wie die französische Sprache die allgemeine Umgangssprache der höhern Stände werden konnte. Sie kam dazu, weil sie für den Mittelstand des Geistes gerade ausreicht, und es der Mittelstand des Geistes ist, durch welchen die höheren Stände aller europäischen Völker verwandt sind. Der französische Sprachschatz besteht ganz in Silbermünze; sie hat kein Kupfer wie die deutsche, und ein schlechter französischer Schriftsteller schreibt nie so schlecht, als ein schlechter deutscher schreibt. Dagegen mangelt es ihr aber auch am Golde der deutschen Sprache. Daß aber die Vorzüge der letztern vor der erstern im größern Reichtum des deutschen Geistes ihren Grund haben, ergibt sich daraus, daß die wenigen französischen Schriftsteller, die deutschen Geist haben, den besten deutschen Schriftstellern gleichkommen. Rousseau, Frau von Staël und Benjamin Constant werden von keinem Deutschen übertroffen; aber sie sind geborne Schweizer, also mehr Deutsche als Franzosen, und die beiden letztern waren lange in Deutschland und haben aus deutschen Büchern und im Umgang mit gebildeten Deutschen deutschen Geist geschöpft. [...]

Zum geselligen Umgang dagegen ist die französische Sprache viel geeigneter als die deutsche. Und man halte dieses nicht für einen geringen Vorzug; es wird ihr damit ein großer sittlicher Wert zuerkannt. Die deutsche Sprache, wie schon bemerkt, zahlt in Kupfer oder in Gold. Das eine verursacht Gepäcke und wird lästig, das andere ist für die kleinen Bedürfnisse der Unterredung nicht zu gebrauchen. Die Franzosen aber kommen mit ihren Silberreden überall durch. In jeder Meinungsstreitigkeit, die oft die beste Würze der geselligen Unterhaltung ist, muß der Deutsche entweder seinen Gegner schonen, indem er nebenbei schlägt, und dann wird nichts entschieden, oder er muß ihn verwunden. Der Franzose aber hat an jedem spitzigen Worte einen ledernen Wulst, er trägt den Degen in der Scheide und hat gar nicht nötig, seinen Witz zu bezähmen, um seinem Gegner nicht wehe zu tun. [...]

Schilderungen aus Paris (1822):
SSB, Bd. 2, S. 8; 12.

Seit gestern bin ich hier, und alles ist vergessen. Ob ich *gesund* und *froh*, wie Sie es wünschen, in Paris angekommen oder durch mein Ankommen erst geworden bin, wüßte ich kaum zu bestimmen; doch glaube ich eher das letztere. [...] Ich kann es Ihnen nicht genug sagen, wie mir so behaglich worden gleich von der ersten Stunde an. Das moralische Klima von Paris tat mir immer wohl, ich atme freier, und meine deutsche Engbrüstigkeit verließ mich schon in Bondy. Rasch zog ich alle meine Bedenklichkeiten aus und stürzte mich jubelnd in das frische Wellengewühl. Ich möchte wissen, ob es andern Deutschen auch so begegnet wie mir, ob ihnen, wenn sie nach Paris kommen, wie Knaben zumute ist, wenn an schönen Sommerabenden die Schule geendigt und sie springen und spielen dürfen! Mir ist es gerade, als müßte ich unserm alten Konrektor einen Esel bohren. [...]

Sie können es sich denken, daß ich nicht lange zu Hause geblieben, sondern gleich forteilte, die alten Spielplätze meiner Phantasie aufzusuchen und die neuen Schlachtfelder, die ihr Wort gehalten. Aber ich fand es anders, als ich erwartete. Ich dachte, in Paris müsse es aussehen wie am Strande des Meeres nach einem Sturm, alles von Trümmern bedeckt sein, und das Volk müsse noch tosen und schäumen. Doch war die gewohnte Ordnung überall und von der Verheerung nichts mehr zu sehen. Auf einigen Strecken der Boulevards fehlen die Bäume, und in wenigen Straßen wird noch am Pflaster gearbeitet. Ich hätte die Stiefeln ausziehen mögen; wahrlich, nur barfuß sollte man dieses heilige Pflaster betreten. Die vielen dreifarbigen Fahnen, die man aufgesteckt sieht, erschienen mir nicht als Zeichen des fortdauernden Krieges, sondern als Friedenspaniere. Die Fahne in der stolzen Hand Ludwigs XIV. auf dem *Place des Victoires* machte mich laut auflachen. Wir haben die Reiterstatue vor acht Jahren zusammen aufrichten sehen. Wer hätte das damals gedacht? Träume von Eisen und Marmor – – und doch nur Träume! – Noch schwebt jener Tag mir vor, noch höre ich den

Polizeijubel, höre alle die Lieder mit ihren Melodien, welche bezahlte Bänkelsänger auf dem Platze sangen. Das eine Lied fing an: *Vive le roi, le roi, le roi, que chante le monde à la ronde* – jetzt müßte es heißen statt *que chante, que chasse le monde à la ronde*. Wenn er nur nicht so alt wäre! das verbittert mir sehr meine Freude. Gott segne dieses herrliche Volk und fülle ihm die goldenen Becher bis zum Rande mit dem süßesten Weine voll, bis es überströmt, bis es hinabfließt auf das Tischtuch, wo wir Fliegen herumkriechen und naschen. Summ, summ – wie dumm! [...]

Briefe aus Paris (5. Brief; 1830):
SSB, Bd. 3, S. 20–22.

Sonntag, den 19. September [1830]
Die lieben Tuilerien habe ich heute wiedergesehen. Sie hießen mich willkommen, sie lächelten mir zu, und alles dort war wie zu meinem Empfange glänzend und festlich eingerichtet. Ich fühlte mich ein Fürst in der Mitte des fürstlichen Volkes, das unter dem blauen Baldachin des Himmels von seiner Krönung zurückkehrte. Es ist etwas Königliches in diesen breiten, vom Goldstaube der Sonne bedeckten Wegen, die an Palästen vorüber, von Palast zu Palast führen. Mich erfreute die unzählbare Menschenmenge. Da fühlte ich mich nicht mehr einsam; ich war klug unter tausend Klugen, ein Narr unter tausend Narren, der Betrogene unter tausend Betrogenen. Da sieht man nicht bloß Kinder, Mädchen, Jünglinge, Greise, Frauen; man sieht die Kindheit, die Jugend, das Alter, das weibliche Geschlecht. Nichts ist allein, geschieden. Selbst die mannigfachen Farben der Kleider erscheinen, aus der Ferne betrachtet, nicht mehr bunt; die Farbengeschlechter treten zusammen; man sieht weiß, blau, grün, rot, gelb, in langen breiten Streifen. Wegen dieser Fülle und Vollständigkeit liebe ich die großen Städte so sehr. Seine angeborne Neigung und Richtung kann keiner ändern, und um

zufrieden zu leben, muß darum jeder, was ihm lieb ist, auf *seinem* Wege suchen. Aber das kann man nicht überall. Zwar findet man auch in der kleinsten Stadt jedes Landes Menschen von jeder Art, unter welchen man wählen kann; aber was nützt uns das? Es sind doch nur Muster, die zu keinem Kleide hinreichen. Nur in London und Paris ist ein Wagenlager von Menschen, wo man sich versehen kann, nach Neigung und Vermögen.

Still, heiter, freundlich und bescheiden wie ein verliebtes glückliches Mädchen lustwandelte das Pariser Volk umher. Als ich dieses sah und bedachte: noch sind zwei Monate nicht vorüber, daß es einen tausendjährigen König niedergeworfen und in ihm Millionen seiner Feinde besiegt – wollte ich meinen Augen oder meiner Erinnerung nicht trauen. Es ist der Traum von einem Wunder! Schnell haben sie gesiegt, schneller haben sie verziehen. Wie mild hat das Volk die erlittenen Kränkungen erwidert, wie bald ganz vergessen! Nur im offenen Kampfe, auf dem Schlachtfelde hat es seine Gegner verwundet. Wehrlose Gefangene wurden nicht ermordet, Geflüchtete nicht verfolgt, Versteckte nicht aufgesucht, Verdächtige nicht beunruhigt. So handelt ein Volk! Fürsten aber sind unversöhnlich, und unauslöschlich ist der Durst ihrer Rache. Hätte Karl gesiegt, wie er besiegt worden, wäre das fröhliche Paris heute eine Stätte des Jammers und der Tränen. Jeder Tag brächte neue Schrecken, jede Nacht neues Verderben. […]

– Ich eilte die Terrasse hinauf, von wo man in die Elysäischen Felder herabsieht. Dort setzte ich mich auf einen Traumstuhl, und meine Gedankenmühle, die wegen Frost oder Dürre so lange stillgestanden, fing gleich lustig zu klappern an. Welch ein Platz ist das! Es ist eine Landstraße der Zeit, ein Markt der Geschichte, wo die Wege der Vergangenheit, Gegenwart und Zukunft sich durchkreuzen. Da unten steht jetzt ein Marmorpiedestal, auf welches man die Bildsäule, ich glaube Ludwigs XVI., hat stellen wollen. Die dreifarbige Fahne weht darüber. Es ist noch nicht lange, daß Karl X. mit großer Feierlichkeit den Grundstein dazu gelegt. Die Könige sollten sich doch nicht lä-

cherlich machen und noch ferner den Grundstein zu einem Gebäude legen. Sie täten besser, den letzten Ziegel auf dem Dache
anzunageln; die Vergangenheit raubt ihnen keiner. Wahrlich, die
Zeit wird kommen, wo die fürstlichen Köche, wenn sie morgens
vor ihren Töpfen stehen, einander fragen werden: wem decken
wir das wohl mittags? und in ihrer philosophischen Zerstreuung
manche Schüssel verfehlen werden ... Was kam mir da oben
nicht alles in den Sinn! [...]

Als nun die Frau kam und für ihren Stuhl zwei Sous einfor-
derte, sah ich sie verwundert an und gab ihr zehn. Für diesen
Stuhl, diese Stunde, diese Aussicht, diese Erinnerung hätte ich
ein Goldstück bezahlt. Das macht Paris so herrlich, daß zwar
vieles teuer ist, das Schönste und Beste aber wenig oder gar
nichts kostet. Für zwei Sous habe ich meinem Zorn einen
Schmaus gegeben, habe hundert Könige und ein großes Reich
verspottet und Taschen voll der schönsten Hoffnungen mit nach
Hause gebracht. [...]

Briefe aus Paris (6. Brief; 1830):
SSB, Bd. 3, S. 27–31.

Mittwoch, den 26. Januar [1831]
Das muß einen ganz eignen Grund haben, daß Sie gestern nicht
hier waren, daß Sie nicht den »Othello« und die Malibran als
Desdemona gehört haben! So hart ist doch Gott sonst nicht gegen seine guten Kinder. Sie, die Sie das alles mit hundert Lippen
einsaugen, mit hundert Seelen empfinden! Wie wäre Ihnen geworden, da es schon mich in solche Bewegung setzte! War es
doch, als wäre das eigne Herz zur Harfe geworden, auf welcher
Engel spielten – das Ohr horchte nach innen. So klagen die Seligen, wenn sie Schmerzen haben! So stürmen die Götter, wenn
sie zornig sind, gegen Unsterbliche wie sie. So weinen, lächeln,
lieben, bitten und trauern die Engel. Mit wahrer Seelenangst

klammerte ich mich an die irdischen Worte fest, damit ich nur den Boden nicht verlor und von den Geistertönen hinaufgezogen würde. Die Malibran, die hat Gott beurkundet mit der Unterschrift seiner Schöpfung, die kann keiner nachmachen. Es war wie eine Blumenflur von allen milden und stolzen, stillen und hohen, süßen und bittern Gefühlen des Menschen, mit aller Farbenpracht, allen Wohlgerüchen und allen Betäubungen der mannigfachen Blumen. Dieses Weinen, dieses Weinen ohne Tränen, habe ich nie gesehen, möchte ich nie sehen im Leben. Als ihre Tränen zu fließen anfingen, war mir die Brust wie erleichtert. Hat die Liebe so viel süße Schmeichelei, kann der Schmerz so edel sein, durchbohrt Verachtung so tief, kann der Zorn so erhaben, der Schrecken so erschrecklich, die Bitte so rührend sein? Ich wußte das alles nicht. Fragen Sie mich: hat sie das gesprochen, gesungen, mit Gebärden so dargestellt? Ich weiß es nicht. Es war alles verschmolzen. Sie sang nicht bloß mit dem Munde, alle Glieder ihres Körpers sangen. Die Töne sprühten wie Funken aus ihren Augen, aus ihren Fingern hervor, sie flossen von ihren Haaren herab. Sie sang noch, wenn sie schwieg. Ich habe mich für unverbrennlich gehalten und habe erfahren, daß ich es nicht bin; ich will künftig auf Feuer und Licht mehr achtgeben.

Im dritten Akte hätte ich es nicht länger aushalten können, stände nicht zum Glücke ein kleiner Hanswurst hinter meinem Herzen auf beständiger Lauer, der immer mit seinen Späßen hervortritt, sobald das Herz zu betrübt und ernst wird. Als die Szene kam, wo Othello Desdemonen den Tod ankündigt und diese, ehe sie niedersank und sich dem Dolche hingab, sich in die Wolken erhob und wie ein Sturmwind die ganze Welt der Leidenschaften umbrauste, Liebe, Haß, Zorn, Schrecken, Spott, Trotz, Verachtung, und dann wieder zur Liebe kam und noch einmal alles umkreiste – da wurde mir heiß am ganzen Körper. Ein vernünftiger Mensch hätte ruhig fortgeschwitzt und sich nicht stören lassen; aber ein Philosoph wie ich will durchaus wissen, warum er denn eigentlich schwitzt. Und ich wußte es nicht; denn ich hatte aus der Psychologie vergessen, welche Leidenschaft, welche Gemütsbewegung den Menschen in Schweiß bringt. Da fiel mir ein, in Goethes Leben gelesen zu haben, wie in der Schlacht von Valmy, zwar in bescheidener Entfernung vom Schlachtfelde, doch nahe genug, daß er den Kanonendonner hören konnte, dem Dichter ganz heiß geworden war, wie mir im »Othello«. Daraus schloß ich denn, daß es die *Furcht* sei, die den Menschen schwitzen mache. Darüber mußte ich lachen, und das erleichterte mir das schwere Herz. Und als darauf die Malibran herausgerufen worden und erschien und ich sah, daß alles nur Spiel gewesen, ging ich froh nach Hause und segnete die Künstlerin, die Gott so gesegnet. Shakespeares »Othello«, wie ihn der italienische Operntext zugerichtet, ist dumm bis zur Genialität. Man hat seine Lust daran. Die Musik scheint mir noch das Beste, was Rossini gemacht. Übrigens bekümmerte ich mich nicht darum, und ich glaube, die Malibran auch nicht. Was aber die Weiber schwache Nerven haben, wenn sie nicht präpariert sind! Diese Malibran, die doch den ganzen Abend so unerschrocken durch Wasser und Feuer ging und alle Elemente aushielt, ohne zu zucken – ich sah sie vor Schrecken zusammenfahren wie ein Schäfchen, als einmal hinter den Kulissen etwas wie ein Leuchter von der Decke herabstürzte! ... Es Ihnen prosaisch zu wiederholen: die Malibran ist die größte Schauspielerin, die ich je gesehen. In der heftigsten Bewegung zeigte sie jene wahre antike Ruhe, die wir an den griechischen Tragödien bewundern und welche wahrscheinlich auch die Schauspieler der Alten hatten. Darum, des rechten Maßes sich bewußt, spielt sie auch mit einer Kühnheit, die eine andere sich nicht erlauben dürfte. Sie klammert sich flehend an den Mantel des wütenden Othello oder ihres erzürnten Vaters, sie umschnürt ihre Hände mit den Falten des Kleides, sie zerrt daran – eine Linie weiter, und es wäre lächerlich, es sähe aus, als wolle sie ihnen die Kleider vom Leibe reißen; aber sie überschreitet diese Linie nicht, und sie ist erhaben. Und ihr Gesang! Gibt es denn mehr als eine Art, darf man denn anders singen? Spricht man im Himmel auch verschiedene Dialekte? Nun, dann hat sie *hoch*

himmlisch gesungen, meißnisch, und die andern singen *platt*
himmlisch. Sie sehen, ich kann auch ein Narr sein – zu meinem
Glücke nur ein prosaischer; denn ich kann keine Verse machen.
Ich gehe nächstens einmal in die große französische Oper, und
das wird mich wieder heilen. […]

Briefe aus Paris (29. Brief; 1831):
SSB, Bd. 3, S. 146–148.

Paris, Montag, den 21. Februar 1831
[…] Von welch einem erhabenen Schauspiele kehre ich eben
zurück! Und welch eine Stadt ist dieses Paris, wo Götter Markt
halten und alltäglich ihre Wunder feilbieten! Ich stand auf dem
höchsten Gipfel des menschlichen Geistes und übersah von dort
das unermeßliche Land seines Wissens und seiner Kraft. Ich kam
bis an die Grenzen des menschlichen Gebietes, da wo die Herrschaft der Götter beginnt – ich habe eine *Seeschlacht* gesehen.[1]
Der Himmel war blau wie an Feiertagen und mit der schönsten
Sonne geschmückt. Das Meer schlummerte und atmete sanft
und ward nur von Zeit zu Zeit vom Donner des Geschützes auf-
geschreckt. Es war ein Tag zu lieben, und nicht zu morden. Es
muß weit sein vom Himmel bis zur Erde; denn könnte die Sonne
die Greuel der Menschen sehen, sie flöhe entsetzt davon und
kehrte nie zurück! Eine Schlacht auf dem Lande ist ein Liebes-
spiel gegen eine Schlacht auf der See. Dort stirbt der Mensch
nur einmal und findet dann Ruhe in seiner mütterlichen Erde;
hier stirbt er alle Elemente durch, und keine Blume blühet auf
seinem Grabe. Dort trinkt die Erde warm das verschüttete Blut;
hier auf dem dürren Boden der Schiffe stehet es hoch, dick, kalt.
Die Menschen werden zerquetscht, zerrissen; nicht Kälber, die
man schlachtet, werden so grausam zugerichtet. Das französi-

1 Panorama der Schlacht bei Navarin von Jean-Charles Langlois (1789–1870).

sche Linienschiff, der *Scipion*, auf dem ich mich befand, war in einer schrecklichen Lage; wir waren von Feuer und Rauch umgeben. Ein feindlicher Brander hatte sich angehängt, und jede Minute brachte uns dem Untergange näher. Wir erwarteten, in die Luft gesprengt zu werden. Die ganze Mannschaft eilte nach dem Vordeck und bemühte sich, durch Beile das Schiff vom Brander loszumachen. Drei Böte stachen in die See und suchten durch Seile den Brander ab- und ins Weite zu ziehen. Auf dem Schiffe und in den Böten standen Offiziere, hoch aufrecht, als fürchteten sie eine Kanonenkugel zu verfehlen, und kommandierten so ruhig, wie der Kapellmeister im Orchester kommandiert. Und jetzt rundumher, nah und fern in einem weiten Kreise, die französische, englische und russische Flotte, und diesen gegenüber die türkische. Aus den Mündungen der Kanonen stürzten Feuerströme hervor. Das Schiff des Admirals Codrington, halb in Trümmern mit zerrissenen Segeln, hat soeben ein türkisches Linienschiff in den Grund gebohrt. Es sinkt, es ist schon halb gesunken, die ganze Besatzung geht zugrunde. Die Türken mit ihren roten Mützen, roten Kleidern und mit ihren blutenden Wunden gewähren einen schauderhaften Anblick; man weiß nicht, was Farbe, was Blut ist. Viele stürzen sich in das Meer, sich durch Schwimmen zu retten. Andere rudern Böte umher und fischen Tote und Verwundete auf. Mehrere Schiffe fliegen in die Luft. Himmel und Erde lächeln zu diesen Schrecken wie zu einem unschuldigen Kinderspiele! Rechts sieht man auf einer Anhöhe Stadt und Zitadelle von Navarin, und eine Wasserleitung, die über den Berg hinzieht, erinnert an die altgriechische Zeit. Das war ein Anblick! Ich werde ihn nie vergessen. Man schwebt zwischen Himmel und Erde, man wird zwischen Schrecken und Bewunderung, zwischen Abscheu und Liebe gegen die Menschen hin- und hergeworfen. Und wie die Leute sagen, ist dieses alles nur *gemalt*; es ist das *Panorama von der Schlacht bei Navarin*. Ich mußte es wohl glauben; denn man kann nicht von dem Schiffe herunter, um alles mit den Händen zu betasten. Aber das Schiff, auf dem man sich befindet, das gesteht man ein, ist nicht gemalt, sondern von Holz und Eisen. Es ist ein Kriegsschiff von der natürlichen Größe, und in allen seinen Teilen genau eingerichtet wie der *Scipion*, der in der Schlacht von Navarin mitgekämpft. Man tritt in das Gebäude des Panoramas und gelangt über einen schmalen dunkeln Gang an eine Treppe. Diese steigt man hinauf und kommt in ein großes Zimmer, das zwar mit allen Möbeln häuslicher Bequemlichkeit, aber auch mit Beilen, Pistolen, Flinten, Fernröhren, Kompassen und Schiffsgerätschaften aller Art versehen ist. Das ist das Zimmer der Offiziere. Die bretterne Wand, welche dieses Zimmer von einer Batterie trennt, ist, da die Schlacht begonnen, weggenommen. Man sieht eine Reihe von Kanonen und im Hintergrunde Matrosen beschäftigt, einen verwundeten Kameraden vom Verdecke in den unteren Schiffsraum herabzulassen. Dann geht man die zweite Treppe hinauf und gelangt in die Wohnung des Kommandanten, Speisezimmer, Galerie, Schlafzimmer, Küche. Das Bisherige müssen Sie sich denken als die zwei untern Stockwerke des Schiffsgebäudes. Endlich führt eine dritte Treppe zum Verdecke des Schiffes, und von dort oben sieht man das Meer, die Schlacht und was ich Ihnen beschrieben. Die Zuschauer stehen auf dem Hinterteile des Schiffes, der leer ist, weil die ganze Mannschaft wegen des Brandes sich nach dem Vorderteile gedrängt. Neulich hatte der König mit seiner Familie das Panorama von Navarin besucht und war von den Admiralen Codrington und Rigny, die in jener Schlacht kommandiert hatten, begleitet. Wer dabei hätte sein können, wie die Admirale dem König alles erklärten, der hätte eine recht genaue Vorstellung von der Schlacht bekommen. Lebhaft ist das Schauspiel auch ohne Erklärung. […]

Briefe aus Paris (36. Brief; 1831):
SSB, Bd. 3, S. 192–195.

Freitag, den 10. Februar [1832]

[...] Den gestrigen Abend brachte ich in einer *Soirée St-Simonienne* zu, bis gegen Mitternacht. Es ist eine wöchentliche Zusammenkunft, die, wie jede andere, der geselligen Unterhaltung gewidmet ist und keine besondere religiöse oder doktrinäre Bestimmung hat. Ich kann Ihnen nicht beschreiben, welchen wohltuenden Eindruck das Ganze auf mich gemacht. Es war mir, als wäre ich aus der Winterkälte einer beschneiten nordischen Stadt in ein Glashaus gekommen, wo laue Frühlingslüfte und Blumendüfte mich empfingen. Es war etwas aus einer fremden Zone und aus einer schönern Jahreszeit. Und doch war ich mit keinem vorbereitet günstigen Gefühle, sondern ganz anders, mit unfreundlichen Gedanken, dahin gekommen. Ich hatte mir fest versprochen: dort findest du Menschen, die einem Jahrhunderte und einer Welt vorausgeeilt oder die Jahrtausende zurückgegangen, um das Kinderparadies der Menschheit aufzusuchen; und du findest sie mit den neuesten Gesichtern vom 9. Februar 1832, mit den Meinungen, Reden, Gesinnungen, Witzworten, Fragen und Antworten und dem ganzen ewigen Kalender aller Franzosen und Pariser. Ich fand sie nicht so. Es schwebte ein Geist heitern Friedens über diesen Menschen, ein Band der Verschwisterung umschlang sie alle, und ich fühlte mich mit umschlungen. Eine Art Wehmut überschlich mich, ich setzte mich nieder, und unbekannte Gefühle lullten mich in eine Vergessenheit, die mich dem Schlummer nahebrachte. War es der magnetische Geist des Glaubens, der auch den Ungläubigen ergreift wider seinen Willen? Ich weiß nicht. Aber schweigende Begeisterung muß wohl mehr wirken als redende; denn die Reden der Simonisten haben mich nie gerührt. Dabei war alles Lust und Freude, nur stiller. Es wurde getanzt, Musik gemacht, gesungen; man spielte Quartetts von *Haydn*. Es waren wohl hundert Menschen, ein Dritteil Frauenzimmer. Die Männer waren mit ihren Weibern gekommen! Das sieht man freilich in andern Pariser Gesellschaften auch; aber dort *kommen* und *gehen* die Männer mit ihren Weibern; während sie aber beisammen sind, findet eine

Art Ehescheidung zwischen ihnen statt. Hier aber konnte ich erkennen, welcher Mann zu welcher Frau gehörte. Im Vorzimmer saß eine ganze Reihe Kammer- und Dienstmädchen. Sie kamen oft in das eine Gesellschaftszimmer, um durch die offne Türe des Salons ihre Herrschaften tanzen zu sehen und singen zu hören. Diese Gleichheit gefiel mir sehr. Noch beim Nachhausegehen auf den Boulevards fühlte ich mich seelenwarm, und ich ging zu Tortoni und aß ein Glas Plombières, wobei ich Ihrer gedachte, besonders als ich an die Vanille kam. […]

Briefe aus Paris (74. Brief; 1832):
SSB, Bd. 3, S. 520 f.

»Uns Deutschen ist der ›Juan‹ wie das Vaterunser«

Börne, der Musikfreund

[…] Die *Tonkunst* ist die einzige, deren die Deutschen Meister sind und worin sie den übrigen Völkern es zuvortun. Den Verstand der Franzosen mit dem Gefühle der Italiener verbindend, ist die deutsche Musik plastisch *und* malerisch, Geist und Herz finden gleiche Befriedigung in ihr, und man braucht in ihrem Genusse nicht dem Himmel um der Erde willen zu entsagen. Könnten die Deutschen in Tönen reden und nach diesen Worten auch handeln, sie wären das erste aller Völker und würden vielleicht sich selbst achten. Da Werke auch verschiedener Künste wohl miteinander verglichen werden dürfen, weil die Darstellung des Gottähnlichen im Vergänglichen das gemeinschaftliche Streben aller ist, so mag die deutsche Tonkunst ihren Mozart kühn an die Seite Raffaels, Shakespeares und Canovas stellen.

Diesen Künsten soll in der *Wage* ein Platz angewiesen werden, welcher der Würde, die sie im öffentlichen Leben der Deutschen genießen, angemessen ist. […]

Ankündigung der ›Wage‹ (1818):
SSB, Bd. 1, S. 673.

[…] Wenn etwas, so ist es die Musik, worin die Gemütsart eines Volks sich ausdrückt, und behaupten, daß wir eine deutsche Musik gar nicht haben, das heißt behaupten, daß das deutsche Volk gar keinen Charakter habe. Und so ist es auch. Weber gab uns in seinem »Freischützen« die erste deutsche Oper, und weil sie so ist, haben wir durch sie noch mehr gewonnen als sie allein; ein schönes Zeichen einer schönern Sache. Ich bin eigentlich kein Musikkenner, ich vermag für die Wahrheit meiner Gefühle keine gerichtliche Beweise darzubringen, aber ich weiß, Sie vertrauen mir. Denken Sie sich einen *deutschen* »Don Juan«, aber einen, der nicht Champagner trinkt und Donnas liebt, sondern Landwein und Landmädchen – so ist dieser Freischütz. Die Ouvertüre ist in einem sehr edlen Stile gedichtet und auch der Scherz darin, wie in allen Stücken der Oper, mit dem feinsten Anstande durchgeführt. Das Schelmlied, welches der böse Jäger singt, wird Ihnen gefallen; die Pickelpfeifen schreien so frech heraus – ein sehr guter Einfall. Ach, und das Brautlied! Man möchte verschmelzen vor Lust. Unsere jungen Mädchen husten schon vierzehn Tage und können die Kehle nicht frei bekommen von dem süßen Liede: »Wir winden dir den Jungfernkranz mit veilchenblauer Seide.« Welch ein Zauber in diesem *veilchenblauer Seide*, man könnte einen Simson damit binden! Den Jägergesang im dritten Akte hört gewiß jeder, vornehm oder gering, mit großem Vergnügen. Die genannten Musikstücke sind vielleicht nicht die besten der Oper, aber sie sind die liebenswürdigsten, die sich durch Einschmeicheln vordringen. Der Geisterchor vor der Erscheinung der wilden Jagd und der diesen begleitende furchtbare Gesang sind von großer Wirkung; doch ist mir dieser Teil der Musik noch nicht recht klar geworden, weil die Aufmerksamkeit durch die mannigfaltigen Szenerien, die das wilde Heer darbietet, abgelenkt und das Ohr betäubt wird. Liebe Freundin, welch ein Tosen, welch ein Grausen, welch ein furchtbarer Anblick! In Kassel ist ein armer Mensch darüber verrückt geworden, so daß man ihn ins Tollhaus bringen und fesseln mußte. Hier aber ist so etwas nicht geschehen. –

Die Ritter schauten mutig drein
Und in den Schoß die Schönen.

Aber nicht alle in den Schoß. Mehrere Schönen haben den Kopf abgewendet und andere in der höchsten Angst und Verzweiflung recht starr in das Entsetzliche hineingesehen.

Einige Musikfreunde wollen bemerkt haben, daß Weber in seiner Oper sich manches ihm nicht Zugehörige angeeignet habe; aber vielleicht täuschten sie sich hierin. In jedem Werke deutschen Geistes muß sich Bekanntes finden; denn das ist ja eben die Art der Deutschen, daß sie die Farben der Kunst und Wissenschaft, worin das Völkerprisma sich geteilt, wieder versammeln, um das reine Licht der Erkenntnis darzustellen. Doch das heißt nicht, sich Ungebührliches zuwenden; denn Farben sind ja die Töchter des Lichts ... […]

Vertrauliche Briefe (1822):
SSB, Bd. 1, S. 1118 f.

[…] Nachdem ich eine Zeit lang in Paris gewesen, kam eine wahre Leidenschaft über mich, das Theater und die Literatur der Franzosen in ihren eigenen Blättern zu kritisieren; aber gleich nach dem ersten Versuche verging mir alle Lust zu solchem Unternehmen. Einst las ich in einem Blatte einen Artikel, überschrieben: *Bulletin musical*, und unterzeichnet: *Le vieux mélomane*. Darin war unter andern von Webers *Freischütz* die Rede. Der alte Musiknarr fing damit an, sich zu entschuldigen, daß er sich etwas weniges »*de cette pauvre Allemagne*« beschäftigen werde. Deutschland in Beziehung auf Musik arm zu nennen, fand ich nur unverschämt, weil es kein gröberes Wort giebt als unverschämt. Dann hielt er Maria von Weber für ein Frauenzimmer, und das wollte ich nicht auf meine deutsche Schwestern kommen lassen; denn eine Frau soll keinen Lärm machen, nicht einmal einen musikalischen. Endlich erzählte er, der Freischütz habe bei den *froids Allemands* den lebhaftesten Enthusiasmus erregt, und hierüber auch glaubte ich einiges bemerken zu müssen. Ich nahm mir also vor, einen Artikel dagegen zu schreiben. Ich versah mich gehörig mit Wörterbüchern, Synonymiken und Sprachlehren und fing zu laborieren an. Da ich mich gleich französisch zu denken bemühte, so verdroß das einige patriotische Gedanken, sie blieben zurück und ließen mich im Stich. Für die Gedanken, die ich, ohne meinen Zweck zu verfehlen, nicht weglassen konnte, fand ich keine ganz entsprechenden französischen Ausdrücke; kurz ich hatte meine erschreckliche Not. Endlich brachte ich mit saurer Mühe nachfolgendes Schreiben an die Herausgeber jenes Blattes zustande: »*Permettez moi, Messieurs, de rectifier une petite erreur statistique qui s'est glissée dans votre bulletin musical d'aujourd'hui ... Vous parlez de l'opéra le Freyschutz de Maria de Weber, après avoir timidement demandé la permission à vos lecteurs de vous occuper un peu de cette pauvre Allemagne. Ma patrie, grâce à la générosité française, n'est pas aussi pauvre que le vieux mélomane paraît le croire. Vos soldats ne nous ont pris que notre argent, perte que nous avons réparée depuis. ... Le vieux mélomane fait encore un plus grand tort à mes compatriotes, en soutenant que l'opéra le Freyschutz a excité leur admiration. Nous aimons la musique de Weber, mais nous ne l'admirons pas et nul Français n'ignore, qu'on peut être aimable sans être admirable. Le plaisir que Mr. de Weber nous a donné, quoiqu'étendu n'était pas profond pour cela, et ce n'est que la profondeur d'un sentiment agréable qui puisse éveiller l'enthousiasme. Le compositeur du Freyschutz est le premier Allemand, qui ait créé une musique dramatique nationale, car Mozart, pareil à Shakespeare, Raphael et à Buonaparte, était trop grand pour être national, un vaste génie n'ayant jamais de limites geographiques pour bornes. L'aristocratie et la populace en Allemagne ont depuis longtemps des opéras conformes à leur intelligence, mais le Freyschutz est le premier, qui répond au tiers-état musical.*« Unterzeichnet: *Un pauvre Allemand. […]*

Schilderungen aus Paris (1822):
SSB, Bd. 2, S. 4–6.

Sonnabend, den 13. Dezember

[...] Abends Konzert. Symphonie von Beethoven in A-moll. Konzert von Alois Schmitt. – Beethoven, triumphierende Musik. Sie gibt Mut, Übermut, man fühlt sich der Herr der Welt ... *Mozart*, romantisch, christlich, man denkt an Gott, fühlt sich unterwürfig. Das selbst in Mozarts Freudenliedern. Der *Vogelfänger* – als wenn ein Engel lustig wäre! Don Juan[s] Champagnerlied ... ist es nicht, als wenn das Weinen mit dem Lachen kämpfte, hört man nicht, daß Don Juan den Geisterruf seines Gewissens übertäuben will? Und es gelingt ihm nicht. Seine Angst tönt hervor. Lautet es nicht, als wollte er durch Singen seine Furcht vertreiben, als ginge er mit eilenden Schritten über die nächtlichen Schrecken eines Kirchhofs? Diese Arie hat mich immer gerührt.

Tagebuch (1828):
SSB, Bd. 2, S. 754.

Paris, Sonntag, d. 16. Januar 1831

Lachen Sie mich aus! Ich bin gar nicht liberal mehr, sondern seit gestern abend ein vollständiger Narr und lächelnder Gutheißer. Was geht mich die Not der Menschen an, wenn ich froh bin? Was ihre Dummheit, wenn ich klug bin und das Leben genieße? Mögen sie weinen, wenn es singt um mich herum. Ich habe bei den Italienern Rossinis Barbier gehört und darin Lablache als Figaro, die Malibran als Rosine. Und schlimmer als gehört, auch gesehen. Ich war entzückt und bin es noch, daß ich mich totschämen sollte. Stunde auf Stunde diese so bittern Pillen unserer Zeit schluckte ich fröhlich hinunter; so vergoldet waren sie mir. Ich dachte nicht mehr an die Hessische Konstitution und lasse fünf grade sein, wenn die Lüge so gesungen wird. Welch ein Gesang! Welch ein Spiel! Figaro in den besten Jahren, die Weiber zum besten zu haben, und dick. Ich weiß nicht, ob Lablache so ist von Natur, oder ob er sich durch Kunst so gemacht. Aber gewiß, mit dieser Gestalt muß sich ein Figaro ausstatten. Ja nicht flink, ja nicht jung, sich ja nicht zu schön gemacht, wie es alle die andern waren, die ich noch gesehen. Wie ist möglich, fröhlich zu sein, solange man den Weibern gefährlich ist? Wer Ruhe stören kann, dem wird sie auch gestört. Das Fett der guten Laune umgarnt diesen Figaro von allen Seiten, beschützte ihn und ließ keine feindliche Minute durch. Sie hätten den Spitzbuben sehen sollen mit seinen Augen! So habe ich nie mit den Augen spielen sehen. Er hätte bis auf die Augen das ganze Gesicht verhüllen, er hätte kein Glied zu bewegen, (ja zu zeigen brauchen) und man hätte ihn doch verstanden. Wenn er Rosinen, den Grafen, den Alten ansah, wußte man vorher, was diese sagen würden. Man erkannte es an Figaros Gesicht, der sie durchschaute und uns sein Erraten erraten ließ. Welche unvergleichliche Mimik! Seine Worte waren eigentlich nur die Vokale, zu welchen seine Bewegungen die Konsonanten fügten; so eng standen beide zusammen, und so notwendig waren sie verbunden. Und der Gesang! Schnell, leicht und glänzend wie Seifenblasen stiegen ihm die Töne aus der Brust, und wenn man ihnen nachhören wollte, waren sie entschwunden und andere folgten ihnen. Man konnte nicht begreifen, wo sie hingekommen, wo diese vollen Töne Platz gefunden, sich zu verstecken. Und Rosine – *meine* Malibran! Ich bin verliebt, verliebt, verliebt. Schön ist sie gar nicht, bis auf die Augen; ja, sie hat einen großen Mund. Aber diese wonnesüße Schelmerei, dieses zaubervolle Lächeln, das man trinkt und trinkt und nie berauscht wird; und so ohne alle Tücke, man sieht es, sie will ihren alten Vormund einen Tag betrügen, nur um ihn nicht jahrelang betrügen zu müssen; so ohne alles Streben zu gefallen, so anmutig, so liebreizend und so züchtig, so leise schleichend, die mädchenhafte Sittsamkeit nicht aufzuwecken und zu erschrecken! Kein Hauch von Koketterie an der Malibran. Wäre es aber doch, käme ihr Zauberlächeln nicht aus der Seele, wenn auch freilich nur zur bestimmten Stunde heraufgerufen – dann seid Ihr Weiber fürchterliche Geschöpfe. Ihr Gesang! Was soll ich sagen? Auch die Narrheit hat ihre Grenzen; aber er war himmlisch! Er kam aus dem Herzen des Herzens. Beim Klavier in der Musikstunde hat sie einige Jodellieder gesungen. Wenn die Grazien ja zuweilen jodeln, vielleicht alle Jahre einmal, wenn der Olymp das saturnalische Fest feiert, so können sie es nur auf diese Art. Ich mußte mich daran erinnern, gerecht zu sein, um mich zu erinnern, daß die Sontag ebenso schön gesungen. Ich weiß nicht, ich kann gar nicht urteilen, ich war geblendet. Ich will Kenner fragen, die beide gehört. Aber das will ich verbürgen: die Sontag singt schön, weil sie gefallen will, und die Malibran gefällt, weil sie schön singt. Sie hat mich gefangen, sie hält mich in Banden. Ich werde sparen, und reicht das nicht hin, werde ich stehlen, und reicht das nicht hin, werde ich rauben, und reicht das nicht hin, werde ich in die *Didaskalia* schreiben, aber ich versäume die Malibran nicht mehr, solange ich hier bin. Zwölf Frank kostet mich mein Platz, den vornächsten zu ihr, den man haben kann; den nächsten hat ihr Mann, der sehr eifersüchtig sein soll. Doch jetzt Bitterklee herbei, ich werde sonst zum ganzen Zuckerhut. Aber gemach! Wir wollen nicht gleich zum Bittersten übergehen, wir wollen damit anfangen, eine bittere Makrone zu essen … Nein, ich bin noch nicht fertig. Ehe ich die Malibran gehört, ahndete ich gar nicht, daß ein musikalischer Vortrag auch genialisch sein könne; ich dachte, der Gesang stünde im Dienste der Komposition, und wie der Herr so der Diener. Aber nein. Aus der Spielerei Rossinischer Musik macht die Malibran etwas sehr Ernstes, sehr Würdiges. Dem schönen Körper gibt sie auch eine schöne Seele. Von ihr habe ich begreifen lernen, wie es möglich war, daß einst der Schauspieler Garrick das Abc so deklamierte, daß alle Zuhörer weinen mußten. Wenn die Malibran vor einem Toten sänge, und er erwachte nicht davon, würde ich denken: es ist bloßer Eigensinn, und er könnte wohl aufwachen, wenn er wollte. Lablache mußte ich bewundern wegen seiner Mäßigung in seiner Kraft. Wie kann man nur eine Stimme, die so große Gewalt hat, so meistern, wie man will? Es stürmt aus seiner Brust, und er sagt jeder Tonwelle: so hoch und nicht höher! Gleiche Mäßigung in seinem Spiele, und wie schwer das in dieser leichtsinnigen Rolle! Es ist wie ein Eiertanz. Er bewegt sich im kleinsten Raume, kühn zwischen zarten leichtverletzlichen Verhältnissen, berührt sie alle und verletzt keines. [...]

An Jeanette Wohl (16. Jan. 1831):
SSB, Bd. 4, S. 1273–1276.

Paris, Sonntag, den 30. Januar 1831
[...] Doch – ich will jetzt gehen, Beethoven hören. Fünf, sechs solcher Menschen hat das Land, unter denen wir Schatten gegen Hitze, Schutz gegen Nässe finden. Wenn die nicht wären! Das Konzert beginnt um zwei Uhr. Das scheint mir besser als abends. Ohr und Herz sind reiner vor dem Essen. [...]

Briefe aus Paris (31. Brief; 1831):
SSB, Bd. 3, S. 156.

Paris, Sonntag, den 6. März 1831
[...] Ich habe im italienischen Theater den »Don Juan« gehört. Seit vierzehn Tagen schon hatte ich mein Billett dazu. Dreimal wurde die Oper angekündigt und dreimal wieder abgesagt, weil die Malibran katarrhalische Launen bekam! Endlich kam es zur Aufführung. Ich rechnete so sicher auf mein Entzücken, als man auf das Entzücken jedes deutschen Landes rechnen kann, sooft ein Erbprinz wird geboren werden – morgen, übermorgen, übers Jahr, im zwanzigsten Jahrhundert, im dreißigsten, im siebentausendsten, im ersten Jahrhunderte nach dem Untergange der Welt; denn die Natur kann untergehen, aber deutsche Treue nicht. Doch wie kam es ganz anders – nämlich mit »Don Juan«.

Eingeschlafen bin ich nicht; denn es war die interessanteste Langeweile, die ich je empfunden. Uns Deutschen ist der »Juan« wie das Vaterunser; wir sind damit aufgewachsen: er war uns zugleich Abc und hohe Schule der Musik. Aber was haben diese Italiener, diese parisierten Italiener daraus gemacht! Die wissen noch weniger von Gott und Teufel, von Himmel und Hölle, als wir Deutschen von der Erde wissen. Es schien, als wäre ihnen die Musik zu vornehm, sie waren schüchtern, ängstlich, es war, als ständen sie auf glattem Marmorboden eines Palastes, vor einem Könige auf seinem Throne, sie schwankten und stammelten. Was sie vortrugen, war alles schön, alles richtig; aber es war einstudiert, und der Zeremonienmeister hatte jede ihrer Bewegungen geordnet. Die Brust war ihnen zwischen den beiden Taktstrichen eingeengt, und sie wagten nicht, tiefer zu atmen, als es die Note vorschrieb, und die Malibran nicht besser als die andern. Sie dauerte mich, und ich hätte ihr zurufen mögen: aber, liebes Kind, wovor fürchten Sie sich denn? Mozart ist am Ende doch auch nur ein Mensch wie Rossini, welche Zerline! Ich erinnere mich, wie ich als Junge die Flöte spielen lernte, bei Herrn *** (der Lehrer war ganz des Schülers würdig), und wir im Duette Zerlinens süßes Wundlied bliesen. Sie können sich denken, daß wir das süße Wundlied wie ein Pflasterlied herabgestrichen. Aber doch klingt es mir heute noch schöner aus jenen entfernten Jahren zurück, als es mir aus der Brust der Malibran tönte. Es war kein Glaube und keine Liebe darin. Gekleidet war sie geschmacklos bis zum Unsinn. Es war gewiß unter den Zuschauern keine Putzmacherin und kein Friseur, sonst hätte ich von einer Ohnmacht hören müssen. In den Haaren staken ihr zehen bis zwölf lange und steife messingne Stangen, die in große dicke messingne Kugeln endigten, welche nicht einmal blank gescheuert waren. Sie sah aus wie eine Gartenmauer, gegen das Übersteigen von Spitzbuben gehörig bewahrt. Zerline fürchtet sich vor Spitzbuben! – Don Juan war ein alter häßlicher Sünder, der keine Katze hätte verführen können. Elvira eine betrübte Kokette. Der Geist sah aus wie ein weißer Schornsteinfeger.

Donna Anna (Madame Lalande) war gut; sie hat gewiß den Don Juan in deutscher Schule gelernt. Am Leporello fand ich zu loben, daß er nicht so den Hanswurst macht wie bei uns. Chöre und Orchester, sonst so vortrefflich, waren von der allgemeinen Kälte und Ängstlichkeit nicht frei. Der himmlische Lärm im ersten Finale, die höllische Freude im zweiten – das ging alles verloren; es war still zum Einschlafen. Wenn ich mir diese Leere und Stille nur erklären könnte! Chor und Orchester voller besetzt als bei uns; es sind die nämlichen Noten, es ist dasselbe Tempo, gleiches Forte – und doch war es still! […]

Briefe aus Paris (40. Brief; 1831):
SSB, Bd. 3, S. 216–218.

»aimer Dieu et Lisette«

Börnes Europavision

[…] Daß ehemals die vier sogenannten Weltteile miteinander verbunden waren, das ist gar nicht zu verkennen. Europa mit Afrika hing da zusammen, wo sie jetzt die Meerenge von Gibraltar trennt; desgleichen Amerika mit Asien da, wo die Behringsstraße ist. Daß England einst mit Frankreich verbunden war, das läßt sich ebensowenig bezweifeln.

Die Zeichnung der Länder, welche sich künftig trennen sollen, ist gar bestimmt gegeben. Hätten die Franzosen ihr Projekt ausgeführt, die Erdenge von *Suez* zu durchbrechen, so würden sie der Natur die Mühe erspart haben, zum Behuf des ewigen Friedens Afrika von Asien zu trennen. Es kann so viele tausend Jahre nicht mehr dauern, dann wird sich bei der Erdenge *Darien* Amerika in zwei Hälften teilen, und das Südliche wird sich dann zum Nördlichen verhalten, wie sich Afrika zu Europa verhält. Spanien von Frankreich zu trennen, das kann der Natur gar nicht schwer fallen, da der *Biscayische Meerbusen* schon eine große Kluft zwischen beiden Ländern bildet. Ebenso leicht ist es, Italien von Europa loszutrennen. Dänemark mit Deutschland hängt auch nicht fest zusammen, und um Schweden von Rußland loszureißen, reichen sich der *Bottnische Meerbusen* und das *Weiße Meer* hülfreich die Hände. Es bleibt dann in Europa noch ein Kern übrig, der nicht zerstückelt werden kann. Zumal *Frankreich* und *Deutschland*, die hängen so fest zusammen, daß sie sich schwerlich werden trennen können. Hier sieht man aber auch deutlich den Fingerzeig des Schicksals, daß beide Länder nur *einen* Staat bilden sollen. Und welch ein glücklicher

Staat müßte das nicht werden, wenn sich die deutsche Natur mit der französischen vermählte und beide sich neutralisieren.

Über die geometrische Gestalt des Staatsgebiets (1808):
SSB, Bd. 1, S. 121 f.

Frankreich ist das Zifferblatt Europens; hier *sieht* man, welche Zeit es ist, in andern Ländern muß man die Uhr erst *schlagen* hören, um die Stunde zu erfahren – man verhört sich aber leichter, als man sich versieht.

Aphorismus (1823?):
SSB, Bd. 2, S. 287.

Sonntag, den 19. September [1830]
[...] Wie herrlich wäre es, wenn beide Länder in allem so verschmolzen wären, als es beide Völker heute abend bei *** waren. In wenigen Jahren wird es ein Jahrtausend, daß Frankreich und Deutschland, die früher nur *ein* Reich bildeten, getrennt wurden. Dieser dumme Streich wurde, gleich allen dummen Streichen in der Politik, auf einem Kongresse beschlossen, zu Verdun im Jahre 843. Aus jener Zeit stammen auch die köstlichen eingemachten Früchte und Dragées, wegen welcher Verdun noch heute berühmt ist. Einer der Kongreßgesandten hatte sie erfunden und war dafür von seinem genädigen Herrn in den Grafenstand erhoben worden. Ich hoffe, im Jahre 1843 endigt das tausendjährige Reich des Antichrists, nach dessen Vollendung die Herrschaft Gottes und der Vernunft wieder eintreten wird. Wir haben nämlich den Plan gemacht, Frankreich und Deutschland wieder zu einem großen fränkischen Reiche zu vereinigen. Zwar soll jedes Land seinen eigenen König behalten,

aber beide Länder eine gemeinschaftliche Nationalversammlung haben. Der französische König soll wie früher in Paris thronen, der deutsche in unsrem Frankfurt und die Nationalversammlung jedes Jahr abwechselnd in Paris oder in Frankfurt gehalten werden. Wenn Sie Ihre Nichte O*** besuchen, benutzen Sie doch die Gelegenheit, mit dem Koche des Präsidenten der Bundesversammlung von unsrem Plane zu sprechen. Der muß ja die Gesinnungen und Ansichten seines Herrn am besten kennen. […]

Briefe aus Paris (6. Brief; 1830):
SSB, Bd. 3, S. 26 f.

[…] Ich sage in der Einleitung der *Balance:*
»In den Werkstätten der Menschheit finden wir zwei Völker, welchen die Vorsehung die Aufgabe gemacht zu haben scheint, die Arbeiten aller andern Völker zu übersehen und zu leiten, ihnen ihr Tagwerk anzuweisen und ihren Sold auszuzahlen; es sind die Franzosen und die Deutschen. Den ersteren wurde die Leitung der praktischen Arbeiten, der Künste und Handverrichtungen, den andern die Leitung der theoretischen Arbeiten, der Wissenschaften und Spekulation, anvertraut. […]
Es ist die Aufgabe der Franzosen, das alte baufällige Gebäude der bürgerlichen Gesellschaft zu zerstören und abzutragen; es ist die Aufgabe der Deutschen, das neue Gebäude zu gründen und aufzuführen. In den Freiheitskriegen wird Frankreich immer an der Spitze der Völker stehen; aber auf dem künftigen Friedenskongresse, wo sich alle Völker Europens versammeln werden, wird Deutschland den Vorsitz führen.
Die Geschichte Frankreichs und Deutschlands ist seit Jahrhunderten nur ein beständiges Bemühen, sich zu nähern, sich zu begreifen, sich zu vereinigen, sich ineinanderzuschmelzen, die

Gleichgültigkeit war ihnen immer unmöglich, sie müssen sich hassen oder lieben, sich verbrüdern oder sich bekriegen. Das Schicksal weder Frankreichs noch Deutschlands wird nie einzeln festgesetzt und gesichert werden können. – – –

Die alterreifen Männer beider Länder sollten sich bemühen, die junge Generation Frankreichs mit der jungen Generation Deutschlands durch eine wechselseitige Freundschaft und Achtung zu verbinden. Wie schön wird der Tag sein, wo die Franzosen und die Deutschen auf den Schlachtfeldern, wo einst ihre Väter sich untereinander gewürgt, vereinigt niederknien und, sich umarmend, auf den gemeinschaftlichen Gräbern ihre Gebete halten werden! [...]

Ich liebe Deutschland mehr als Frankreich, weil es unglücklich ist und Frankreich nicht; im übrigen bin ich soviel Franzose als Deutscher. Was mich betrifft, so war ich, Gott sei Dank, nie ein Tölpel des Patriotismus; dieser Köder des Ehrgeizes, sei es der Könige, sei es der Patrizier oder der Völker, hat mich nie gefangen. [...]

Wären die Menschen immer glücklich, dann würde Béranger ihr Apostel sein und dessen Lieder ihnen zum Evangelium dienen. Wären die Menschen immer unglücklich, dann wäre Uhland ihr Prophet und dessen poetische Moral ihre Heilige Schrift. Da aber das Leben aus Lust und Schmerz gemischt ist, muß man Béranger und Uhland zugleich verehren, sich abwechselnd an ihren Schriften erbauen, bald Franzose, bald Deutscher sein, Gott und Lisette lieben.[1] [...]

Die nächsten Jahrhunderte werden weder den Deutschen noch den Franzosen noch sonst einem andern Volke oder einem Fürsten gehören; sondern der Menschheit. [...]

Menzel der Franzosenfresser (1837):
SSB, Bd. 3, S. 904–906; 911; 957.

---

1 »il faut vénérer et Béranger et Uhland [...], tantôt être Français, tantôt Allemand, aimer Dieu et Lisette« (*Béranger et Uhland*: SSB, Bd. 2, S. 929f.).

»Ihn tadeln, heißt ihn achten«

Börne, der Goethe-Gegner

[...] Freiheit ist das Schönste und Höchste in Leben und Kunst. Möge das deutsche Vaterland sich diese Freiheit um jeden Preis bewahren! Möge es stolz auf die Ungerechtigkeit sein, mit der es seinen Goethe zu behandeln beginnt; möge es sich des Undanks rühmen, welcher den, der ihn erleidet, wie die, welche ihn begehen, auf gleiche Weise ehrt. Daß Freiheit in deutscher Kunst und Wissenschaft sich erhalte, mußte der literarische Ostrazismus gegen Goethe endlich verhängt werden. Ihn tadeln, heißt ihn achten. [...]

Schilderungen aus Paris (1823):
SSB, Bd. 2, S. 44 f.

[...] Der Werther auch war eine Kriegserklärung des Naturlebens der Menschen gegen die Kunstregeln, worin es gesellige Übereinkunft, bürgerliche und kirchliche Ordnungen gefesselt hielt. Dieser Widerstand gegen eine mißbräuchliche oder überzeitige Gewalt, rechtlich und sittlich im Werther, ward unrechtlich und unsittlich im Faust; denn dort artete er in eine Empörung gegen die allgegenwärtigen und allzeitigen Gesetze der Natur aus. Man könnte in einer Bedeutung, die keiner nähern Bezeichnung bedarf, Goethe ganz mit Voltaire vergleichen, wäre er nicht, ungleich diesem, auf dem Wege, den er zuerst betreten und zu dessen Weiser ihn Deutschlands Genius bestimmt, ste-

255

hen geblieben; hätte er nicht die Früchte einer Geistesrevolu-
tion, die er, teils von fremden Feldern geerntet, teils aus eigner
Saat gezogen, für sich allein behalten wollen; und hätte er, um
eine Herrschaft fortzuführen, die er jener Umwälzung verdankt,
sich andrer als diplomatischer Mittel bedient. Goethe hat, wie es
Napoleon mit Frankreich getan, Deutschland auf ein Jahrhundert zurückgeworfen – auf ein Jahrhundert; denn wo die Zeit auf
Sturmesflügeln eilt, kann jeder Tag der Zögerung nur durch ein
Jahr der Nachteile wieder gut gemacht werden. [...]

Salvandy: Don Alonzo [...] (1824):
SSB, Bd. 2, S. 696 f.

Aus meinem Tagebuche

Frankfurt, den 30. April [1830]
Kostbar ist ein Brief, den Goethe auf einer Reise nach der
Schweiz aus Frankfurt an Schiller geschrieben. Wer ihn ohne Lachen lesen kann, den lache ich aus. Goethe, der an nichts Arges
denkt und im Schoße des Friedens ruhig und guter Dinge lebt,
entdeckt plötzlich in der Residenz seines Lebens deutliche Spuren von *Sentimentalität*. Erschrocken und argwöhnisch, wie ein
Polizeidirektor, sieht er darin demagogische Umtriebe des Herzens – demagogische Umtriebe, die, als gar nicht *real*, sondern
nebulistischer Natur, ihm noch verhaßter sein müssen als Knob-
lauch, Wanzen und Tabakrauch. Er leitet eine strenge Untersuchung ein. Aber – es war noch im achtzehnten Jahrhundert –
nicht ohne alle Gerechtigkeit und bedenkend, daß ihm doch auf
der ganzen Reise nichts, gar nichts »*nur irgend eine Art von
Empfindung gegeben hätte*«, findet er, daß, was er für Sentimentalität gehalten, nur eine unschuldige wissenschaftliche Bewegung gewesen sei, die ein leichtes Kunstfieber zur Folge hatte.
Die Gegenstände, welche das Blut aufgeregt, seien *symbolisch*

gewesen. Für Zeichen dürfen sich gute Bürger erhitzen, aber nicht für das Bezeichnete. Darauf wird das Herz in Freiheit gesetzt, versteht sich gegen Kaution, und es wird unter Polizeiaufsicht gestellt. Doch will Goethe die Sache nicht auf sich allein nehmen; er berichtet an Schiller, als seinen Justizminister, darüber und bittet ihn gehorsamst, das *Phänomen* zu erklären. Schiller lobt Goethe wegen seiner Achtsamkeit und seines Eifers, beruhigt ihn aber und sagt, die Sache habe nichts zu bedeuten.

[...] Schiller und Goethe! Aber daß unsere zwei größten Geister in ihrem Hause, dem Vaterlande des Genies, so nichts sind – nein, weniger als nichts, so wenig – das ist ein Wunder, und jedes Wunder erfreut, und wäre es auch eine Verwandlung des Goldes in Blei.

Wasser in Likörgläschen! Ein Briefwechsel ist wie ein Ehebund. Die Stille und die Einsamkeit erlaubt und verleitet viel zu sagen, was man andern verschweigt, ja was man mitteilend erst von sich selbst erfährt. Und was sagen sie sich? Was niemand erhorchen mag, was sie sich auf dem Markte hätten zuschreien dürfen.

Anfänglich schreibt Schiller: »*Hochwohlgeborener Herr, Hochzuverehrender Herr Geheimrat!*« Nun, diese Etikette hört freilich bald auf; aber es dauert noch lange, bis Schiller Goethes Hochwohlgeburt vergißt, und nur einmal in zehen Jahren ist er Mann genug, ihn *mein Freund, mein teurer Freund* zu nennen. Goethe aber vergißt nie seine Lehnsherrlichkeit über Schiller, man sieht ihn oft lächeln über dessen Zimmerlichkeit und ihn als einen blöden Buchdichter gnädig und herablassend behandeln. Er schreibt ihm: *mein Wertester, mein Bester.*

Welch ein breites Gerede über Wilhelm Meister! *Quel bruit pour une omelette!* »Es sieht zuweilen aus, als schrieben Sie *für* die Schauspieler, da Sie doch nur *von* den Schauspielern schreiben wollen« – tadelt Schiller. Auch findet er unzart, daß Wilhelm von der Gräfin ein Geldgeschenk annimmt. Bei Goethe aber finden sich immer nur Maitressen oder *hommes entretenus*; wahre Liebe kennt er, erkennt er nicht und läßt sie nicht gelten.

Der dumme Schiller! Ist nicht Wilhelm Meister ein bloßer Bürger, der keine Ehre zu haben braucht?

Mich ärgert von solchen Männern das pöbelhafte Deklinieren der Eigennamen. Sie sagen: die *Humboldtin*, sprechen von *Körnern, Lodern, Lavatern, Badern.* Auch bedienen sie sich, am meisten aber Schiller, einer zahllosen Menge von Fremdwörtern, und das ganz ohne Not, wo das deutsche Wort viel näher lag. *Stagnation, convenient, avanciert, incalculabel, Obstakeln, embarassieren, retardieren, Desavantage, Arrangements, satisfeciert, Apercüs, Detresse, Tournüre, repondieren, incorrigibel.* Und solche Männer, die in ihren Werken so reines Deutsch schreiben! Ist das nicht ein Beweis, daß ihnen Leben und Kunst getrennt war, daß ihr Geist weit von ihrem Herzen lag?

Goethes Lieblingsworte sind: *heiter, artig, wunderlich.* Er fürchtet sogar sich zu wundern; was ihn in Erstaunen setzt, ist wunderlich. Er gönnt dem armen Worte die kleine Ehre der Überraschung nicht. Er scheut alle enthusiastischen Adjektive; – man kann sich so leicht dabei echauffieren. [...]

Frankfurt, den 4. Mai

[...] Goethe *diktiert* seine Briefe auch aus Objektivsucht. Er fürchtet, wenn er selbst schriebe, es möchte etwas von seinem Subjekte am Objekte hängen bleiben, und er fürchtet Sympathie wie ein Gespenst. Er lebt nur in den Augen: wo kein Licht, ist ihm der Tod. Das Licht zu schützen, umschattet er es. Was ist Form? Der Tod der Ewigkeit, die Gestalt Gottes ... Ist Goethe glücklich zu nennen? Er ist so arm und so allein! Ihm kommt jeder Wunsch erst nach dessen Erfüllung, er begehrt nur, was er schon besitzt. Aber die Welt ist groß und der Mensch ist klein; er kann nicht alles fassen. Nur die Sehnsucht macht reich, nur die Religion, die, uns der Welt gebend, uns die Welt gibt, tut genug. Ich möchte nicht Goethe sein; er glaubt nichts, nicht einmal, was er weiß.

Ein Narr im *Gesellschafter* oder in einem andern Blatte dieser

Familie ließ einmal mit großen Buchstaben drucken: *Goethe hat sich über die französische Revolution ausgesprochen.* Es war ein Trompetenschall, daß man meinte, ein König würde kommen, und es kam ein Hanswurst. Und doch wäre Goethe, gerade wegen seiner falschen Naturphilosophie, der rechte Mann, die französische Revolution gehörig aufzufassen und darzustellen. Aber er haßte die Freiheit so sehr, daß ihn selbst seine geliebte Notwendigkeit erbittert, sobald sie ein freundliches Wort für die Freiheit spricht. Er schreibt an Schiller: »Ich bin über des *Soulavie mémoires historiques et politiques du règne de Louis XVI.* geraten. ... Im ganzen ist es der ungeheure Anblick von Bächen und Strömen, die sich nach Naturnotwendigkeit von vielen Höhen und vielen Tälern gegeneinander stürzen und endlich das Übersteigen eines großen Flusses und eine Überschwemmung veranlassen, in der zugrunde geht, wer sie vorhergesehen hat, so gut als der sie nicht ahnete. Man sieht in dieser ungeheuren Empirie nichts als Natur und nichts von dem, was wir Philosophen gern Freiheit nennen möchten.« Goethe, als Künstler Notwendigkeit und keine Freiheit erkennend, zeigt hier eine ganz richtige Ansicht von der französischen Revolution, und ohne daß er es will und weiß, erklärt er sie nicht bloß, sondern verteidigt sie auch, die er doch sonst so hasset. Er hasset alles *Werden*, jede *Bewegung*, weil das Werdende und das Bewegte sich zu keinem Kunstwerke eignet, das er nach seiner Weise fassen und bequem genießen kann. Für den wahren Kunstphilosophen aber gibt es nicht Werdendes noch Bewegtes; denn das Werdende in jedem Punkte der Zeit, das Bewegte in jedem Punkte des Raumes, den es durchläuft, *ist* in diesem Punkte, und der schnelle Blick, der ein so kurzes Dasein aufzufassen vermag, wird es als Kunstwerk erkennen. Für den wahren Naturphilosophen gibt es keine Geschichte und keine Gärung; alles ist geschehen, alles fest, alles erschaffen. Aber Goethe hat den Schwindel wie ein anderer auch, nur weiß er es nicht, daß das Drehen und Schwanken in der Vorstellung liegt und nicht in dem Vorgestellten.

[...]

Soden, den 18. Mai

Ich war immer erstaunt, daß unsern zwei größten Dichtern der Witz gänzlich mangelt; aber ich dachte: sie haben Adelstolz des Geistes und scheuen sich, da, wo sie öffentlich erscheinen, gegen den Witz, der plebejischer Geburt ist, Vertraulichkeit zu zeigen. Im Hause, wenn sie keiner bemerkt, werden sie wohl witzig sein. Doch als ich ihren Briefwechsel gelesen, fand ich, daß sie im Schlafrocke nicht mehr Witz haben als wenn den Degen an der Seite. Einmal sagt Schiller von Fichte: »Die Welt ist ihm nur ein Ball, den das Ich geworfen hat und den es bei der Reflexion wieder fängt.« Man ist erstaunt, verwundert; aber diese witzige Laune kehrt in dem bänderreichen Werke kein zweites Mal zurück.

Der Mangel an Witz tritt bei Goethe und Schiller da am häßlichsten hervor, wo sie in ihren vertraulichen Mitteilungen Menschen, Schriftsteller und Bücher beurteilen. Es geschieht dieses oft sehr derb, oft sehr grob; aber es geschieht ohne Witz. Das Feuer brennt, aber es leuchtet auch; das Licht warnt vor dem Schmerz und bezahlt ihn. Tadel ohne Witz ist Glut ohne Licht. Das Lob braucht den Witz, verträgt ihn nicht; Wohlgefallen ist nur, wo Einheit der Empfindung, und der Witz trennt, zerreißt. Der Tadel braucht ihn; der Witz macht ihn milder, erhebt den Ärger zu einem Kunstwerke. Ohne ihn ist Kritik gemein und boshaft.

Ich weiß nicht, wie hoch die Gesetzbücher der Ästhetik den Witz stellen; aber ohne Witz, sei man noch so großer Dichter, kann man nicht auf die Menschheit wirken. Man wird nur Menschen bewegen, Zeitgenossen und sterben mit ihnen. Ohne Witz hat man kein Herz, die Leiden seiner Brüder zu erraten, keinen Mut, für sie zu streiten. Er ist der Arm, womit der Bettler den Reichen an seine Brust drückt, womit der Kleine den Großen besiegt. Er ist der Enterhaken, der feindliche Schiffe anzieht und festhält. Er ist der unerschrockene Anwalt des Rechtes und der Glaube, der Gott *sieht*, wo ihn noch kein anderer ahndet. Der Witz ist das demokratische Prinzip im Reiche des Geistes; der Volkstribun, der, ob auch ein König wolle, sagt: *ich will nicht!* [...]

Die Geschichte zählt große Menschen, die sind *Register der Vergangenheit:* so Goethe und Schiller. Sie zählt wieder andere, die sind *Inhaltsverzeichnis der Zukunft:* so Voltaire und Lessing. […]

Doch haben Goethe und Schiller das Recht, auf das Volk, dem sie angehören, so stolz herabzusehen? Sie weniger als einer. Sie haben es nicht geliebt, sie haben es verachtet, sie haben für ihr Volk nichts getan. Aber ein Volk ist wie ein Kind, man muß es belehren, man kann es schelten, strafen; doch soll man nur streng scheinen, nicht es sein; man soll den Zorn auf den Lippen haben und Liebe im Herzen. Schiller und Goethe lebten nur unter ausgewählten Menschen, und Schiller war noch ein schlimmerer Aristokrat als Goethe. Dieser hielt es mit den Vornehmen, den Mächtigen, Reichen, mit dem bürgerlichen Adel. *Der* Troß ist zahlreich genug; es kann wohl auch ein Unberechtigter ihrem Zuge folgen und sich unentdeckt in ihre Reihen mischen; und wird er entdeckt, man duldet ihn oft. Schiller aber zechte mit dem *Adel der Menschheit* an einem kleinen Tischchen, und den ungebetenen Gast warf er zornig hinaus. Und seine Ritter der Menschheit wissen das Schwert nicht zu führen, sie schwätzen bloß und lassen sich totschlagen; es ist ein deklamierender Komödiantenadel. Marquis Posa spricht in der Höhle des Tigers wie ein Pfarrer vor seiner zahmen Gemeinde und vergißt, daß man mit Tyrannen kämpfen soll, nicht rechten. Der Vormund eines Volkes muß auch sein Anführer sein; einer Themis ohne Schwert wirft man die Waage an den Kopf. […]

Soden, den 20. Mai

[…] Goethe hätte ein Herkules sein können, sein Vaterland von großem Unrate zu befreien; aber er holte sich bloß die goldenen Äpfel der Hesperiden, die er für sich behielt, und dann setzte er sich zu den Füßen der Omphale und blieb da sitzen. Wie ganz anders lebten und wirkten die großen Dichter und Redner Italiens, Frankreichs und Englands! *Dante*, Krieger, Staatsmann, ja Diplomat, von mächtigen Fürsten geliebt und gehaßt, beschützt und verfolgt, blieb unbekümmert um Liebe und Haß, um Gunst und Tücke, und sang und kämpfte für das Recht. Er fand die alte Hölle zu abgenutzt und schuf eine neue, den Übermut der Großen zu bändigen und den Trug gleißnerischer Priester zu bestrafen. *Alfieri* war reich, ein Edelmann, adelstolz, und doch keuchte er wie ein Lastträger den Parnaß hinauf, um von seinem Gipfel herab die Freiheit zu predigen. *Montesquieu* war ein Staatsdiener, und er schrieb seine persischen Briefe, worin er den Hof verspottete, und seinen Geist der Gesetze, worin er die Gebrechen Frankreichs richtete. *Voltaire* war ein Höfling; aber nur schöne Worte verehrte er den Großen und opferte ihnen nie seine Gesinnung auf. Er trug eine wohlbestellte Perücke, feine Manschetten, seidene Röcke und Strümpfe; aber er ging durch den Kot, sobald ein Verfolger um Hülfe schrie, und holte mit seinen adeligen Händen schuldlos Gerichtete vom Galgen herab. *Rousseau* war ein kranker Bettler und hülfsbedürftig; aber nicht die zarte Pflege, nicht die Freundschaft, selbst der Vornehmen, verführte ihn, er blieb frei und stolz und starb als Bettler. *Milton* vergaß über seine Verse die Not seiner Mitbürger nicht und wirkte für Freiheit und Recht. So waren *Swift*, *Byron*, so ist *Thomas Moore*. Wie war, wie ist *Goethe*? Bürger einer freien Stadt, erinnert er sich nur, daß er Enkel eines Schultheißen ist, der bei der Kaiserkrönung Kammerdienste durfte tun. Ein Kind ehrbarer Eltern, entzückte es ihn, als ihn einst als Knabe ein Gassenbube Bastard schalt, und er schwärmte mit der Phantasie des künftigen Dichters, wessen Prinzen Sohn er wohl möchte sein. So war er, so ist er geblieben. Nie hat er ein armes Wörtchen für sein Volk gesprochen, er, der früher auf der Höhe seines Ruhms unantastbar, später im hohen Alter unverletzlich, hätte sagen dürfen, was kein anderer wagen durfte. Noch vor wenigen Jahren bat er die »hohen und höchsten Regierungen« des deutschen Bundes um Schutz seiner Schriften gegen den Nachdruck. Zugleich um gleichen Schutz für alle deutschen Schriftsteller zu bitten, das fiel ihm nicht ein. Ich hätte mir lieber wie einem Schulbübchen mit dem Lineal auf die Finger klopfen lassen, ehe ich sie dazu gebraucht, um mein *Recht* zu betteln, und um *mein* Recht allein!

Goethe war glücklich auf dieser Erde, und er erkennt sich selbst dafür. Er wird hundert Jahre erreichen; aber auch ein Jahrhundert geht vorüber, und ewig sitzt die Nachwelt. Sie, die furchtlose, unbestechliche Richterin, wird Goethe fragen: Dir ward ein hoher Geist, hast du je die Niedrigkeit beschämt? Der Himmel gab dir eine Feuerzunge, hast du je das Recht verteidigt? Du hattest ein gutes Schwert, aber du warst nur immer dein eigner Wächter! Glücklich hast du gelebt, aber du *hast* gelebt.

Aus meinem Tagebuche (1830):
SSB, Bd. 2, S. 769–772; 784f.; 810f.; 812f.; 819f.

1790.

[…] Was? Goethe ein reichbegabter Mensch, ein Dichter; damals in den schönsten Jahren des Lebens, wo der Jüngling neben dem Manne steht, wo der Baum der Erkenntnis zugleich mit Blüten und mit Früchten pranget – er war im Kriegsrate, er war im Lager der Titanen, da, wo vor vierzig Jahren der zwar freche, doch erhabene Kampf der Könige gegen die Völker begann – und zu nichts begeisterte ihn dieses Schauspiel, zu keiner Liebe, zu keinem Hasse, zu keinem Gebete, zu keiner Verwünschung, zu gar nichts trieb es ihn an als zu einigen Stachelgedichten, so wertlos, nach seiner eigenen Schätzung, daß er sie nicht einmal aufbewahrte, sie dem Leser mitzuteilen? Und als die prächtigsten Regimenter, die schönsten Offiziere an ihm vorüberzogen, da – gleich der jungen blassen Frau eines alten Mannes – bot sich seinem Beobachtungsgeiste kein anderer, kein besserer Stoff der Betrachtung dar als die vergleichende Anatomie? Und als er in Venedig am Ufer des Meeres lustwandelte – Venedig, ein gebautes Märchen aus Tausendundeiner Nacht; wo alles tönt und funkelt: Natur und Kunst, Mensch und Staat, Vergangenheit und Gegenwart, Freiheit und Herrschaft; wo selbst Tyrannei und Mord nur wie Ketten in einer schauerlichen Ballade klirren; die

Seufzerbrücke, die Zehenmänner; es sind Szenen aus dem fabelhaften Tartarus – Venedig, wohin ich sehnsuchtsvolle Blicke wende, doch nicht wage, ihm nahezukommen, denn die Schlange *österreiche Polizei* liegt davorgelagert und schreckt mich mit giftigen Augen zurück – dort, die Sonne war untergegangen, das Abendrot überflutete Meer und Land, und die Purpurwellen des Lichtes schlugen über den felsigen Mann und verklärten den ewig Grauen – und vielleicht kam Werthers Geist über ihn, und dann fühlte er, daß er noch ein Herz habe, daß es eine Menschheit gebe um ihn, einen Gott über ihm, und dann erschrak er wohl über den Schlag seines Herzens, entsetzte sich über den Geist seiner gestorbenen Jugend; die Haare standen ihm zu Berge, und da, in seiner Todesangst, »nach gewohnter Weise, um alle Betrachtungen los zu werden« – – verkroch er sich in einen *geborstenen Schafsschädel* und hielt sich da versteckt, bis wieder Nacht und Kühle über sein Herz gekommen! Und den Mann soll ich verehren? Den soll ich lieben? Eher werfe ich mich vor Vitzliputzli in den Staub; eher will ich Dalai-Lamas Speichel kosten. Hätte Deutschland, ja hätte die ganze Welt nur zwei Dichter, nur zwei Brunnen, ohne die das Herz verschmachten müßte in der Sandwüste des Lebens – nur Kotzebue und Goethe – tausendmal lieber labte ich meinen Durst mit Kotzebues warmer Tränensuppe, die mich doch wenigstens schwitzen macht, als mit Goethes gefrorenem Weine, der nur in den Kopf steigt und dort hinauf alles Leben pumpt.

[…]

1802.

Goethes Gesinnung über Preßfreiheit spricht sich hier gelegentlich aus. Schlegels *Jon* kam zur Aufführung, und schon am Abende der Vorstellung trat »ein Oppositionsversuch unbescheiden hervor; in den Zwischenakten flüsterte man von allerlei Tadelnswürdigem, wozu denn die freilich etwas bedenkliche

Stellung der Mutter erwünschten Anlaß gab. Ein sowohl den Autor als die Intendanz angreifender Aufsatz war in das Modejournal projektiert, aber ernst und kräftig zurückgewiesen; denn es war noch nicht Grundsatz, daß in demselbigen Staat, in derselbigen Stadt es irgendeinem Glied erlaubt sei, das zu zerstören, was andere kurz vorher aufgebaut hatten.«

Briefe aus Paris (51. Brief; 1831):
SSB, Bd. 3, S. 289 f.; 296.

Goethes Briefwechsel mit einem Kinde

[…] Goethe schlug Mignon tot mit seiner Leier und begrub sie tief, und verherrlichte ihr Andenken mit den schönsten Liedern. Die Tote versprach er sich zu lieben, behaglich, nach Bequemlichkeit, nach Zeit und Umständen, und so oft ihn die Optik, Karlsbad und seine gnädigste Herrschaft nicht in Anspruch nähmen.

Aber Mignon war keine Sterbliche. Noch einmal weinte sie, dann ließ sie ihre Hülle sinken und entschwebte. Oben aus einer Gewitterwolke rief sie herab: Wehe dem Undankbaren, der die Gunst der Götter verschmäht! Du hast mich nicht geliebt als Jüngling, so sollst du mich lieben als Greis; du hast mich nicht umarmt in den Tagen deiner Kraft, so sollst du mich umarmen in den Jahren deiner Ohnmacht; du hast mich von dir gestoßen, da ich deine Lust wollte sein, du sollst mich an deine Brust drükken, wenn ich deine Qual werde sein. Lebe nur fort in Hochmut und Todesfurcht, einst erscheine ich dir wieder.

Und wie sie gedroht, vollstreckte sie. Nach vierzig Jahren kam sie wieder und nannte sich Bettine. Sie liebte ihn, und er glaubte, sie spotte seiner; er liebte sie, und sie heuchelte, es nicht zu glauben, und er hatte doppelten Schmerz und war sehr unglücklich. […]

Wer Frankfurt kennt, den Geburtsort der Verfasserin, und ihrem Buche die Bewunderung zuwendet, die es verdient, der wird nicht begreifen können, wie eine in Frankfurt Geborne diese Freiheit des Geistes und des Herzens gewinnen konnte. Die Auflösung des Rätsels liegt darin: Frau von Arnim war eine Katholikin, sie gehörte zu den unterdrückten Volksklassen, sie war also Weltbürgerin, und dieses bewahrte sie vor der Engherzigkeit und der Philisterei, von der sich der Protestant Goethe, dessen Familie zur herrschenden Partei gehörte, nie losmachen konnte. Was machte Goethe, den größten Dichter, zum kleinsten Menschen? Was schlang Hopfen und Petersilie durch seine Lorbeerkrone? Was setzte die Schlafmütze auf seine erhabene Stirne? Was machte ihn zum Knechte der Verhältnisse, zum feigen Philister, zum Kleinstädter? Er war Protestant und seine Familie war ratsfähig. Er war schon sechzig Jahre alt, stand auf dem höchsten Gipfel seines Ruhms, und Weihrauchwolken unter seinen Füßen wollten ihn trennend schützen vor den niedern Leidenschaften der Talbewohner – da ärgerte er sich, als er erfuhr, die Frankfurter Juden forderten Bürgerrecht, und er geiferte gegen die »Humanitätssalbader«, die den Juden das Wort sprächen. Ja, der Gott ärgerte sich und geiferte, und das Kind Bettine mußte ihm weiche Umschläge auf sein gichtisches Herz legen und ihn beschwichtigen wie einen leidenden mürrischen Onkel!

Bettine liebte Goethe wie einst Petrarca seine Laura; sie liebten beide nur die Liebe. Bettine kniete nicht vor Goethe, sie kniete in ihm; er war ihr Tempel, nicht ihr Gott.

Goethe war König, nicht der gemeinen, noch der vornehmen Geister, sondern ein König bürgerlicher Seelen. Ehrfurcht und Liebe umgaben ihn nicht, aber Bettelei und Dankbarkeit. Er war der Gönner der literarischen Gewürzkrämer, die Nationalgarde der Egoisten; verschmähend alles, was allen, hassend das, was den Besten gefiel. Er beschützte die Mittelmäßigkeit der Literatur und ließ sich von ihr bewachen. […]

Es geschah gar nicht selten, daß Bettine von ihrer Begeisterung für Goethe herabstürzte, aber nach ihrer Katzennatur fiel sie immer auf die Beine, und sie tat sich nicht zu weh.

Da ihr Herz heller aufloderte so oft Goethe es berührte, wähnte sie, von ihm käme seine Glut. Und doch war es nichts anderes, als daß er Wasser in ihre Flamme sprützte. Wenn aber der Kälte zuviel kam, die Glut dämpfend statt anzufachen, dann kam Bettine zur Besinnung, und sie erkannte Goethen, und sie pochte mit ihrer Kindeshand zornig an seine eiserne Brust. […]

Goethe fürchtete sich vor der Liebe, denn alles, was er nicht mit Händen greifen konnte, war ihm Gespenst. Er schlug sie tot auf seine gewohnte Weise. Die Liebe war ihm Chemie des Herzens, Sympathie nannte er Wahlverwandtschaft. Er stellte die Liebe in gut verstöpselten Gläsern in sein Laboratorium, und da war ihm wohl.

Bettine erzählt Goethen von seinen Kinderjahren, was sie von seiner Mutter gehört: »Einmal stand jemand am Fenster bei Deiner Mutter, da Du eben über die Straße herkamst mit mehrern andern Knaben; sie bemerkten, daß Du sehr gravitätisch einherschrittest und hielten Dir vor, daß Du Dich mit Deinem Geradehalten sehr sonderbar von den andern Knaben auszeichnetest. Mit diesem mache ich den Anfang, sagtest Du, und später werde ich mich noch mit allerlei auszeichnen.«

Knaben, die sich gerade halten, werden Männer, die sich bükken, und darin hat sich Goethe ausgezeichnet, er hat sich tief gebückt vor allen, die sich noch gerader gehalten als er.

Seine Mutter erzählt weiter: »In seiner Kleidung war er nun ganz entsetzlich eigen; ich mußte ihm täglich drei Toiletten besorgen. Auf einen Stuhl hing ich einen Überrock, lange Beinkleider, ordinäre Weste, stellte ein paar Stiefel dazu. Auf den zweiten einen Frack, seidne Strümpfe, die er schon angehabt hatte, Schuhe usw. Auf den dritten kam alles vom feinsten, nebst Degen und Haarbeutel. Das erste zog er im Hause an, das zweite, wenn er zu täglichen Bekannten ging, das dritte zur Gala.« […]

Wenn Bettine ihre schöne Begeisterung für die Treue, den

Heldenmut der Tiroler und ihren Schmerz und Zorn bei Hofers Tod Goethen anvertraut und von ihm Verständnis, Erwiderung ihrer Gefühle erwartet, muß man da nicht laut auflachen über das närrische Kind, das seiner Puppe seine Leiden vorweint? Und möchte man nicht laut aufweinen, wenn man gewahrt, wie ein so bedeutender Mann als Goethe vor jeder Empfindung bleich wird und zittert, weil er die hypochondrische Einbildung hat, das Herz wäre von Glas und müsse brechen von einer heftigen Berührung? Ja wahrlich, Goethe hatte eine fixe Idee, so traurig als man nur je eine im Irrenhause fand. Die Natur verwahrt alle ihre Kleinodien in Futteralen, wie der Mensch; aber für Goethe galten die Futterale selbst als Kleinodie; innen die Kostbarkeiten gewahrte er gar nicht, und wenn ja, betrachtete er sie als eingeschlossene Diebe, die seinen Schatz bedrohten. Goethe hatte eine lächerliche Schachtelwut; er nannte das Kunstliebe, seine Verehrer nannten es Kunstkennerschaft, Sachdenklichkeit. Aber das war eine betrübte Kunstliebe, eine lächerliche Kunstkennerschaft und eine wahnsinnige Sachdenklichkeit. Jedes Kunstwerk ist der sterbliche Leib eines unsterblichen Gedankens, die Versinnlichung des Übersinnlichen. Aber für Goethe war ein Kunstwerk der Sarg einer Idee, und hörte er etwas sich darin rühren, floh er entsetzt davon, ihm schauderte vor der lebendig begrabenen. [...]

Bettina besiegte Goethen, aber nicht wie die Liebe besiegt: er floh vor ihr, und so eilig und angstvoll, daß er nicht einmal seinen Körper mitnahm.

Die Biene erquickt uns nicht bloß mit Honig, sie spendet uns auch das Licht der Nacht. So soll auch der Dichter sein: süß dem Freudedurstigen, leuchtend in der Dunkelheit der Trauer. Goethe war nur das erstere, der Dichter der Glücklichen, er war nicht der Dichter der Menge. Keiner weint an seinem Grabe, denn nur die Unglücklichen haben Tränen. [...]

Goethe hat sich mit wenigen Worten treffender und wahrer geschildert, als es irgend ein anderer vermöchte. Er sagt in seinem Leben: *»Es liegt nun einmal in meiner Natur, ich will lie-*

ber eine Ungerechtigkeit begehen, als eine Unordnung ertra-
gen.« […]

Blind ist jede Liebe, aber blinder hat sie sich noch nie gezeigt
als bei Bettine. Ihr Buch, bekannt gemacht zur Verherrlichung
Goethes, hat seine Blöße gezeigt, hat seine geheimsten Gebrechen aufgedeckt. Die arme Bettine rieb sich die Hände wund
ihren Gott zu reinigen, es gelang ihr nicht; sie hat ihm manchmal
den Kopf gewaschen, aber das Herz konnte sie ihm nicht waschen. Wäre die Liebe nicht blind, hätte sie statt *zu* Goethe *für*
ihn gebetet, gebetet mit seinen eignen schönen Worten:

> Ist auf deinem Psalter,
> Vater der Liebe, ein Ton
> Seinem Ohre vernehmlich,
> So erquicke sein Herz!
> Öffne den umwölkten Blick
> Über die tausend Quellen
> Neben dem Durstenden
> In der Wüste.

Goethes Briefwechsel mit einem Kinde (1835):
SSB, Bd. 2, S. 856–859; 863–865; 868 f.

»Die Zeit läuft wie ein Reh vor uns her«

Börne, der Zeitgeschichtsschreiber

Ankündigung der ›Wage‹

[…] Wenn ein Zeitschriftsteller auch nur der Fuhrmann der Wissenschaft und der Geschichte wäre, bliebe er doch ein ehrenwerter Mann; aber er ist mehr als das. Er reicht uns das Gefäß, das unentbehrlich ist, um an der Quelle der Wahrheit für den Durst des Augenblicks zu schöpfen.

Denn die Ausbeute edler Wissenschaft, durch mühsame Forschung aus der Tiefe des menschlichen Geistes zutage gebracht, liegt oft in verborgenen Gemächern lange Zeit unberührt, dem Besitzer ohne Lust und Vorteil, dem Entbehrenden unbekannt oder unzugänglich, und so geschieht, daß viele in klar gewordenen oder dunkeln Bedürfnissen mitten unter ihren Schätzen darben. Alles Wissen ist nicht mehr als das Metall, womit sich das Leben bezahlt; für sich ungenießbar, gibt es nur Anweisung auf Genuß, und erst durch Hingeben empfängt man seinen Wert. Aber die *Barren* der Wahrheit, von Reichen an Geist in großen Werken niedergelegt, sind nicht dienlich, um die kleinen täglichen Bedürfnisse der Unbemittelten damit zu vergelten. Diese Brauchbarkeit hat nur das *ausgemünzte* Wissen.

Die Zeitschriften sind es, welche diese Münzen bilden; von der Ausbeute der Erkenntnis geprägt, unterhalten sie den Wechselverkehr zwischen Lehre und Ausübung. Nur sie führen die Wissenschaft ins Leben ein und das Leben zur Wissenschaft zurück. […] Für wen die Geschichte arbeitet, weiß keiner vorherzusagen, aber wer am meisten dabei gewann, für den *hat* sie gearbeitet. Und wer möchte den Bemühungen der dreißig letzten Jahre mehr abgewonnen haben als unser Vaterland, das am meisten zu erwerben hatte, weil es am wenigsten besaß?

Die Aussagen der Zeit zu erlauschen, ihr Mienenspiel zu deuten und beides niederzuschreiben, wäre ein ehrenvoller Dienst, selbst wenn er nicht gefahrvoll wäre. Daß er auch dieses ist, vermehrt seinen Reiz, und nur die Schwachheit vermag einer solchen Lockung zu widerstehen. Die Menschen haben Furcht, als wären sie Geschöpfe von nur augenblicklicher Dauer. Darum unterbleibt so vieles Gute in Worten wie in Taten. [...]

Die *Wage*, als ein Tagebuch der Zeit, soll nichts unbedacht lassen, was die Teilnahme der Verständigen und Gefühlvollen besitzt oder verdient. Sie wird besprechen: das *bürgerliche Leben*, *die Wissenschaft* und *die Kunst*, vorzüglich aber die heilige Einheit jener drei. Denn nicht die Kraft und Bewegung des ersten, nicht die Fruchtbarkeit der andern, nicht die Blüte der dritten vermag für sich allein die Menschheit zu beseligen; nur ihre Verbindung kann es. Und *das* ist's was das gegenwärtige Geschlecht an Glück und Bedeutung über das vergangene erhebt, daß es Arbeit und Arbeit, Lust und Lust nicht mehr so feindlich teilt und die Toga des Bürgers zugleich das Feierkleid des fröhlichen Menschen und das Hausgewand des ruhenden Vaters sein darf.

Woher es komme, daß wir, ungleich den Völkern des Altertums, uns der Meinung unterworfen haben, daß das menschliche Dasein zur Knechtarbeit bestimmt, daß die Freude nur die vergängliche Blüte, nicht die dauernde Wurzel des Lebens sei, daß wir nur genießen, um zur Entbehrung neue Kräfte zu sammeln, der Zukunft jede Gegenwart aufopfernd, und dieses bis in die Ewigkeit hinüberrechnend – woher alle dieser Jammer fließe – dies in wenigen Worten zu sagen, wäre gefährlich, und fruchtlos ist's, wo man, sich verständlich zu machen, vieler Worte bedarf. Aber wahrlich, seitdem uns des Lebens Spiel nicht heilig mehr erscheint, ist uns das Heilige zum Spiel herabgesunken. Das glücklichste aller Völker, bei dem jene düstere Lebensansicht am wenigsten vorherrscht und das den alten Griechen am meisten gleicht, ist das *französische*. Wer in seinen Zeitschriften liest, wie auf derselben Blattseite Talmas Spiel auf der Bühne und das der Minister in den Kammern, beides mit gleichem Ernste und gleicher Heiterkeit, besprochen wird; der Deutsche, der dies wahrnimmt und nur lächelt, nicht trauert, der weiß es nicht, welch einen Vorsprung die Franzosen vor uns haben, die wir immer nur plötzlich und mit Gefahr der Gesundheit aus dem umschlossenen gewärmten Tempel der Kunst in die kalte Zugluft des bürgerlichen Lebens übertreten.

Die *Kunst*, welche, das Geschöpf zum Schöpfer erhebend, und, indem sie das Leben ein- und fortpflanzt, allen Wesen, die sie beseelt, Unsterblichkeit gibt, hat vor dem Kriege des Himmels mit der Erde und des Ewigen mit der Vergänglichkeit schon längst sich und alle ihre Habe geflüchtet. Als die Griechen noch Götter *und* Helden besaßen, hatten sie Tempel und Bildwerke für beides. Als im Mittelalter in den Staaten Italiens ein kräftiges und üppiges Bürgerleben sich entfaltete und die Nacht des Wissens durch den Stern der Religion erhellt ward, da entblieben die Dichter und Maler auch nicht. Wie aber könnte Bildnerei bei einem Volke ohne Umriß und öffentliches Leben und Malerkunst da gedeihen, wo Philosophie mit dem Glauben kämpft? – Die deutsche Dichtkunst liegt im Dämmerscheine; ob es Morgen- oder Abenddämmerung sei – ich weiß es nicht. Schöne rote Streifen am Himmel reden für beides. – Die *Tonkunst* ist die einzige, deren die Deutschen Meister sind und worin sie den übrigen Völkern es zuvortun. [...]

Diesen Künsten soll in der *Wage* ein Platz angewiesen werden, welcher der Würde, die sie im öffentlichen Leben der Deutschen genießen, angemessen ist.

Die *Schauspielkunst* zeigt jetzt in Deutschland einen raschen Lebenstrieb, und der Volkstümlichkeit bald vorgehend, bald nacheilend, verdient sie eine hohe Aufmerksamkeit. [...] Man sagt, die Wissenschaft in Deutschland habe an Tiefe verloren; es mag sein, aber sie hat an Ausbreitung gewonnen. Die durch Dünger getriebene Gelehrsamkeit der Kunstgärtnerei zieht den

Blick nicht so heiter an als die ins Freie gepflanzte Wissenschaft, durch deren Zweige der frische Hauch des öffentlichen Lebens weht. Aus dem Leipziger Meßverzeichnisse, dem schönsten unter allen in Deutschland erscheinenden Büchern, ersieht man mit Freude, wie der vaterländische Sinn immer mehr und mehr heranwachse und selbst die entferntesten Wissenschaften herbeieilen, das Bürgertum zu begrüßen.

In unserer Zeitschrift sollen die vorzüglichsten Werke der vaterländischen Wissenschaft, jene zumal, die von bürgerlichen Dingen handeln, beurteilt werden, und damit keine Einseitigkeit der Kritik sich geltend machen könne, wird man die Aussprüche von Männern *verschiedenartiger* Ansichten zu erlangen suchen.

Auf das *bürgerliche Leben* endlich, in welchem die verschiedenen Kräfte der menschlichen Natur sich vermählen und fruchtbar werden, wird unser Blick und Sinn, wie die Zeit selbst es tut, am häufigsten gerichtet sein. Hätten die, welche alle Macht besaßen, die Befriedigung eines natürlichen Triebes nicht so lange verwehrt, dann wäre dieser gesunde Trieb nie in eine krankhafte Sucht ausgeartet. So mögen sie denn ihre unbeschreibliche Angst als Strafe ihres Vergehens in Demut tragen.

[…] Dem geendigten Waffenkriege, der fünfundzwanzig Jahre die Länder Europens durchzog, folgte, was ihm vorhergegangen war, ein Krieg der Meinungen. Dieser Kampf wird nur gefährlich, wenn er dafür geachtet wird: es ist sonst nichts zu fürchten als die Furcht. […]

Wie die Zeitschriftsteller diesen Meinungskampf über Angelegenheiten des bürgerlichen Lebens zu beobachten und seinen abwechselnden Erfolg zu berichten hätten, darüber ist mehr gesprochen als gedacht worden. […]

Mancher Tadel schon hat diejenigen getroffen, die über unsere bürgerlichen Einrichtungen öffentlich sprachen. Die Schriftsteller, diesmal im Besitze der Übermacht, haben die Vorwürfe, die sie empfingen, zürnend und kräftig zurückgeworfen. Der Streit ist nicht ohne Verwicklung, doch bedarf es mehr Gerechtigkeit als Schlauheit, um den Richterspruch zu fällen. Mir, der ich jetzt eben selbst auf die Seite der Angeklagten trete, ziemt keine Entscheidung hierüber. Sie bleibe dem Leser überlassen, und zu dessen Richtschnur werde einiges hier mitgeteilt von dem, was diese, und von dem, was jene sagen.

Man kann von dem Schriftsteller nicht fordern, daß er ohne Haß und ohne Liebe sei und über alle Wolken der Selbstsucht erhaben die Gewitter nur *unter* sich wahrnehme. Wie sollte er allein von den Banden der Eigenliebe frei bleiben und nicht auch manchmal in dem Gesetze seines eigenen Vorteils die Regel der Weltordnung zu sehen glauben? Aber *das* mag jederzeit von ihm verlangt werden, daß er der Möglichkeit jenes Einflusses sich bewußt bleibe und nicht keck und unbesonnen auf die Unfehlbarkeit seiner Ansichten trotze. Daß er sie gegen jeden zu verfechten und geltend zu machen suche, ist nicht unrühmlich, weil es für den Ernst der innern Überzeugung spricht. Aber wer den Fehdehandschuh herausfordernd hingeworfen hat, darf keinen Kämpfer zurückweisen und, wie es oft geschieht, seine aus selbstbewußter Schwäche entspringende Furcht hinter eine angenommene Geringschätzung verbergen. Es gibt in Deutschland auch nicht *eine* Zeitschrift, welche so unparteiisch wäre, daß sie die ihr feindlich begegnenden Meinungen nicht bloß dann aufnimmt, wenn sie erprobt hat, daß sie sie schlagen werde, sondern es auch täte, wenn der Sieg zweifelhaft oder dem Sieger geblieben ist. Sie nehmen immer nur die Leichen ihrer Feinde mit prahlerischer Großmut gastlich auf. Der Sklave seiner eigenen Meinung trägt auch schimpfliche Ketten; man soll nicht der Diener der guten Sache, sondern ihr Freund sein. Es gibt nur eine *verwerfliche* Meinung, die *verwerfende*, welche keine andere als die ihr gleichen duldet. Eine Zeitschrift müßte jeder Ansicht offenstehen, und einer schädlichen oder dafür gehaltenen den Platz zu versagen, ist ebenso unverständig, als es wäre, aus der Naturgeschichte die Lehre der Giftpflanzen und bissigen Tiere verdrängen zu wollen. In der *Wage* soll jede Ansicht, auch wenn ihr der Herausgeber nicht gewogen ist, dennoch eine willige Aufnahme finden; ja, sie soll sehr willkommen sein, weil am

Widerspruche die Wahrheit erstarkt. Nur möge man es nicht als einen Verrat an der Gastfreundschaft ansehen, wenn der Wirt selbst das, was ihm an seinen Gästen nicht behagt, freimütig tadelt oder geschehen läßt, daß es andere rügen.

[...] Der Herausgeber wird sich ernstlich bemühen, die Wärme der Leidenschaft ohne ihre Ungebührlichkeit sich anzueignen, und Gott gebe, daß ihm dieses Bestreben für gelungen angerechnet werde; denn gar verschieden sind die Deutungen der Menschen! Aber die Preßfreiheit in ihren jetzigen Flegeljahren hat Unarten milderer Art. Auch *sie* vermeiden ist gut, sie entschuldigen ist besser, und das beste sie ganz unschuldig finden. Man denke nur daran, daß es eine Zeit gab, wo Kinder *artig* genannt wurden, wenn sie steif wie Wachskerzen um den elterlichen Tisch saßen und Messer und Gabel wie nach dem Takte der Galeerenruder an den Mund brachten, und daß damals die Erziehung gleich einer garstigen Raupe die schönsten Blüten der Jugendjahre abfraß. Man sei dieser Vergangenheit eingedenk und wolle dem aufblühenden deutschen Volke aus Grämlichkeit und mißverstandener Liebe die Spiele nicht verderben, welche die beste Schule für den männlichen Ernst ist.

Über die Freimütigkeit, welche demjenigen, der über bürgerliche Angelegenheiten des Vaterlandes und fremder Staaten öffentlich urteilt, zieme oder nicht, sei mir noch ein freundlich-ernstes Wort verstattet. Ich hoffe mit Männern zu reden, bei denen eine kindische Geisterscheu nie Eingang fand und welche kein Rauschen der Blätter erschreckt. Das lange Stubenleben hat die Deutschen dem öffentlichen entwöhnt, und das beständige Tragen von Schafs- oder Wolfspelzen hat Niedere und Vornehme gegen den Eindruck jedes Lüftchens empfindlich gemacht. [...]

Die *gemäßigten Schriftsteller*, als solche angesehen, wenn sie nur der *geeichten Maße* sich bedienen, sind die allein gefährlichen. Sie bilden die wahre *Aqua Tofana*, welche die öffentliche Meinung siech und welk macht und deren Gift weder durch Geschmack noch Farbe noch schnelles Wirken eine rettende Warnung gibt. Indem sie Fürsten und Völkern zugleich schmeicheln durch das zur Hälfte zugesprochene Recht, jener auf Eigenmacht, dieser auf Freiheit, machen sie die einen lüstern, die andern schlaff und verderben beide.

Noch so manches wird, verschuldet oder nicht, den Zeitschriftstellern, die nicht sind wie die oben erwähnten, als Vergehen angerechnet. Aber, da es in unsern Tagen leichter ist, andere als sich selbst betrügen, so mögen die schlauen Eiferer, wenn sie allein sind und sie keiner beobachtet, die Hand auf ihr Herz legen und sich fragen: ob ihnen der *Gebrauch* der Redefreiheit oder ihr *Mißbrauch* gefährlicher dünke? Sie werden die Antwort hören.

Oft reißt die Geschichte ein Wort stammelnd auseinander, aber es sollen die Zeitschriftsteller nicht gleich einem Echo nur die letzte Silbe der Ereignisse, sondern das ganze verständliche Wort wiederholen. Die Begebenheiten, diese Früchte der Zeit, haben ihren Endpunkt der Reife, wo sie gesammelt werden müssen; doch gelingt es nicht immer, sich jener flüchtigen Minute zu bemächtigen. Daher geschieht, daß die Zeitschriftsteller bald den Baum der Geschichte zu frühe schütteln und ihren hungrigen Gästen unreifes Obst vorsetzen, bald es zu spät tun, wann die Früchte schon faul und ungenießbar geworden sind.

Der Herausgeber dieser Blätter glaubt, daß Mißgriffe erwähnter Art öfterer, als es geschieht, vermieden werden könnten. Doch wird manches andere von Zeitschriftstellern gefordert, was nicht immer gewährt werden kann. Glaubt man etwa, die Forderung, stets nur wirkliche Begebenheiten, niemals Lügen zu verkündigen, wäre so leicht zu erfüllen? Ei, gewiß nicht. Es werden jetzt so schön plattierte Lügen verfertigt, daß sie von echten Nachrichten gar nicht zu unterscheiden sind. Man sei doch nachsichtlicher hierin und bedenke, daß große Lügen, die allgemeinen Glauben suchen oder finden, für die Zeitgeschichte nicht minder wichtig sind als wirklich geschehene Dinge, weil sie am deutlichsten aussprechen, was die öffentliche Meinung wünscht, hofft oder fürchtet.

Daß eine Zeitschrift wie eine Postkutsche an bestimmten Tagen und Stunden abgehe, gleichviel ob leer oder voll, diese Einrichtung ist ganz vortrefflich, der Tod und die Ehe lassen es wenigstens an blinden Passagieren niemals fehlen. Aber da es solcher Anstalten schon so viele gibt, so ist ihre Vermehrung unnötig. Die *Wage* wird sich erst dann in Bewegung setzen, wenn Geschichte oder Wissenschaft sie befrachtet hat, und ihre Erscheinung kann daher an keine bestimmte Zeit gebunden sein.

Sie hätte wohl gewünscht, ihre Ansichten in Scheidemünze auszugeben, daß die Leser auch das kleinste und flüchtigste Ereignis erstehen mögen; aber die Erfüllung dieses Wunsches blieb versagt. Cäsar, heißt es, habe den hagern Cassius gescheut, doch bei dem beleibten Antonius sei ihm wohlgemut gewesen. Die Herrscher wechseln, und die Herrschsucht bleibt; darum wird auch jetzt noch der flinke Geist gefürchtet, und nur neben dem Dickbäuchigen fühlt man sich sicher. *Große* Schriften sind ungehinderter in ihrem *Laufe*, die *kleinen* bleiben manchmal *hängen* – *Dat veniam corvis, vexat censura columbas.*[1] – Darum, o werte Leser, findet ihr künftig, daß in unsern Reden nicht alles Geist und Blut ist, sondern auch unnützes Werg darinsteckt und Tagblättergedanken mit Wulst umgeben erscheinen, so wißt ihr, warum es geschah; sie haben sich nicht ausgestopft, um sich zu brüsten; sondern nur, um dicker und beliebter zu werden.

Der Geist des öffentlichen Lebens erfrischt noch lange nicht genug alle Glieder des deutschen Staatskörpers, am wenigsten in jenen Landstrichen, die in der Mitte zwischen süddeutscher und norddeutscher Gesinnung liegen. Den Bewohnern jener Gegend dämmert es nur noch über vaterländische Dinge; unter ihnen ist es nicht dunkel genug, um das Licht unentbehrlich zu finden, und nicht hell genug, um es zu entbehren. Für sie tut es am meisten not, daß die zerstreuten Lichtstrahlen sich zu einem Brennpunkte vereinen, der ihre Vaterlandsliebe entzünde. Bedarf es einer lautern Aufforderung an die vielen geistreichen und

---

1 Anspielung auf die erst durch die Karlsbader Beschlüsse von 1819 für obligatorisch erklärte Zensur aller Publikationen unter 20 Druckseiten. Lat. Zitat nach Juvenal: ›Die Zensur gewährt den Raben Nachsicht, quält jedoch die Tauben‹.

mutigen Männer unter ihnen, zu einem so edlen Vorhaben sich zu verbinden, und kann der Herausgeber der *Wage* anders als mit Zuversicht auf ihren Beistand zählen?

Gefährlich ist nur das unterdrückte Wort, das verachtete rächt sich, das ausgesprochene ist nie vergebens. Es ist Täuschung oder Schwachsinn, zu wähnen, die Rede sei ja fruchtlos gewesen. Was die öffentliche Meinung *ernst* fordert, versagt ihr keiner; was ihr abgeschlagen worden, das hatte sie nur mit Gleichgültigkeit verlangt.

Ankündigung der ›Wage‹ (1818):
SSB, Bd. 1, S. 668–684.

Die Industrieausstellung im Louvre

Die französischen Blätter, welche mit sympathetischer Dinte schreiben, nämlich im guten Geiste – was *wir* so nennen – malten wohlgefällig, glänzend genug, doch freilich auf ihre Art, das Bild aus, wie in den Spielen der Völker sich immer der Ernst ihres Lebens verrate. So bei den Griechen in den Olympischen, Isthmischen und Nemäischen Spielen; so bei den Römern in ihren Gladiatorenkämpfen; so in den Ritterspielen des Mittelalters; so in den spanischen Ketzergerichten; so im venetianischen Karneval; so endlich in den Wettkämpfen des Gewerbfleißes, welche seit zwanzig Jahren in Frankreich eingeführt und deren Schauspiele in dieser letzten Zeit erneuert worden. Die Vergleichung ist wichtig und ersprießlich; nur muß sie das Urteil bald zur gehörigen Gleichung, bald zur gehörigen Unterscheidung führen – welches aber jenen Blättern nicht immer gelungen ist. Die Spiele der Griechen waren nicht Blüten, sie waren Früchte ihres Ernstes. Bei diesem glücklichen Volke saß weder der Staat, noch die Religion, noch Kunst, noch Wissenschaft, noch sinnlicher Genuß alleinherrschend auf dem Throne des Lebens; sie strebten nach einer allgemeinen Ausbildung; das ganze Leben war der Zweck des ganzen Lebens, und sie erfreuten sich einer reinen Demokratie aller sinnlichen und geistigen Kräfte, aller Neigungen und Begehrungen. Nicht nur die Völkerschaften, Städte und Gemeinden: alle Glieder, Sinne und Organe des Körpers, alle Kräfte, Fähigkeiten und Empfänglichkeiten der Seele schickten ihre Abgesandten und Vorsteher nach Olymp. Es war ein Erntefest, wie wir seitdem kein zweites sahen. Rom, von einer Wölfin gesäugt, war raubgierig bis zu seinem Untergange, und als das Lamm den Wolf verzehrt, ging das Blut des Wolfes in die Adern des Lammes über; die Raubsucht blieb, nur daß das listige Fischernetz an die Stelle des offen drohenden Gebisses kam. Im Kriege tauchte Rom sein Schwert, im Frieden seine Blicke in Menschenblut – das waren die Gladiatorenkämpfe. In den Ritterspielen war das Spiegelbild nicht eines schönen, doch eines würdigen Ernstes. An die Stelle der jungfräulichen Grazien waren Religion, Liebe und Tapferkeit getreten und pflegten mütterlich das Leben – derer, die eins hatten. Das Volk lebte nicht. Doch war jene Zeit immer schöner, als eine spätere; denn es ist besser, daß viele vieles, als das alle nichts sind. In den Lustfeuerwerken der spanischen Inquisition leuchtete der gräßliche Wiederschein eines gräßlichen Ernstes. Das spanische Volk, wahnsinnig fromm, begoß mit Menschenblut die himmlische Palme. Und man wolle nicht sagen, nicht das Volk habe das getan, sondern die geistliche Macht, die es niedergehalten – jede Tyrannei, die ein Volk duldet, übt es selbst, und es hat sie zu verantworten. Auf der hohen Leiter der Sünden steht Schwäche auf der ersten Sprosse, Feigheit auf der zweiten, und über diese weg muß die Macht schreiten, will sie zum Gipfel klettern, wo die Tyrannei sitzt. Das venetianische Karneval war, abgerechnet was christlicher Kultus überall in diese Lustbarkeit gebracht, eine Spielübung der Eifersucht und der Untreue, der Herrschbegierde und der Freiheitsliebe; Männer und Frauen, Herrscher und Untertanen vermummten sich, jene, um zu lauern, diese, um der Lauer zu entgehen. Aber von allen jenen Abbildern des Volkslebens weit verschieden sind die Wettkämpfe, welche die neuen Franzosen auf dem Felde des Kunstfleißes anstellen. Dort war es immer ein sittlicher Zweck, ein guter oder ein schlechter, ein schöner oder ein häßlicher, der spielend erstrebt wurde; immer wurde die Kindlichkeit der Entsagung oder der Wahnsinn der Selbstverleugnung oder der mutige Gebrauch der ausgebildeten Herrscherkraft angefeuert und belohnt. Hier aber wird nichts getrieben und vergolten als der Verstand des Eigennutzes. Zwar bemerken die Liberalen tückisch und schadenfroh: im Flore des französischen Kunstfleißes zeige sich die Frucht der Macht, die sich seit der Revolution der Bürgerstand angeeignet, wie auch die Saat der künftigen Macht, die er noch zu erwerben gedenke – und freilich ist es so. Ist das aber ein erquicklicher Zustand? Ist das ein wohltuendes Schauspiel? Bei den Griechen war die Freiheit ein Geschenk der Götter, das man nur verlor, wenn man es verschmähete; jetzt ist die Freiheit der Sold der Arbeit, den man oft nicht erlangt, auch wenn man ihn verdiente. Bei den Griechen war das Volk das Positive, die Regierung das Negative, der Wille war im Volke, die Widerstrebung in der Regierung – wie es auch die ursprüngliche und einzige Bestimmung jeder Regierung ist, sich dem Mißbrauche der Freiheit zu widersetzen. Jetzt aber ist die Regierung das Positive und das Volk das Negative, der Wille ist in der Regierung und das Hindernis im Volke, und wir alle sind so gut erzogen, daß selbst die heftigsten Liberalen ihre Wünsche zu nichts höherm hinaufschwindeln, als nur eine recht starke Opposition zu haben. Ist dieser Kriegszustand ein erfreulicher? Ist es erquicklich, zu sehen, daß ein Volk die Macht belagert und daß die Macht auf das Volk ausfällt? Gewiß nicht; und ist das die Zufriedenheit, welche der Reichtum des französischen Bürgerstandes jenen Wortführern einflößt, dann sind sie sehr genügsam oder sehr unverständig.

Will man genau ausmessen, wie weit die Wettkämpfe der Franzosen von denen der genannten alten Völker an sittlicher Bedeutung abstehen: so vergleiche man die Preise, die hier und dort den Siegern erteilt worden. Die *Art* des Kampfpreises ist gleichgültig; Orden, Medaillen oder Kränze von Olivenblättern – sie waren alle sinnbildlich. Aber wie verschieden ist die Wirkung, die sie hier und die sie dort bei den Siegern hervorgebracht! *Diagoras von Rhodus*, ein Mann, ausgezeichnet durch Tugenden und Geburt, führte zwei seiner Söhne zu den Olympischen Spielen und sie gewannen beide den Preis. Kaum hatten sie die Krone erlangt, als sie sie auf das Haupt des alten Vaters setzten, diesen auf ihre Schultern hoben und ihn unter der zujauchzenden Menge herumtrugen. Das frohlockende Griechenland warf Blumen auf Vater und Kinder, und einige riefen: »Stirb, Diagoras; du hast nichts mehr zu wünschen!« Und auf dieses Gebot starb der Greis, niedergedrückt von der Last seines Entzückens … Ein anderer hatte im Wettrennen gesiegt; aber die Richter versagten ihm den verdienten Kranz, weil er seinem Mitbewerber ein Bein untergestellt, welches gegen die strenge Ordnung war. Über diese getäuschte Hoffnung verlor der Unglückliche den Verstand, stürzte im Wahnsinn in eine Kinderschule, warf die Säule um, die das Dach trug, und sechzig arme Kinder wurden zerquetscht! – Mehr als hundert französische Fabrikanten haben Ehrenkreuze oder goldene Medaillen erhalten; aber gewiß hatte keiner unter ihnen einen Vater, den aus Entzücken, daß sein Sohn *et Compagnie* im Wollentücherwettkampf den Preis gewonnen, der Schlag gerührt. Tausend andere Fabrikanten, die sich um den Preis bewarben, haben ihn nicht erhalten, und man hat nicht gehört, daß einer von ihnen den Verstand verloren und in seinem bedauernswürdigen Wahnsinne unter dem Fabrikpreise verkauft. Das ist der Maßstab für sonst und jetzt.

Treffender ist eine andere Vergleichung, welche jene Blätter angestellt: eine Vergleichung der jetzigen Zeit nicht mit der ältesten, sondern nur mit einer ältern. Sie führen die Einbildungskraft des Lesers in die Mitte eines Ritterturniers am französischen Hofe. Der König auf seinem Thron; die herrlich schönen Frauen; alle die lebensfrohen kräftigen Ritter! Seht die schimmernden Waffen, den Samt, die Seide, das Gold, das reiche Pferdegeschirr, den glänzenden Stahl, die stolzen Reigerfedern! Welches Leben! Welche Fülle des Lebens! Aber reißt die Schranken weg, die den Kampfplatz umgeben, und dahinter ist ein bleiches Volk in Lumpen! Aber diese Waffen, diesen Samt, dieses Gold, dieses Pferdegeschirr, diesen Stahl, diese Reigerbüsche, diese kostbare Seide, dieses Leder sogar – Syrien, Persien, Italien, Venedig, Belgien, Mauritianien haben das alle herbeigeführt und verkauft; nichts davon wurde in Frankreich von Franzosen verfertigt. Am Hofe war Laster, List und Reichtum; im Volke war Unwissenheit, Tölpelhaftigkeit und Armut.

Fast merkwürdiger als das Schauspiel dünkte mir der Schauplatz der Industrieausstellung. Im Louvre fand sie statt; in diesem Louvre, das Jahrhunderte die mächtigsten Könige der Welt bewohnten, das nie ein bürgerlicher Fuß betreten, er müßte denn gekommen sein, dankend oder bettelnd hinzuknieen! Hunderttausende von Bürgern und Handwerkern gingen nun mit bestäubten Füßen in den königlichen Sälen auf und ab; und die herrlichen, so berühmten Säulenreihen waren ihrem Ergötzen und ihrem nahen Erstaunen preisgegeben, und sie sahen von dort auf den Platz hinab, von welchem fünf Menschengeschlechter nur immer ehrfurchtsvoll hinaufgesehen! Das französische Volk hat sich die *Ehre des Louvre* genommen – das ist nicht etwas, das ist viel. [...]

Schilderungen aus Paris (1823):
SSB, Bd. 2, S. 131–136.

Paris, Sonntag, den 30. Januar 1831

[...] Mir auch schrieb Campe, er erwarte, ich würde im achten Bande etwas *Zeitgemäßes* sagen. Dieser achte Band, den ich machen sollte, hier in Paris, eine Viertelstunde von den Tuilerien, eine halbe vom Stadthause entfernt – es gibt nichts Komischeres! Was, wo, worauf, womit soll ich schreiben? Der Boden zittert, es zittert der Tisch, das Pult, Hand und Herz zittern, und die Geschichte, vom Sturme bewegt, zittert selbst. Ich kann nicht wiederkäuen, was ich mit so viel Lust verzehrt; dazu bin ich nicht Ochs genug. Prophet wollte ich ihm sein, zwölf Bände durch. Und was kann der Deutsche anderes sein als Prophet? Wir sind keine Geschichtsschreiber, sondern Geschichtstreiber. Die Zeit läuft wie ein Reh vor uns her, wir, die Hunde, hintendrein. Sie wird noch lange laufen, ehe wir sie einholen, es wird noch lange dauern, bis wir Geschichtsschreiber werden. [...]

Briefe aus Paris (31. Brief; 1831):
SSB, Bd. 3, S. 156.

Paris, Freitag, den 30. Dezember 1831
[...] Die Simonisten halten jeden Sonntag öffentliche Vorlesungen, in welchen sie ihre Lehren zusammenstellen und erläutern. Ich habe aber diesen Predigten nie beigewohnt. Man muß zwei Stunden vorher da sein, um Platz zu finden, und so viel Zeit mochte ich nicht darauf verwenden. Aus gleichem Grunde war ich auch noch nie in einer Kammersitzung, bei den Verhandlungen der Assisen, noch in einer der öffentlichen Versammlungen, die hier fast jede Woche gehalten werden. Das bürgerliche Leben, das in seinem ganzen Umfange und in allen seinen Stockwerken öffentlich geworden, hat die Architektur hinter sich gelassen, die monarchisch und aristokratisch geblieben. Es gibt in Paris kein öffentliches Gebäude, das selbst für das bescheidenste Bedürfnis einer Volksversammlung Raum genug hätte. Es ist lächerlich, wie wenige öffentliche Sitze in der Deputiertenkammer sind. Die Regierungen, wenn sie die Freiheit mit keinen moralischen Schranken mehr umziehen dürfen, engen sie wenigstens soviel und solang als möglich mit Steinmauern ein. Der Saal, den die Simonisten haben, der ist nun besonders klein, und ich glaube, daß sie ihn aus Schelmerei so gewählt, damit die

Zuhörer um so begieriger herbeiströmen. Wo die Pariser keinen Platz finden, da eilen sie am liebsten hin, besonders die Frauenzimmer; es ist ihre Wonne, gestoßen und gedrückt zu werden.

Was mich bis jetzt von einer nähern Bekanntschaft, nicht mit den Grundsätzen, sondern mit den Lehren der Simonisten, abgehalten, ist die monarchische Verfassung ihrer Kirche. Sie haben einen Papst; vor solchem kreuze ich mich wie vor dem Satan. Sie haben eine Autorität; die fürchte ich noch mehr als den Räuber im finstern Walde. Ich lasse mich von keiner Wahrheit gern einschränken; ich trinke, wie der goldgelockte Felix im »Wilhelm Meister«, am liebsten aus der Flasche. Wenn ein Papst mir sagt: zweimal zwei ist vier – glaube ich es ihm nicht, und habe ich es früher gewußt, fange ich an, daran zu zweifeln. Zwar weiß ich recht gut, daß keine neue Kirche der monarchischen Leitung entbehren kann; das Christentum selbst blieb schwach, ward verfolgt und geschlagen, solange es republikanisch war, und wurde erst stark, siegend und erobernd, als es einen höchsten Bischof an seine Spitze stellte. Jedem Staate ist die monarchische Gewalt in seiner Kindheit die Laufbank, in seinem Greisenalter eine Krücke; Freiheit gehört dem Jünglingsalter und den männlichen Jahren. Aber, ob ich auch das begreife, verabscheue ich doch die Monarchie für jedes Verhältnis und für jede Zeit. Ein junger Staat soll lieber auf allen vieren kriechen und etwas später gehen lernen, soll lieber, sobald er das Greisenalter erreicht, sich freiwillig den Tod geben, als gemächliche und schnellere Entwicklung seiner Glieder, als einige Jahre Frist jämmerlichen Daseins mit der Freiheit bezahlen. Wie einem die Regierung oft alle bürgerliche Gesellschaft, das System die schönste Philosophie verleiden kann; so verleidet einem die Kirche jeden Glauben. *Muß* ich selig sein im Paradiese, dann *will* ich lieber in der Hölle leiden. Es liegt gar nicht so viel daran, daß eine neue Wahrheit sich schnell und weit umherverbreite; sie wird leicht an Würde verlieren, was sie an Macht, im Werte verlieren, was sie im Preise gewinnt.

Sie fragen mich: ob die Simonisten etwa das reine Christentum herzustellen suchen. Ich glaube es. Aber was heißt *reines Chri-*

stentum? Es gibt nur *eine* reine Quelle des wahren Glaubens, und aus dieser fließen die mannigfaltigen Strome der Religionen, die nach und nach den Schlamm der Ufer abspülen und sich mit allem besudeln, was die schmutzigen Menschen hineingeworfen. Die Simonisten mögen wohl in Frankreich sein, was die Carbonari in Italien sind. Was diese wollen, weiß ich zwar auch nicht klar; doch daß sie einen edlen Zweck haben, daß sie suchen, Licht in das dunkle Lügengebäude des Papsttums zu bringen und die Zwingburgen der Gewalt niederzureißen: das erfahre ich von der unbeschreiblichen Wut, mit welcher die geistliche und weltliche Macht in Italien den Carbonarismus verfolgt.

Der hier erscheinende *Globe* ist das Apostelblatt der Simonisten; eine Art hausierende Bibel, die alle Tage den wahren Glauben frisch und warm in die Häuser bringt. Doch ich kann keine Milch vertragen und lese darum das Blatt nicht. Von den drei stereotypen Lehren, die der Globe als Mottos täglich hinter seinem Titel hat, kann ich nur die erste annehmen; die zweite ist mir zu trivial; die dritte finde ich falsch, und eine vierte, mir die erste, mangelt gänzlich. *Erste Grundlehre. Les institutions sociales doivent avoir pour but l'amélioration du sort moral, physique et intellectuel de la classe la plus nombreuse et la plus pauvre.* Daß die bürgerliche Gesellschaft *nur* für die Mehrzahl, *nur* für die ärmeren Klassen zu sorgen habe, diesem Grundsatze kann man dann erst beitreten, nachdem man stillschweigend angenommen, daß die Minderzahl der Geist- und Güterbegabten, daß jene Glücklichen, für welche schon die Natur gesorgt, den Schutz und den Beistand der bürgerlichen Gesetze entbehren können. Dann aber bleibt in jenem Grundsatze die reinste, heiligste unverletzlichste Vorschrift, wie der Sittlichkeit, so der Religion übrig. Weil sie rein ist, wird sie von allen besudelt; weil sie heilig ist, wird sie verspottet; weil unverletzlich, täglich übertreten. Doch ich mag nicht davon sprechen. Wer nur etwas gelebt hat, und nur einen Tag nicht sich allein, der konnte wahrnehmen, wie man überall und zu allen Zeiten das niedre Volk als unorganisches Produkt betrachtet, als Erde, Steine, Sand, Wasser –

von Gott, dem Hofarchitekten der Vornehmen und Reichen, herbeigeschafft, diesen das Leben wohnlich und angenehm zu machen. Aber der Tag wird kommen, wo der zum Himmel gestiegene Tränendunst aller der Millionen Unglücklichen als Sündflut niederstürzen und die Reichen mit allen ihren aufgesparten Gütern bedrohen wird, und dann werden Schrecken und zu späte Reue die hohle Brust der Hartherzigen ausfüllen, und sie werden das Erbarmen, dessen Rufe sie nie gefolgt, selbst anrufen.

Zweite Grundlehre. Tous les privilèges de la naissance, sans exception, seront abolis. Werden hier die altertümlichen bekannten Privilegien gemeint, wie die des Adels, der Pairs oder sonst eines bevorrechteten Standes, so ist das eine so entschiedene Wahrheit, ein so fest gegründetes Recht, daß man durch ein schadenfrohes Erwähnen derselben nicht die Anmaßung des Widerspruchs herausfordern sollte. Nicht die Vernunft ist auf der Seite der Gleichheit, sondern auf der Seite der Ungleichheit ist der Wahnsinn. Aber der Vernunft ziemt es nicht, dem Wahnsinn entgegenzutreten, ihm den Weg zu versperren; sondern sie soll warten, bis er herbeikommt, bis er losbricht. Dann soll sie ihn besprechen, heilen und, wenn er sich unheilbar zeigt, ihn an die Kette legen und unschädlich machen. Jedes Wort, noch ferner gegen den Adel gesprochen, ist ein Schwertstreich, dem Schlachtfelde entzogen; die Zeit des Redens ist vorüber.

Dritte Grundlehre. A chacun selon sa capacité, à chaque capacité selon ses œuvres. Eine heillose Irrlehre! Die Wahrheit ist ganz auf der entgegengesetzten Seite. *Je mehr Verdienst, je weniger Lohn*; das ist die Regel der Vernunft. *Verdienst* ist die reine Vorausbezahlung, welche die Natur solchen Menschen leistet, denen sie vertraut, und der, dem sie geworden, hat keinen weitern Lohn zu fordern. Bezahlung werde dem Verdienstlosen, der nichts von der Natur geerbt. *»Jeder Kapazität nach ihren Werken«*, ist auch falsch. Was der Mensch *ist*, bestimmt seinen Wert und also seinen Preis, nicht das, was er *tut*. Ist das, was er tut, seiner Natur gemäß, ist es bloß Lebensäußerung, Selbsterhaltungstrieb, und er hat dafür keinen Lohn zu fordern; ist es seiner Natur zuwider, kann es nichts Gutes sein. Diese Irrlehre der Simonisten entspringt aus einer andern, zu welcher sie sich bekennen, der von einer *Gütergemeinschaft*, – eine Lehre der verderblichsten Art, weil sie den Menschen nicht allein in der bürgerlichen Gesellschaft, sondern auch in seinen reinmenschlichen Verhältnissen zugrunde richtet. Freiheit und Gleichheit bestehen darin, daß jeder einzelne Mensch in seiner Lebenssphäre, sei nun dieser Kreis so eng gezogen als man wolle, *Despot* sein darf; nicht aber darin, daß man alle diese Persönlichkeiten zerstört und daraus einen allgemeinen Menschenteig knetet, den man Staat, Kirche, Gemeinde, Volk nennt. Wenn die Lebensgüter gemeinschaftlich sind, wenn das Recht sich alles nehmen darf, was bleibt dann noch dem schönen Vertrauen zu fordern, was der Liebe zu geben übrig? Man wirft den Simonisten vor – ob der Vorwurf gegründet, weiß ich nicht –, sie wollten die Ehe aufheben. Es fällt mir schwer, das zu glauben. Manche Religionen, mancher politische Bund haben im Verlaufe späterer Entartung sittenverderbliche Grundsätze angenommen; aber eine neue Religion, eine neue Gemeinde wurden nie auf Sittenlosigkeit gegründet. Doch einen andern Grundsatz sprechen die Simonisten deutlich aus: den der *Emanzipation der Weiber*. Wollen sie damit täuschen, oder täuschen sie sich selbst – ich weiß es nicht. Vielleicht heucheln sie diesen Grundsatz, um die Frauen für ihre Sekte zu gewinnen. Ist es ihnen aber Ernst, dann sind sie in einem Wahne befangen, der nur darum nicht verderblich ist, weil er nie zur Wirklichkeit werden kann. Bei einer flüchtigen Betrachtung scheint es zwar Gewinn, wenn das weibliche Geschlecht emanzipiert würde, wenn es gleiche sittliche, gleiche politische Rechte mit den Männern erhielte; der Kreis der Menschheit, scheint es, würde dadurch erweitert werden. Aber es ist Täuschung. Selbständigkeit des Weibes würde nicht allein die Bestimmung des weiblichen, sondern auch die des männlichen Geschlechts vereiteln. Nicht das Weib, nicht der Mann allein drücken die menschliche Natur aus; nur Mann und

Frau vereinigt bilden den vollkommenen Menschen. Nur in der Ehe, nur im Familienleben wird der Zweck der Menschheit erreicht.

Briefe aus Paris (65. Brief; 1831):
SSB, Bd. 3, S. 428–434.

Es gibt etwas, das mehr ist als das Recht: die Gerechtigkeit; etwas, das höher steht als das allgemeine Wohl: die allgemeine Sittlichkeit, und etwas, das noch schöner ist als die Freiheit: die Tugend. Darum haben durch das ganze Leben der Menschheit Philosophie, Politik und Erfahrung stets fruchtlose Versuche gemacht, einen vollkommenen Staat zu gründen, weil sie ihn nie auf Gerechtigkeit, Tugend und Sittlichkeit gegründet und diese nie zum Zwecke des Staatslebens gemacht; weil sie der Dauer, dem längstmöglichen Dasein des Staates die Würde des Staates aufgeopfert; weil ihr einziges Bestreben dahinging, die Harmonie zwischen den verschiedenen Teilen, die Wechselverrichtungen der Glieder und der Organe des Staatskörpers zu erhalten, und ganz darüber vergaßen, daß es eine sittliche Harmonie gibt, die höher steht als die sinnliche und die zum Unglück der Menschheit nur während der Anarchie der Revolution auf einige Zeit zum Vorschein kommt … Die Tugend des Menschen ist sein Leben in der Menschheit; die Tugend der Menschheit ist Leben in Gott. Außer der bürgerlichen Gesellschaft hat der Mensch keine Tugend – er lebt nur sich.
[…]
Der Geschichtsschreiber soll die Jahrhunderte, die Ereignisse und Menschen vor seinen Richterstuhl ziehen und dabei verfahren wie der Richter in bürgerlichen Untersuchungssachen. Er soll die Zeiten, die Völker und deren Beherrscher anhören über das, was sie gestehen und leugnen, und zu deuten wissen, was sie verschweigen. Er soll die Zeugenaussagen der Mitlebenden,

Mitwissenden, Mithandelnden vernehmen, ihre Widersprüche lösen und sie in Einklang bringen ... Ja, wäre es nichts als das, dann wäre leicht ein unparteiischer Geschichtsschreiber sein, aber es tritt hier ein Hindernis in den Weg, das den Geschichtsschreiber weit von dem Richter trennt. Der Richter findet bestimmte Gesetze; mit diesen vergleicht er eine Tat, untersucht, ob sie den Gesetzen entspreche, ob sie von ihnen abweiche. Aber nach welchen Gesetzen soll der Geschichtsschreiber Recht sprechen? Jedes Jahrhundert, jedes Volk, jedes Land, jede Bildungsstufe der Menschheit hat ihre eignen, wie bürgerlichen, so auch sittlichen Gesetze. Soll der Geschichtsschreiber für jede Zeit, für jedes Land und Volk ein besonderes Recht, eine besondere Moral haben? Soll er im achtzehnten Jahrhundert verdammen, was er im fünfzehnten freigesprochen, einem Briten als Verbrechen anrechnen, was er bei einem Russen löblich gefunden hätte? Wenn so, dann wäre die Geschichtsschreibung nur eine Naturgeschichte der Völker; die Vergangenheit wäre ein Naturalienkabinett und die Gegenwart eine Menagerie. Nein, es gibt ein ewiges, unwandelbares Recht. Dieses muß der Geschichtsschreiber zum Maß seines Urteils gebrauchen. Er soll nicht sehen auf das, was Gesetz, sondern auf das, was Recht ist; denn das Gesetz ist oft das Grab des Rechtes. Das soll ihn in seinem Urteil nicht bestimmen, was die Menschen einer Zeit für Recht gehalten, sondern was sie für Recht hätten halten sollen. Der Geschichtsschreiber soll zugleich Richter und Geschworener sein, und wo beide Bahnen von einander abweichen, so mehr Geschworener denn Richter sein, als das Recht mehr ist als das Gesetz, Gerechtigkeit mehr als Recht und Liebe mehr als Gerechtigkeit.

Studien über Geschichte und Menschen
der Französischen Revolution (1834):
SSB, Bd. 2, S. 1105; 1108 f.

»gemeinschaftliche Feinde
und gemeinschaftliche Gefahren«

Börne, Freund und Feind Heinrich Heines

Paris, den 11. Februar 1831

[…] Ich habe Heines vierten Band in einem Abende mit der freudigsten Ungeduld durchgelesen. Meine Augen, die Windspiele meines Geistes, liefen weit voraus und waren schon am Ende des Buches, als ihr langsamer Herr erst in der Mitte war. Das ist der wahre Dichter, der Günstling der Natur, der alles kennt, was seine Gebieterin dem Tage Häßliches, was sie ihm Schönes verbirgt. Auch ist Heine, als Dichter, ein gründlicher Geschichtsforscher. Doch verstecken Sie meinen Brief in den dunkelsten Schrank; denn läse ein historischer Professor, was ich soeben geschrieben, er ließe mich totschlagen, auf seiner eigenen oder einer andern Universität – obzwar die deutschen *Heeren* keine Freunde vom Totschlagen sind, weder vom aktiven noch vom passiven, wie man neulich in Göttingen gesehen.[1] Diesmal hat der Stoff Heine ernster gemacht, als er sonst den Stoff, und wenn er auch noch immer mit seinen Waffen spielt, so weiß er doch auch mit Blumen zu fechten. Das Buch hat mich gelabt wie das Murmeln einer Quelle in der Wüste, es hat mich entzückt wie eine Menschenstimme von oben, wie ein Lichtstrahl den lebendig Begrabenen entzückt. Das Grab ist nicht dunkler, die Wüste ist nicht dürrer als Deutschland. Was ein seelenloser Wald, was ein toter Felsen vermag: uns das eigne Wort zurückzurufen – nicht einmal dazu kann das blöde Volk dienen. Kann man es besser schildern als mit den Worten:

---

1 Anspielung auf die von der Professorenschaft (u. a. Arnold Heeren) bewirkte unblutige Niederschlagung des Göttinger Putsches vom Januar 1831.

Der Engländer liebt die Freiheit wie seine Frau; der Franzose wie seine Braut; und der Deutsche wie seine alte Großmutter! Und: »wenn zwölf Deutsche beisammen stehen, bilden sie ein Dutzend, und greift sie einer an, rufen sie die Polizei!« Ich sprach so allein in dieser Zeit, und Heine hat mir geantwortet. Alles ist schön, alles herrlich, das aus Italien wie das aus England. Was er gegen den Berliner Knechtphilosophen (Hegel) und gegen den geschmeidigen Kammerdiener-Historiker (Raumer) sagt, die ein seidenes Bändchen fester an die Lüge knüpft als das ewige Recht an die Wahrheit, das allein könnte einem Buche schon Wert geben. Und hat man je etwas Treffenderes von den Monopolisten des Christentums gesagt: wie die Erbfeinde der Wahrheit Christus, den reinsten Freiheitshelden, herabzuwürdigen wußten, und als sie nicht leugnen konnten, daß er der größte Mensch sei, aus ihm den kleinsten Gott gemacht? – Wenn Heine sagt: Ach! man sollte eigentlich gegen niemanden in dieser Welt schreiben – so gefällt mir zwar diese schöne Bewegung, ich möchte ihr aber nicht folgen. Es ist noch Großmut genug, wenn man sich begnügt, gegen Menschen zu schreiben, die uns peinigen, berauben und morden. Was mich aber eine Welt weit von Heine trennt, ist seine Vergötterung Napoleons. Zwar verzeihe ich dem Dichter die Bewunderung für Napoleon, der selbst ein Gedicht; aber nie verzeihe ich dem Philosophen Liebe für ihn, den *Wirklichen*. Den lieben! Lieber liebte ich unsere Nürnberger Wachtparaden-Fürsten, öffnete ihnen mein Herz und ließ' sie alle auf einmal eintreten als diesen einen Napoleon. Die andern können mir doch nur die Freiheit *nehmen*, diesem aber kann ich sie *geben*. Einen Helden lieben, der nichts liebt als sich; einen herzlosen Schachspieler, der uns wie Holz gebraucht und uns wegwirft, wenn er die Partie gewonnen. Daß doch die wahnsinnigen Menschen immer am meisten liebten, was sie am meisten hätten verabscheuen sollen! Sooft Gott die übermütigen Menschen recht klein machen wollte, hat er ihnen große Menschen geschickt. – – Sooft ich etwas von Heine lese, beseelt mich die Schadenfreude: wie wird das wieder unter die Philister fahren, wie werden sie aufschreien, als lief' ihnen eine Maus über ihr Schlafgesicht! […]

Briefe aus Paris (33. Brief; 1831):
SSB, Bd. 3, S. 169 – 171.

Paris, Dienstag, d. 27. Sept. 1831

[…] Gestern vormittag kam ein junger Mann zu mir, stürzt freudig herein, lacht, reicht mir beide Hände – ich kenne ihn nicht. Es war *Heine*, den ich den ganzen Tag im Sinne hatte! Er sollte schon vor acht Tagen von Boulogne zurück sein, aber »ich war dort krank geworden, *hatte mich in eine Engländerin verliebt*« usw. Man soll sich dem ersten Eindrucke nicht hingeben; aber mit Ihnen brauche ich mich nicht vorzusehen, das bleibt unter uns, und wenn ich meine Meinung ändere, sage ich es Ihnen. Heine gefällt mir *nicht*. Sollten Sie wohl glauben, daß, als ich eine Viertelstunde mit ihm gesprochen, eine Stimme in meinem Herzen mir zuflüsterte: »*er ist wie Robert, er hat keine Seele*«?[2] Und Robert und Heine, wie weit stehen die auseinander! Ich weiß selbst nicht deutlich, was ich unter *Seele* verstehe; es ist aber etwas, was oft gewöhnliche Menschen haben und bedeutendere nicht, oft böse und nicht gute, beschränkte und nicht geistreiche Menschen; es ist etwas Unsichtbares, das hinter dem Sichtbaren anfängt, hinter dem Herzen, hinter dem Geiste, hinter der Schönheit, und ohne welches Herz, Geist und Schönheit nichts sind. Kurz, ich weiß nicht. […] Ich und meinesgleichen, wir affektieren oft den Scherz, wenn wir sehr ernst sind; aber Heines Ernst scheint mir immer affektiert. Es ist ihm nichts heilig, an der Wahrheit liebt er nur das Schöne, er hat keinen Glauben. Er sagt mir offen, er wäre vom juste-milieu, und wie nun alle

2 Ludwig Robert, s. Anmerkung S. 199.

Menschen ihre Neigungen zu Grundsätzen adeln, sagte er, man müsse aus Freiheitsliebe Despot sein; Despotismus führe zur Freiheit; *die Freiheit müsse auch ihre Jesuiten haben.* Recht hat er, aber der Mensch soll nicht Gott spielen, der nur allein versteht, die Menschen durch Irrtümer zur Wahrheit, durch Verbrechen zur Tugend, durch Unglück zum Heile zu führen. Wie ich hier von mehrern gehört, soll Heine sich gefallen, eine Melancholie zu affektieren, die er gar nicht hat, und soll grenzenlos eitel sein. Ich sprach wegen gemeinschaftlicher Herausgabe eines Journals; damit will er aber nichts zu tun haben. Herrliche Einfälle hat er, aber er wiederholt sie gern und belacht sich selbst. [...]

An Jeanette Wohl (27. Sept. 1831):
SSB, Bd. 5, S. 11 f.

Paris, Montag, den 25. Februar 1833
Soll ich über Heines *Französische Zustände* ein vernünftig Wort versuchen? Ich wage es nicht. Das fliegenartige Mißbehagen, das mir beim Lesen des Buches um den Kopf summte und sich bald auf diese, bald auf jene Empfindung setzte, hat mich so ärgerlich gestimmt, daß ich mich nicht verbürgen kann – ich sage nicht für die Richtigkeit meines Urteils, denn solche anmaßliche Bürgschaft übernehme ich nie – sondern nicht einmal für die Aufrichtigkeit meines Urteils. Dabei bin ich aber besonnen genug geblieben, um zu vermuten, daß diese Verstimmung meine, nicht Heines Schuld ist. Wer so große Geheimnisse wie er besitzt, als wie: in der dreihundertjährigen Unmenschlichkeit der österreichischen Politik eine erhabene Ausdauer zu finden, und in dem Könige von Bayern einen der *edelsten und geistreichsten Fürsten, die je einen Thron geziert*; den König der Franzosen, als hätte er das kalte Fieber, an dem einen Tage für gut, an dem andern für schlecht, am dritten wieder für gut, am vierten wieder

für schlecht zu erklären; wer es *kühn* und *großartig* findet, daß die Herren von Rothschild während der Cholera ruhig in Paris geblieben, aber die unbezahlten Mühen der deutschen Patrioten lächerlich findet; und wer bei aller dieser Weichmütigkeit sich selbst noch für einen *gefesteten* Mann hält – wer so große Geheimnisse besitzt, der mag noch größere haben, die das Rätselhafte seines Buches erklären; ich aber kenne sie nicht. Ich kann mich nicht bloß in das Denken und Fühlen jedes andern, sondern auch in sein Blut und seine Nerven versetzen, mich an die Quellen aller seiner Gesinnungen und Gefühle stellen und ihrem Laufe nachgehen mit unermüdlicher Geduld. Doch muß ich dabei mein eigenes Wesen nicht aufzuopfern haben, sondern nur zu beseitigen auf eine Weile. Ich kann Nachsicht haben mit Kinderspielen, Nachsicht mit den Leidenschaften eines Jünglings. Wenn aber an einem Tage des blutigsten Kampfes ein Knabe, der auf dem Schlachtfelde nach Schmetterlingen jagt, mir zwischen die Beine kömmt; wenn an einem Tage der höchsten Not, wo wir heiß zu Gott beten, ein junger Geck uns zur Seite in der Kirche nichts sieht als die schönen Mädchen und mit ihnen liebäugelt und flüstert – so darf uns das, unbeschadet unserer Philosophie und Menschlichkeit, wohl ärgerlich machen.

Heine ist ein Künstler, ein Dichter, und zur allgemeinsten Anerkennung fehlt ihm nur noch seine eigne. Weil er oft noch etwas anders sein will als ein Dichter, verliert er sich oft. Wem, wie ihm, die Form das Höchste ist, dem muß sie auch das Einzige bleiben; denn sobald er den Rand übersteigt, fließt er ins Schrankenlose hinab, und es trinkt ihn der Sand. Wer die Kunst als seine Gottheit verehrt und je nach Laune auch manches Gebet an die Natur richtet, der frevelt gegen Kunst und Natur zugleich. Heine bettelt der Natur ihren Nektar und Blütenstaub ab und baut mit bildendem Wachse der Kunst ihre Zellen. Aber er bildet die Zelle nicht, daß sie den Honig bewahre, sondern sammelt den Honig, damit die Zelle auszufüllen. Darum rührt er auch nicht, wenn er weint; denn man weiß, daß er mit den Tränen nur seine Nelkenbeete begießt. Darum überzeugt er nicht, wenn er auch die Wahrheit spricht; denn man weiß, daß er an der Wahrheit nur das Schöne liebt. Aber die Wahrheit ist nicht immer schön, sie bleibt es nicht immer. Es dauert lange, bis sie in Blüte kömmt, und sie muß verblühen, ehe sie Früchte trägt. Heine würde die deutsche Freiheit anbeten, wenn sie in voller Blüte stände; da sie aber wegen des rauhen Winters mit Mist bedeckt ist, erkennt er sie nicht und verachtet sie. Mit welcher schönen Begeisterung hat er nicht von dem Kampfe der Republikaner in der St. Méry-Kirche und von ihrem Heldentode gesprochen! Es war ein glücklicher Kampf, es war ihnen vergönnt, den schönen Trotz gegen die Tyrannei zu zeigen und den schönen Tod für die Freiheit zu sterben. Wäre der Kampf nicht schön gewesen, und dazu hätte es nur einer andern Örtlichkeit bedurft, wo man die Republikaner hätte zerstreuen und fangen können – hätte sich Heine über sie lustig gemacht. Was Brutus getan, würde Heine verherrlichen, so schön er nur vermag; würde aber ein Schneider den blutigen Dolch aus dem Herzen einer entehrten jungen Näherin ziehen, die gar Bärbelchen hieße, und damit die dummträgen Bürger zu ihrer Selbstbefreiung stacheln – er lachte darüber. Man versetze Heine in das *Ballhaus*, zu jener denkwürdigen Stunde, wo Frankreich aus seinem tausendjährigen Schlafe erwachte und schwur, es wolle nicht mehr träumen – er wäre der tollheißeste Jakobiner, der wütendste Feind der Aristokraten und ließe alle Edelleute und Fürsten mit Wonne an einem Tage niedermetzeln. Aber sähe er aus der Rocktasche des feuerspeienden Mirabeau auf deutsche Studentenart eine Tabakspfeife mit rot-schwarz-goldener Quaste hervorragen – dann pfui Freiheit! und er ginge hin und machte schöne Verse auf Marie-Antoinettens schöne Augen. Wenn er in seinem Buche die heilige Würde des Absolutismus preist, so geschah es, außer daß es eine Redeübung war, die sich an dem Tollsten versuchte, nicht darum, weil er *politisch reinen Herzens* ist, wie er sagt; sondern er tat es, weil er *atemreinen Mundes* bleiben möchte und er wohl an jenem Tage, als er das schrieb, einen deutschen Liberalen Sauerkraut mit Bratwurst essen gesehen.

Wie kann man je dem glauben, der selbst nichts glaubt? Heine schämt sich so sehr, etwas zu glauben, daß er Gott den »*Herrn*« mit lauter Initialbuchstaben drucken läßt, um anzuzeigen, daß es ein Kunstausdruck sei, den er nicht zu verantworten habe. Den verzärtelten Heine bei seiner sybaritischen Natur kann das Fallen eines Rosenblattes im Schlafe stören; wie sollte er behaglich auf der Freiheit ruhen, die so knorrig ist? Er bleibe fern von ihr. Wen jede Unebenheit ermüdet, wen jeder Widerspruch verwirrt macht, der gehe nicht, denke nicht, lege sich in sein Bett und schließe die Augen. Wo gibt es denn eine Wahrheit, in der nicht etwas Lüge wäre? Wo eine Schönheit, die nicht ihre Flekken hätte? Wo ein Erhabenes, dem nicht eine Lächerlichkeit zur Seite stünde? [...]

Heine hat in meinen Augen so großen Wert, daß es ihm nicht immer gelingen wird, sich zu überschätzen. Also nicht diese Selbstüberschätzung mache ich ihm zum Vorwurfe, sondern daß er überhaupt die Wirksamkeit einzelner Menschen überschätzt, ob er es zwar in seinem eigenen Buche so klar und schön dargetan, daß heute die Individuen nichts mehr gelten, daß selbst Voltaire und Rousseau von keiner Bedeutung wären, weil jetzt die Chöre handelten und die Personen sprächen. Was sind wir denn, wenn wir viel sind? Nichts als die Herolde des Volks. Wenn wir verkünden und mit lauter vernehmlicher Stimme, was uns, jedem von seiner Partei, aufgetragen, werden wir gelobt und belohnt; wenn wir unvernehmlich sprechen oder gar verräterisch eine falsche Botschaft bringen, werden wir getadelt und gezüchtigt. Das vergißt aber Heine, und weil er glaubt, er, wie mancher andere auch, könnte eine Partei zugrunde richten oder ihr aufhelfen, hält er sich für wichtig; sieht umher, wem er gefalle, wem nicht; träumt von Freunden und Feinden, und weil er nicht weiß, wo er geht und wohin er will, weiß er weder, wo seine Freunde noch wo seine Feinde stehen, sucht sie bald hier, bald dort und weiß sie weder hier noch dort zu finden. Uns andern miserabeln Menschen hat die Natur zum Glücke nur einen Rükken gegeben, so daß wir die Schläge des Schicksals nur von einer

Seite fürchten; der arme Heine aber hat zwei Rücken, er fürchtet die Schläge der Aristokraten und die Schläge der Demokraten, und um beiden auszuweichen, muß er zugleich vorwärts und rückwärts gehen.

Um den Demokraten zu gefallen, sagt Heine: die jesuitisch-aristokratische Partei in Deutschland verleumde und verfolge ihn, weil er dem Absolutismus kühn die Stirne biete. Dann, um den Aristokraten zu gefallen, sagt er: er habe dem Jakobinismus kühn die Stirne geboten; er sei ein guter Royalist und werde ewig monarchisch gesinnt bleiben; in einem Pariser Putzladen, wo er vorigen Sommer bekannt war, sei er unter den acht Putz-machermädchen mit ihren acht Liebhabern – alle sechzehn von höchst gefährlicher republikanischer Gesinnung – der einzige Royalist gewesen, und darum stünden ihm die Demokraten nach dem Leben. Ganz wörtlich sagt er: »Ich bin, bei Gott! kein Republikaner, ich weiß, *wenn die Republikaner siegen, so schneiden sie mir die Kehle ab.*« Ferner: »Wenn die Insurrektion vom 5. Juni nicht scheiterte, wäre es ihnen leicht gelungen, *mir den Tod zu bereiten, den sie mir zugedacht:* Ich verzeihe ihnen gerne diese Narrheit.« *Ich* nicht. Republikaner, die solche Narren wären, daß sie Heine glaubten aus dem Wege räumen zu müssen, um ihr Ziel zu erreichen, die gehörten in das Tollhaus.

[...]

Gab es je einen Menschen, den die Natur bestimmt hat, ein ehrlicher Mann zu sein, so ist es Heine, und auf diesem Wege könnte er sein Glück machen. Er kann keine fünf Minuten, keine zwanzig Zeilen heucheln, keinen Tag, keinen halben Bo-gen lügen. Wenn es eine Krone gälte, er kann kein Lächeln, kei-nen Spott, keinen Witz unterdrücken, und wenn er, sein eignes Wesen verkennend, doch lügt, doch heuchelt, ernsthaft scheint, wo er lachen, demütig, wo er spotten möchte: so merkt es jeder gleich, und er hat von solcher Verstellung nur den Vorwurf, nicht den Gewinn. Er gefällt sich, den *Jesuiten des Liberalismus* zu spielen. Ich habe es schon einmal gesagt, daß dieses Spiel der guten Sache nützen kann; aber weil es eine einträgliche Rolle ist, darf sie kein ehrlicher Mann selbst übernehmen, sondern muß sie andern überlassen. So, seiner bessern Natur zum Spotte, findet Heine seine Freude daran, zu diplomatisieren und seine Zähne zum Gefängnisgitter seiner Gedanken zu machen, hinter welchem sie jeder ganz deutlich sieht und dabei lacht. Denn zu verbergen, daß er etwas zu verbergen habe, so weit bringt er es in der Verstellung nie. […]

Briefe aus Paris (109. Brief; 1833):
SSB, Bd. 3, S. 809–815.

Menzel der Franzosenfresser

[…] Glaubte doch ja keiner den Lügen und Verleumdungen der Stuttgarter Literaturpolizei. Ich bin keiner von denen, die das Herz im Bauche tragen und deren Philosophie von der Verdauung abhängt. Ich bin nur krank an meinem Vaterlande; es werde frei, und ich gesunde. Ich bin kein dunkler Heraklit, der heitere Anakreon ist mir viel näher verwandt. Wie oft habe ich nicht hier in Paris, zusammen mit meinem alten Freunde Heine, bei Punsch und Wein das Hohelied Salomonis durchgejubelt! Ist das ein grämlicher Mensch, der bei Véry im Palais Royal den lüderlichen *Schir Haschirim* singt? Solcher wäre eher ein liebenswürdiger Taugenichts zu nennen. Was ist denn so wunderlich an mir, das einer kunstreichen Enträtselung bedarf? Ich bin standhaft geblieben, während andere umgewandelt. Mich haben die Zeiten gegerbt, ich bin rauh, aber fest, während andere, früher gleichgesinnt mit mir, der Essig des deutschen Liberalismus, in in dem sie eine Weile gelegen, so mürbe geheizt hat, daß sie an dem gelinden Feuer gnädiger Augen in wenigen Minuten gar geworden. Nach einem guten Frühstücke sich auf das Sofa hinstrecken, einige auserlesene moralische Kapitel in Paul de Kocks Romanen lesen, dann einschlafen und träumen; mittags mit fröhlichen Gesellen schmausen; abends mit angenehmen Frauenzimmern plaudern und mit Bankiers und Wechselagenten gegen die Republikaner losziehen, die uns unser Geld wegnehmen und uns den Hals abschneiden wollen, – das wäre auch meine Lust, hörte ich nicht auf die Stimme des bessern Genius in mir. Es komme ein wackerer Mann, der mich ablöse und für unser elendes Vaterland das Wort führe; ich werde ihn als meinen Erretter, als meinen Wohltäter begrüßen. Ich bin müde wie ein Jagdhund und möchte »Florentinische Nächte«[3] schreiben. [...]

Menzel der Franzosenfresser (1836):
SSB, Bd. 3, S. 874 f.

---

3 Die unpolitischen Essays der ›Florentinischen Nächte‹ ließ Heine im April/Mai 1836 im ›Morgenblatt für gebildete Stände‹ und fast gleichzeitig in französischer Fassung in der ›Revue des deux mondes‹ erscheinen.

»das Schicksal will unsere Freundschaft
auf die Probe stellen«

Börne und seine Verleger

Aus dem Briefwechsel mit Johann Friedrich von Cotta

Frankfurt, den 2. März 1817

Ew. Wohlgeborenen

sind mit dem Herrn Baron v. Otterstedt und meinem Freunde, dem Dr. Stiefel, in Unterhandlung wegen der Herausgabe und des Verlags einer neuen politischen Zeitschrift[1] getreten. Dieses ist der Gegenstand, welcher mir Veranlassung gibt, mich in Einverständnis mit den Genannten an Ew. Wohlg. zu wenden.

Herr Dr. Stiefel und ich, wir hatten uns schon früher wegen der gemeinschaftlichen Bearbeitung eines Tagblattes besprochen, und als durch Herr v. Otterstädt eine Gelegenheit zur Ausführung unseres Vorhabens herbeigebracht worden, hatte derselbe unsere Verbindung in der bezeichneten Absicht gebilligt und zweckmäßig gefunden. Wir werden daher diese Woche nach Stuttgart reisen, um die Ehre zu haben, mit Ew. Wohlgeb. diese Angelegenheit in Bedacht zu nehmen. […]

Die Zeitung soll, nach einem vorausgegangenen allseitigen Einverständnis, eine ministerielle sein. Ew. Wohlgeb. haben hierüber in einem Schreiben an Hrn. Dr. Stiefel die nicht zu widerlegende Ansicht ausgesprochen, daß, um dem Lobe des Löb-

---

1 Der preußische Bundestagsgesandte von Otterstedt hatte Cotta für die Idee einer ministeriellen Zeitschrift gewonnen, welche die preußische Politik – bis 1818 noch das letzte liberale Gegengewicht zum Metternichschen System – wirksam unterstützen sollte.

lichen einer Regierung Eingang zu verschaffen, auch der Tadel des Tadelnswerten nicht unterdrückt werden dürfe. Daß in letzterem Falle die Ausdrücke der Mißbilligung mäßig und anständig sein müßten, ist eine um so unerläßlichere Forderung, als selbst die zu gebende Lehre hierdurch an Kraft gewinnt. Wie viel leichter ist es nicht oft, beredt durch Schweigen zu sein, als durch Reden, und selbst von harthörigen Gemütern erhält man leichter Verzeihung für zu leises als für zu überlautes Reden, das sie unbequem an ihre Taubheit erinnert! Ein ministerielles politisches Blatt soll nicht bloß ein solches sein, welches die Worte und Handlungen der Regierung gegen die *ungerechten* Einreden und Widerstrebungen der Regierten in Schutz nimmt, sondern soll auch zeigen, wie selbst die zweckmäßigen und billigen Forderungen der Volksvertreter nicht *alle zugleich* erfüllt werden können, weil die Verbindung gewisser verschiedenartiger Dinge, selbst wenn jedes einzelne für sich gut wäre, dennoch unmöglich bleibt. Es soll dartun, daß eine Polykratie auch der herrlichsten politischen Marximen zu einem blinden anarchischen Verfahren führe, und daß eine monarchische Regierung sich nur einer monarchischen Idee unterwerfen könne. – Wie erschreckend ist nicht der zur Sitte gewordene Gebrauch, das Volk nicht der Regierung gegenüber-, sondern entgegenzustellen und ihm einzureden, es könne nur in einer solchen politischen Temperatur sich wohlbefinden, in welchem der Thermometer seiner Untertanenpflichten auf dem Gefrierpunkte steht. Man sollte dem Volke viel mehr zeigen, wie nicht bloß das Maximum, sondern auch das Minimum der Unterwürfigkeit zum Despotismus führe.

Auf welche Weise wir nun auch über den unserm Blatte einzuflößenden Geiste uns verständigen dürften, so sind wir doch gewiß schon darüber einverstanden: daß die zu beobachtende Einheit des Zweckes eine Einseitigkeit der Mittel weder erfordere noch zulasse. Weder antiministerielle Tatsachen dürfen verschwiegen, noch antiministerielle[n] Ansichten der Eintritt in unser Blatt verwehrt werden. Mir hat immer geschienen, daß die

Ansichten und Meinungen über die Geschichten der Menschen die eigentliche Geschichte der Menschheit bildeten. Selten ist eine Begebenheit merkwürdiger als die Verschiedenheit der Art, wie sie betrachtet wird. Darum soll eine Zeitung nicht allein die denkwürdigen Ereignisse, sondern auch die untereinander abweichenden denkwürdigen Darstellungen der Ereignisse sammeln. Nur der Gewöhnlichkeit bleibe unser Blatt verschlossen, weil es sonst an Raum gebräche; aber es gibt eine Virtuosität der Schlechtigkeit, der eine ehrenvolle Aufnahme gebührt, weil sie als eine negative Tugend- und Weisheitslehre von der größten Wirksamkeit ist.

Ich liebe die Vorstellung, daß unser Blatt sich auch zuweilen der Kunst und Wissenschaft öffnen und dem gemütlichen Leser vergönnen möge, sich an dem Menschen von dem Bürger zu erholen. Der deutsche Staatskörper leidet an Hypochondrie. Die einzelnen Glieder desselben sind überreizt und dadurch zu einem widernatürlichen Selbstbewußtsein gekommen. *Das Gemeingefühl* ist zu erhöhlt [erhöht?]. Zerstreuung möchte dem Kranken, der nur ein solcher ist, weil er sich dafür hält, besonders wohltun. Wollen wir nicht darum unsere Zeitungsleser von der bestäubten Heerstraße der Politik in die freundlichen Gärten der Kunstblüten und der Früchte des Wissens hinüberlocken?

Ich werde in wenigen Tagen mit meinem Freunde, dem Hrn. Dr. St., Ew. Wohlgeb. persönlich aufwarten und bitte Sie indessen, die Ausdrücke meiner Ergebenheit zu genehmigen.

Dr. Baruch

Frankfurt, d. 16. Okt. 1820

Ew. Hochwohlgeboren

geehrte Zuschrift kann ich, insofern die Anfrage wegen Übernahme eines politischen Journals nur im allgemeinen gestellt ist, auch nur allgemein beantworten. Ich wäre allerdings gern dazu bereit. Ich erwarte wegen Inhalt und Form und ob es von hier aus geleitet werden könne, Ihre weitere Erklärungen. Wahrscheinlich wird eine Monatsschrift darunter verstanden. Nur eins muß ich dabei voraussetzen: daß ich, ausgenommen die etwa unvermeindliche Zensur, sonst keine Rücksicht zu nehmen, keine Konvenienz zu beachten habe. Ich habe gar nicht das Talent, gegen meine Ansicht zu schreiben, nicht einmal das, meine Gesinnung nur halb mitzuteilen. Ich beziehe dieses aber nur auf solche Abhandlungen, die ich selbst verfasse; denn, was die Aufsätze der übrigen Mitarbeiter betrifft, so werde ich als Redakteur nie fordern, daß sie meine Livree tragen sollen – das ist der bezeichnete [bezeichnende?] Ausdruck, denn ich habe die Forderung, daß denkende Leute ihrer Ansicht entsagen sollen, um der Farbe eines Redakteurs zu huldigen, stets erniedrigend gefunden. Es muß jeder seiner Gesinnung treu bleiben dürfen.

Übrigens werden Ew. Hochwohlgeb. schon von selbst in Berechnung gebracht haben, wie schwierig jetzt der Gang eines polit. Journals ist. Der Ausweg, den man noch vor einigen Jahren hatte, ungestört zu politisieren, wenn man bald die innern Angelegenheiten des Staates, worin man schrieb, bald (wie es gefordert ward) die fremden Staaten schonte, ist jetzt versperrt. Ganz Europa ist solidarisch, Neapel liegt in Württemberg und Berlin in Portugal. Ich begreife nicht, wie man fertig werden könne.

Ergebenster
Dr. Börne

Frankfurt, den 10. März 1821
Ew. Hochwohlgeboren
[...]
Ich will Ihnen Ihrem Wunsche gemäß meine Ideen über ein zu unternehmendes literarisches Tagblatt kurz vorlegen. Da es hierbei aber, wie überall, nicht bloß auf die Entwürfe, sondern

auf die *Ausführung* dieser Entwürfc ankömmt, diese Ausführung aber von Persönlichkeiten abhängt, so bin ich benötigt, von mir zu sprechen, zu sagen, wie *ich* es machen würde und anzunehmen, daß Sie bei einem solchen liter. Blatte an mich als Redakteur gedacht haben. Meine Absicht wäre eigentlich nicht, die erscheinenden Schriften ihrem Werte oder Unwerte nach zu beurteilen und daraus das Belehrende oder Unterhaltende mitzuteilen; dieses würde zwar geschehen, aber nur zufällig und der Form wegen, es wäre aber nicht der Zweck. Der Zweck des Blattes müßte sein, die Literatur mit dem Leben, d. h. die Ideen mit der wirklichen Welt zu verbinden. Diese Verbindung geschieht auf zweierlei Art, indem man entweder vom Buche zum Leben herab- oder vom Leben zum Buche hinaufsteigt. Erscheint ein Werk, es sei nun gut oder schlecht, so würde es der *Form* nach rezensiert werden, dem *Wesen* nach würde gezeigt werden, wie die darin ausgesprochenen Ideen mit der wirklichen Welt in Verbindung stehen oder in Verbindung gesetzt werden können, oder wie die Ausführung solcher Ideen schädlich wäre. Jede Wissenschaft wie jede Kunst hat eine Seite, wo sie alle Menschen anspricht, und diese müßte berührt werden. Das hieße nicht *oberflächlich* und im *Konversationstone* davon sprechen, wie es Kotzebue getan, sondern *den* Punkt der Wissenschaft oder der Kunst berühren, wo sie an das Leben sich knüpft. *Geschieht* aber etwas, das allgemeine Teilnahme erregt, so würde man von dem Ereignisse zu ihrer Idee hinaufsteigen. Erschiene z. B. eine neue Übersetzung des Calderon, so würde man auf die politische Verhältnisse Spaniens *auf dem Wege* übergehen, indem man bespräche, wie die romantische Poesie mit absoluter Monarchie in Verbindung steht und wie heutzutage kein Calderon in Spanien entstehen könnte. Ereignet sich eine Revolution in Neapel, so würde man von aller eifernden Parteilichkeit, von den wechselnden Tagsbegebenheiten, von Wünschen oder Verwünschungen abstehen und von der Sache sprechen, als wäre sie ein Buch. Auf diese Weise die Literatur und die Tagsgeschichte zu behandeln, heißt: zugleich einer Schwäche und einer Tugend des deutschen Volkes schmeicheln. Unsere Schwäche ist Pedanterie, und daß wir über die Grundsätze die lebendige Folgen vergessen. Unsere Tugend ist, daß wir nicht, gleich den Franzosen, uns von Leidenschaften verblenden lassen und im wärmsten Kampfe an Recht und Wahrheit denken. Also meine Absicht würde sein, der Metaphysik, die in allen deutschen Büchern sich findet, selbst wenn sie nur von Kartoffelbau handeln, einen lebendigen Körper zu geben, die lebende Geschichte der Zeit aber metaphysisch zu besprechen.

Was die Literatur im eigentlichen Sinne betrifft, so würde ich noch etwas in das Blatt hineinziehen, was Kotzebue u. Brockhaus vernachläßigt haben, nämlich die ältere und die ganz alte Literatur. Man hat in Deutschland zwar eine gewisse Ansicht von Rousseau, Voltaire, Lessing, Goethe, Jean Paul u. anderen, aber von jedem ihrer einzelnen Werke herrscht kein allgemein geltendes Urteil. Ich glaube, es müßte sehr interessant sein, den Maßstab der neuen Zeit an die Werke der ältern zu legen. Wie wäre jetzt Wilhelm Meister, Titan, La Pucelle, die Eloïse, Lessings Dramaturgie zu beurteilen? Man müßte diese Werke besprechen, als wären sie erst erschienen, sich um die geschlossene Meinung über jene klassischen Schriftsteller gar nicht bekümmern und erst dann, wenn die Meisterwerke eines Schriftstellers nach und nach behandelt worden, ein allgemeines Urteil über ihren Wert fällen und es darauf ankommen lassen, ob dieses Urteil einer neuen Instanz mit dem frühern übereinstimme oder davon abweiche. Die Literatur der Griechen und Römer ist in Deutschland bloß Zunftsache. Die Menge kennt sie nicht. Warum sollte man die Gelegenheit neuer Übersetzungen nicht benutzen, um diese Literatur in unser Leben einzuführen? Es erscheint jetzt eine Übersetzung des Aristophanes von Voss. Wenn eine solche besprochen und angepriesen würde, nicht bloß wegen ihres philologischen Wertes, sondern wegen ihrer unterhaltenden Art, so kann man sicher die Leute dahin bringen, daß sie in Lesebibliotheken so eifrig nach diesen Lustspielen als nach Kotzebue fragen. So auch mit Virgil, Terenz,

Sophokles, Horaz. Das wäre ohngefähr meine Ansicht vom Liter. Blatte.

Hochachtungsvoll
Dr. Börne

Frankfurt, den 2. März 1827

Ew. Hochwohlgeboren

Haben sich meiner erinnert, und wenn dieses auch, wie in Ihrem letzten Schreiben, auf keine erfreuliche Art geschehen, so bleibt dabei doch noch immer etwas Erfreuliches übrig, wofür ich Ihnen danke. Ich würde mich vergebens bemühen, die Vorwürfe, die Sie mir machen, abzuwenden, ich will nur suchen, meine Schuld kleiner zu machen, sowohl meine moralische Schuld als meine Geldschuld.

Ich habe Ihr freundliches Verfahren mit mir immer dankbar anerkannt, ich habe aber nicht die Summe des Geldes, das ich von Ihnen erhalten, zum Maßstabe meiner Erkenntlichkeit genommen, sondern die Art und die Bereitwilligkeit, mit welcher Sie immer meinen Bedürfnissen und Wünschen entgegengekommen sind. Sooft mich noch Buchhändler durch große Anerbieten zu gewinnen suchten, habe ich Ihnen geantwortet, sie könnten nie tun, was Cotta für mich tut, auch wenn sie mir noch so viel bezahlten; denn sie würden mich doch immer nur nach Verhältnisse meiner Arbeiten bezahlen, aber meine Lust und Fähigkeit zum Arbeiten hielten nicht immer mit meinen Geldbedürfnissen gleichen Schritt; [...] Der Kreis meiner Fähigkeiten ist sehr klein, und mein Talent braucht eine starke Anregung, um in Bewegung zu kommen. Bald fehlt es mir an Stoff, bald an Freiheit. Über Politik darf ich nicht schreiben, wie ich möchte, bei der Kritik wird man ganz sauer, da man so selten etwas zu loben findet, übrigens ist Ihr *Literaturblatt* jetzt so gut redigiert, daß ich kaum etwas zu seinem Werte hinzufügen könnte. Das Morgenblatt bliebe noch übrig, aber in Deutschland, besonders hier in Frankfurt, geht alles so schläfrig her, daß ich bei Mangel an Stoffen aus dem Leben Stoffe aus dem Traumreiche behandeln müßte, und darauf verstehe ich mich nicht. In Paris war ich fleißiger, nicht bloß weil ich dort mehr Gegenstände zur Bearbeitung, sondern weil ich mehr Anregung gefunden. Trotz dem allen hätte ich Ihnen mehr Arbeiten liefern können, als ich getan, wäre ich nicht durch eine andere Beschäftigung, von der ich später reden werde, diesen Winter abgehalten worden.

Aber wie konnten Sie nur denken, daß ich bei allen den Verbindlichkeiten, die ich gegen Sie habe, mich wegen Bekanntmachung literarischer Arbeiten an andere Verleger gewendet haben sollte? Diese Unschicklichkeit hätten Sie mir nicht zutrauen sollen. [...] Es ist kaum ein periodisches Blatt von Bedeutung in Deutschland, wozu ich nicht zur Teilnahme aufgefordert worden wäre. Mit mehrern Blättern des Auslandes war dies auch der Fall; doch ich habe alle Anerbietungen ausgeschlagen. Ich habe die Briefe nicht verwahrt, woraus ich Ihnen die Anerbietungen, die man mir gemacht, beweisen könnte, ich hoffe aber, daß Sie mich für einen ehrlichen Mann halten und mir aufs Wort glauben werden. [...] Offenherzig zu reden, wäre ich frei, wäre ich nicht in Ihrer Schuld, käme es mir jetzt zu, Bedingungen zu machen, ich würde Ihnen 10 Karolin für den Bogen fordern. Es kann nun freilich sein, daß, wenn Sie auch Ihre Rechnung aufgäben und die meinige annähmen, ich doch noch in Ihrer Schuld bliebe; es wäre aber weit weniger. Wie die Forderung jetzt lautet, setzt sie mich in Verzweiflung. [...]

Ich habe nämlich die Hoffnung, durch die Sammlung und Herausgabe meiner kleinen Schriften mir einen Schatz zu sammeln. Schon seit zwei Jahren werde ich von Einheimischen und Fremden, von Freunden und Unbekannten, und darunter von kenntnisreichen und achtungswerten Personen angegangen, meine zerstreuten Sachen zu sammeln. Die einen suchen mich durch den zu hoffenden Beifall, die andern durch den zu hoffenden Gewinst zu reizen. Man sagte und schrieb mir so viel

Schmeichelhaftes über meine Schriftchen, daß ich darüber erstaune und mich schäme, es nachzuerzählen. Indessen sehe ich daraus, daß es die allgemeine Stimmung ist, und daß ich durch eine Sammlung meiner Sachen viel gewinnen kann. Ich habe mich daher diesen Winter damit beschäftigt, und ich kann in 2 bis 3 Monaten mit dem Drucke anfangen. Ich werde eine strenge Auswahl machen, das Unbefriedigende weglassen und manches Ungedruckte hinzufügen. Es mag etwa 100 Bogen in 8 werden. Eigentlich war meine Absicht, die Ausgabe auf meine Kosten zu veranstalten, um die Verantwortlichkeit des Gelingens allein zu tragen. Ich wollte Subskriptionen sammeln, und ich rechne auf zweitausend und hoffe auf viel mehr. Indessen wollte ich doch nicht versäumen, Ihnen den Verlag davon anzubieten [...]. Ich bitte Sie, mir hierüber Ihre Meinung zu äußern, wie auch über die Schuld. Diese beunruhigt mich sehr. [...]

Mit ausgezeichneter Hochachtung
Dr. Börne

An Johann Friedrich von Cotta (1817ff.):
SSB, Bd. 5, S. 622–625; 658f.; 666–668; 705–712.

✳

Aus dem Briefwechsel mit Julius Campe

Hannover, d. 15. Dez. 28
Ihrem Wunsche gemäß habe ich heute einen Prima-Wechsel Thlr. 500 Pr. Courant, 10 Tage nach Sicht, Ordre Hrn. Damian Breul auf Sie abgegeben.[1]

---

1 Es handelt sich um die erste Rate des Honorars von 4040 Talern, das nach vorhergegangenen mündlichen Besprechungen im Vertrag vom 18. Oktober 1828 in Hamburg zwischen Campe und Börne vereinbart worden war.

Ich zweifle gar nicht, daß Sie alles Mögliche tun werden, das Werk auf Ihre gewohnte gute Weise auszustatten. Meine ängstlichen Bemerkungen bezogen sich nur auf Dinge, die nicht von ihnen abhängen, wie Korrektur etc.

Aber mit Ihrer Nachricht, daß Sie über den Druckort noch nicht entschieden sind, haben Sie mich erschreckt. Um Gottes willen nur einen Ort gewählt, wo keine Zensur ist. In den folgenden Bänden u. vielleicht im ersten schon, kommen Dinge genug vor, die keine Zensur passieren. Beruhigen Sie mich darüber. Bis zum 20. Febr. sollen Sie den 4. Band bestimmt haben.

[Entwurf oder Kopie]

Werter Freund,

es scheint, das Schicksal will unsere Freundschaft auf die Probe stellen, und Gott gebe, daß sie die Probe aushalte. Denn wie wir zu beidseitiger Zufriedenheit uns miteinander abfinden können, das sehe ich bis jetzt nicht ein. Sie schreiben mir, ich schuldete dem Publikum *kontraktmäßig* noch 7 Bogen. Ich kann aber dem nicht beistimmen. Ich habe im Kontrakte 80 Bogen in 12 à 24 Seiten zugesagt, das von mir Gelieferte aber – 114 Bogen in 8 – beträgt 20 Bogen (Duodezbogen) *mehr*. Sie haben zwar *mit meinem Wissen* den früher angeordneten kleinen Druck in einen großen verwandelt, allein, wie ich Ihnen gleich damals bemerkte, gab ich das nur nach, insofern Sie das auf Ihre Gefahr tun. Denn es war mir gleich zweifelhaft, ob mein Material zu 120 Bogen 8 reichen würde. Sie erwarten noch einen 8ten Band, ich aber sehe mit dem 7ten die Sammlung als geschlossen an. [...] Hätte ich damals erfahren, daß noch einige Bogen mangeln, wäre es mir ein Leichtes gewesen, die Miszellen oder Kritiken zu vermehren. Was kann ich aber jetzt tun? Vorrätig habe ich nichts. Ich bin seit dem vorigen Frühling unaufhörlich krank, ich konnte und durfte seitdem keine Feder anrühren. Aber dieses ist es nicht allein, was mich etwa abgehalten, an einen 8ten Band zu denken, denn auch bei völliger Gesundheit wäre mir das nicht in den Sinn [ge]kommen, da Sie in Ihren Briefen selbst sich zu der bösen 7 resignierten, obzwar mit Bedauern.

[...]

Das Schreiben fällt mir noch sehr sauer. Sie hätten mir ein großes Vergnügen gemacht, mir den 3ten Teil von Heine zu schikken und die Epistel des taubstummen Malers. Tun Sie es doch noch. Ihre Zuschriften können mich nicht verfehlen. Bis jetzt war mein Hauptquartier das Bett, und das Zimmer wird es noch lange bleiben. Haben Sie die Kritik meiner Schriften im Cottaschen *Literaturblatt* gelesen?

Aber vor allem, lieber Freund, wollen wir uns vornehmen, nicht uneinig zu werden. Das wäre von mir und von Ihnen nicht löblich. Von mir nicht, weil, wie aus Ihrem Briefe zu ersehen, der Absatz des Werkes bis jetzt nicht nach Wunsch geht und Sie allerdings Ursache haben, mißvergnügt zu sein; und von Ihnen nicht, weil Sie doch bekennen müssen, daß ich alles und mehr erfüllt, als was ich im Kontrakt zugesagt.

Frankfurt, d. 27. Febr. 30
[Entwurf oder Kopie]

Paris, d. 17. Jan. 1831

Werter Freund!

Ich schmeichle mir, es wird Ihnen angenehm sein, wieder etwas von mir zu hören. In meinem Schreiben vom 22. Sept. versprach ich Ihnen, bis zum Februar Ihnen das noch Fehlende von meinen Schriften zu liefern. Der Februar naht heran, aber meine Arbeit ist nicht fertig. Fragen Sie mich warum? Ob ich krank war oder träge oder mich zuviel zerstreuen ließ? Antworte ich: nein – ich war gesund, so viel auf meinem Zimmer als auch im stillen Deutschland, und träge war ich auch nicht, aber die Zeit war zu geschäftig, ich konnte ihr nicht nachkommen. Sie selbst in Ihrem letzten Briefe bemerkten, Sie hofften, diese unsere gewaltige Zeit würde mich aufregen und mir Stoff zum Schreiben genug geben.[2] Ja wohl hat sie das getan, aber ich bin nicht wie die andern. Das alles war mir nicht bloß Lebensmittel für den Geist, es war mir bald Nahrung, bald Gift für das Herz. Der Kopf versagte meinem Herzen, und die Hände versagten meinem Kopfe. Ich konnte mich nicht sammeln in dieser großen Bewegung, und so ist nichts geworden aus allen meinen schriftstellerischen Plänen. Aber ich vergaß keinen Tag, was ich Ihnen schuldig war, und was Sie von mir erwarteten, und das machte mich recht betrübt.

Da klage ich kürzlich einem Freunde in Deutschland, mit dem ich in ununterbrochenem Briefwechsel stehe und vor dem ich gewohnt bin, mein ganzes Herz zu öffnen (ich will es Ihnen nur gestehen, der Freund ist eine Freundin), meine Not, und da antwortete mir dieser Freund, wie ich nur um Gottes willen in Verlegenheit sein könnte, ich brauche ja bloß die Briefe drucken zu lassen, die ich ihm von Paris geschrieben und die, wie alles, was nicht für den Druck bestimmt war, am meisten verdiente gedruckt zu werden. Da fiele alle Heuchelei, alle Verstellung und Zurückhaltung weg, deren sich selbst der aufrichtigste und kühnste Schriftsteller nicht enthalten kann, sobald er an das Publikum denkt. Wie ein Trost vom Himmel kam mir dieser Rat, und ich werde ihn befolgen. Ich kann Ihnen also Wort halten, nur etwas später. [...]

Diese eine Not wäre ich jetzt los. Aber ich habe noch eine andere. Ich brauche Geld. Sie sind mir noch 1400 Taler schuldig.

2 Am 16. September 1830 hatte Campe Börne an den achten Band erinnert: »Jetzt ist die Zeit für politische Literatur ... Vieles haben Sie vor langer Zeit im prophetischen Geiste geweissagt«, so ermunterte der Verleger seinen Autor und versicherte ihm, von diesen seinen Gesinnungen gegen ihn sprechend, »daß sie Deutschland mit mir teilt und auf Sie als seinen Apostel blickt und darauf horcht, was Sie Ihrem Volke verkündigen werden«.

400 Taler, soviel ich mich erinnere, hatten Sie mir für diesen Winter zugesagt. Wann die andern tausend Taler fällig sind, weiß ich in diesem Augenblick nicht bestimmt, denn ich habe unsern Vertrag in Frankfurt. Aber Sie würden mich ganz glücklich machen, wenn Sie mir diese 1400 Taler gleich und auf einmal schikken. Wenn ich sage glücklich, so dürfen Sie mir glauben, das Geld ist nicht für meinen eignen Gebrauch. Der Besitz des Geldes hat mich nie glücklich gemacht, und dessen Mangel könnte mich nie unglücklich machen. Es ist für einen andern.[3] [...]

Ich will Ihnen, wenn Sie mir die verlangte Summe gleich schicken, das alles ohne weiteres Honorar überlassen. Außer dem größern Wert, den dadurch die Sammlung erhält, könnten Sie auch den letzten Teil besonders verkaufen. Denn Briefe aus Paris, in diesen Zeiten geschrieben, werden gewiß anziehen. [...]

Ich grüße Sie aufs Freundlichste
Rue de Provence 34   Börne

An Julius Campe (1828 ff.):
SSB, Bd. 5, S. 726; 733−736; 736−739.

---

3 Börne beabsichtigte, sich – im unwahrscheinlichen und tatsächlich nicht eingetretenen Falle einer sofortigen Zahlung Campes – einen Reisewagen anzuschaffen.

ANHANG

Daten zu Leben und Werk

1786

Juda Löb Baruch wird am 6. Mai in der Frankfurter Judengasse als drittes von vier Kindern der Familie von Jakob Baruch und seiner Frau Julie geb. Gumperz geboren. Sein Großvater, Simon Baruch, Hoffaktor am Sitz des Deutschen Ordens in Mergentheim, später am Kurkölnischen Hof, soll die Gunst Maria Theresias besessen haben. Der Vater, Wechselmakler (Bankier), amtete als angesehenes Mitglied der Frankfurter Judengemeinde zeitweilig als ihr Vorsteher und vertrat 1815 am Wiener Kongress deren Interessen. Seine Kinder ließ der aufgeklärte Weltmann zwar nach orthodoxem Ritus erziehen, jedoch unter Beiziehen eines jungen, dem Reformjudentum nahestehenden Hauslehrers Jakob Sachs, der dem Knaben Löw erste Blicke über die Welt der Judengasse hinaus vermittelte.

1800

Auf den Rat von Jakob Sachs hin tritt der Vierzehnjährige in ein gymnasiales Institut in Gießen ein. Um Louis, wie er sich bald nennt, auf das für einen Juden der Zeit allein aussichtsreiche Studium der Medizin vorzubereiten, vertraut der Vater ihn bald dem bedeutenden Berliner Arzt Marcus Herz an. Während Louis von dem Kantianer Lazarus Bendavid in Philosophie, von der Frau des Hauses in Sprachen unterrichtet wird, verliebt sich der Schüler aufs heftigste in seine Lehrerin, die zwanzig Jahre ältere schöne Salondame Henriette Herz. Nach dem plötzlichen Tod seines Mentors muss Louis nach Halle in das Haus des

Psychiaters Johann Christian Reil umsiedeln, zunächst zum Abschluss seiner gymnasialen Bildung. Ohne studentischen Kontakt fühlt sich der angehende Mediziner isoliert und wendet sich zunehmend der Philosophie zu. Er hört neben der Naturphilosophie bei Henrik Steffens die Ethik bei Friedrich Schleiermacher; sein Interesse findet zwar keine Gegenliebe bei dem jungen Professor, wird aber ihre späten Früchte bei der Strukturierung seiner publizistischen Programmatik tragen.

1806
Die Schlacht bei Jena unterbricht das Wintersemester in Halle. 1807 veranlasst Jakob Baruch zwecks besserer Kontrolle seines verschwenderischen Sohnes dessen Wechsel an die Universität Heidelberg. Die Veränderung der politischen Verhältnisse in den nun napoleonisch dominierten Rheinbundstaaten ermöglicht dem jungen Baruch, die ungeliebte Medizin mit dem Studium der Kameralwissenschaften (Nationalökonomie) und Jurisprudenz zu vertauschen. 1808 kann er in Gießen mit dem Doktorat abschließen. Erste Veröffentlichungen erscheinen in *Germanien*, dem Organ seines Doktorvaters Crome: *Über die geometrische Gestalt des Staatsgebiets. – Von dem Gelde. – Das Leben und die Wissenschaft.* Hier schon propagiert er das Ineinanderwirken von Idee und Wirklichkeit, die Versöhnung von Theorie und Praxis als Heilmittel staatlicher Entfremdung.

1808
In die Zeit der Frankfurter Diskussion um ein neues Judenstatut fällt Baruchs eingehende Arbeit: *Freimütige Bemerkungen über die Stättigkeits- und Schutzordnung für die Judenschaft in Frankfurt am Main*, die, weil wohl nicht im Sinn der Auftraggeber, ungedruckt bleibt. Zur selben Zeit wird er in die humanitäre Freimaurerloge »Zur aufgehenden Morgenröte« aufgenommen (der Mitgliedsausweis befindet sich in Börnes Nachlass). In den folgenden Jahren bekennt er sich in verschiedenen *Reden* zu den maurerischen Idealen.

1811

In dem unter Fürstprimas von Dalberg neu gegründeten Großherzogtum Frankfurt wird Baruch Polizeiaktuar.

1813

Nach dem Sieg der Alliierten über Napoleon bringt die Rückkehr
Frankfurts zum Status der Freien Stadt den Israeliten den alten
Judenstatus zurück. Baruch, der sich durch »geisttötende« Arbeit nicht vertreiben lässt, wird im März des folgenden Jahres
zwangspensioniert. Den bürokratischen Kampf um ein reduzier-
tes Ruhegehalt von 400 Gulden jährlich gewinnt er schließlich.

1816

Baruch setzt sich nun wieder publizistisch für die Sache der Juden ein (*Für die Juden*).

1816/17

Bei der befreundeten Familie Ochs lernt Baruch Jeanette Wohl
(1783–1861) kennen, mit der ihn eine lebenslange Freundschaft
verbinden wird.

1817

Erste Kontakte mit dem Zeitungsmagnaten Joh. Friedrich von
Cotta. Die Verhandlungen über eine bei Cotta herauszugebene
offiziöse Zeitung in preußischem Interesse scheitern. Die Beziehung zu Cotta bleibt bestehen.

1818

Im Blick auf eine wirkungsvolle publizistische Tätigkeit trägt
Baruch auf die Änderung seines Namens zu »Ludwig Börne«
an; kurz darauf lässt er sich auf das lutherische Bekenntnis taufen. Nach vorbereitender Mitarbeiterwerbung (auch Goethe
wird, ergebnislos, angeschrieben) gibt er ab Juli 1818 eine neue
Zeitschrift in unregelmäßiger Folge heraus: *Die Wage* [!] *Eine
Zeitschrift für Bürgerleben, Wissenschaft und Kunst.*

werden die ersten Hefte bereits erneut aufgelegt. Das positive Echo erreicht selbst Wien: Friedrich Gentz empfiehlt die Lektüre der *Wage* Rahel Varnhagen, die Mitarbeiterin des letzten Heftes wird. – Börne übernimmt die Redaktion der *Zeitung der Freien Stadt Frankfurt*, die er schon im Sommer nach einem Zensurkrieg wieder aufgeben muss. Die nach dem burschenschaftlichen Wartburgfest vom 18. Oktober 1817 einsetzende »Demagogenverfolgung« hatte den Druck auf die freie Presse verstärkt, nach dem Mord an dem reaktionären Dichter August von Kotzebue im März 1819 stellen die Vertreter des Deutschen Bundes unter Führung Metternichs mit den »Karlsbader Beschlüssen« vom September die liberale Bewegung, ihre Presseorgane sowie die Universitäten unter strengste Kontrolle. Damit werden die oppositionellen Aktivitäten in den Untergrund gedrängt. Für die von Börne im Juli des Jahres übernommenen *Zeitschwingen* bedeutet das ebenfalls das Ende ihres Erscheinens.

Kurz zuvor hatte Börne auf einer Rheinreise Kontakte zu möglichen Mitarbeitern seiner Blätter gesucht. Die Begegnungen mit Joseph Goerres, Friedrich Schleiermacher und Karl Theodor Welcker spiegeln sich in einem geistreich-kritischen Bericht an die Freundin. Um einer möglichen Verfolgung zu entgehen, reist Börne für einige Wochen nach Paris, von der dortigen Presse als politischer Flüchtling freudig begrüßt. Von Paris aus nimmt er die Verbindung zu Cotta wieder auf, für dessen Blätter er zu den verschiedensten Zeiten immer wieder arbeiten und dessen Großzügigkeit er dauerhaft strapazieren wird.

1822

Im März, längst zurück in Frankfurt, bringt ihn eine irrtümliche Denunziation 14 Tage ins Gefängnis. Dieser Erfahrung verdankt sich der satirische Essay *Die Karbonari und meine Ohren*. Eine Herbstreise nach Stuttgart, die dem Besuch bei den Vertretern des schwäbischen Liberalismus, Ludwig Uhland, Albert

Schott und der *Morgenblatt*-Redakteurin Therese Huber gilt, gibt ihm die Anregung zu der Satire *Monographie der deutschen Postschnecke*, der er, wie dem etwa gleichzeitigen *Esskünstler*, seinen deutschweiten Ruf als geistreicher und zugleich systemkritischer Prosaschriftsteller verdankt.

In der folgenden Zeit in München und Stuttgart lebend, schreibt Börne im Wesentlichen für die von Friedrich List gegründete *Neckar-Zeitung* sowie für das *Morgenblatt für gebildete Stände*. Einen indirekten, durch den Vater vermittelten Ruf nach Wien lehnt er als Verrat an der liberalen Sache ab.

1822/24

Stattdessen reist er nach Paris, dieses Mal in Gesellschaft von Jeanette Wohl und ihrer Begleiterin. Dort versammelt er bald einen Kreis junger deutscher Akademiker, Kaufleute und Künstler um sich, darunter Eduard Vieweg und Justus Liebig. Seine Pariser Impressionen erscheinen laufend im *Morgenblatt*, später gesammelt als *Schilderungen aus Paris*, seine Buchbesprechungen im *Literaturblatt*.

Nach der Rückkehr bricht Börnes latente Lungenkrankheit aus, die ihn zu jährlichen Kuraufenthalten in den Taunusbädern Ems oder Soden zwingt.

1825

Der Tod Jean Pauls veranlasst Börnes emphatische Würdigung des von ihm als Gegenpart zu Goethe gefeierten Dichters. Im Frankfurter Museum wird sie vorgetragen als *Denkrede auf Jean Paul*. – Börne reist und residiert im Rheingau.

1827

Der Tod des Vaters hat langwierige Erbstreitigkeiten zur Folge. – Heinrich Heine besucht den älteren Kollegen in Frankfurt und empfiehlt ihm für die Herausgabe seiner Gesammelten Schriften den jungen Hamburger Buchhändler Julius Campe. Gleichzeitige Verhandlungen mit Cotta bleiben ergebnislos.

1828

Ein längere Reise durch das nördliche Deutschland führt zu dem Dramatiker Adolf Müllner nach Weißenfels, zu Adele Schopenhauer und Karl von Holtei nach Weimar (eine Begegnung mit Goethe lehnt Börne ab) und schließlich nach Berlin, wo er sich als Verfasser des mittlerweile berühmt gewordenen halb satirischen, halb huldigenden Aufsatzes *Henriette Sontag in Frankfurt* feiern lässt. Er verkehrt in den jüdischen Salons und in den Kreisen der literarischen Mittwochsgesellschaft; im Haus Mendelssohn-Bartholdi findet er liebenswürdige Aufnahme. Zu dieser Zeit haben die Heiratspläne mit Jeannette konkrete Formen angenommen, wie seine zärtlich neckenden Briefe wissen lassen. Die Wintermonate 1828/29 werden dem Projekt seiner Gesamtausgabe gewidmet. Von Hannover aus reist Börne nach Hamburg. Die Handels- und Hafenstadt beeindruckt ihn als Tor zur Welt und weckt Reisepläne für England. Mit Campe wird er schnell einig: Der Verleger erwirbt die Rechte für fünf Jahre mit einem Gesamthonorar von 4000 Gulden. Keiner der beiden Vertragspartner wird sich in Zukunft an die detaillierten Abmachungen halten. Im Mai 1829 erscheinen die ersten Bände der *Gesammelten Schriften.* Die *Dramaturgischen Blätter* sind um zwei bedeutende Stücke arrondiert worden: *Hamlet* und *Über den Charakter des Wilhelm Tell in Schillers Drama.*

1830

Aus zunehmender Kränklichkeit und Resignation wird Börne in Bad Soden (*Sodener Tagebuch*) durch die Nachricht vom Ausbruch der Pariser Julirevolution gerissen. Wenige Wochen später ist er am Ort des Geschehens, das er enthusiastisch als Vollendung der Revolution des 18. Jh. begrüßt. Seine zunehmende Schwerhörigkeit hindert ihn zwar weitgehend am gesellschaftlichen Austausch und verweist ihn auf die zensurbefreite Presse, doch nimmt er an einem »Weltessen« bei dem berühmten alten Publizisten der Revolutionszeit Marc Antoine Jullien teil, empfängt den persönlichen Dank des greisen Lafayette für seine gedruckte Hommage, besucht den renommierten Salon des Malers Gérard, lernt dort den eitlen Auftritt französischer Autoren kennen, begegnet dem jungen Berlioz und macht endlich die Bekanntschaft des Bildhauers David d'Anger, der ihn später porträtieren und nach 1837 Börnes Epitaph gestalten wird. Boulevardtheater und Volksleben auf den Straßen erheitern ihn, die politische Entwicklung der Julimonarchie zur Herrschaft des Juste Milieu enttäuscht ihn zutiefst. Börne verfolgt die oft triviale Produktion in der Literatur und im Theater, liest und kommentiert gleichzeitig Diderots und Byrons Briefe und Tagebücher.

Im Winter 1830/31 verfolgt er engagiert die Revolution in Polen und unterstützt die öffentlichen Sammlungen für die polnischen Flüchtlinge. Das zaristische Russland wird, auch im folgenden Winter, neben Preußen Hauptzielscheibe seiner publizistischen Attacken.

1831

Auf seiner Frühjahrsreise nach Baden-Baden trifft Börne, sicher nicht zufällig, die geflüchteten Anführer des Göttinger Aufstandes. Der Sommer wird, der Anregung Jeanettes folgend, der Literarisierung von Börnes Privatbriefen an die Freundin gewidmet. Im Oktober erscheinen die ersten beiden Bände der *Briefe aus Paris*, beinahe zeitgleich mit Heines *Französischen Zuständen*. Nachdem praktisch alle Exemplare ausgeliefert sind, wird Campe mit Strafe und einem Verbot weiterer Debits der Publikation belegt, »weil das Buch die gröbsten Schmähungen gegen den Bundestag und die Fürsten und Regierungen des Deutschen Bundes enthält und zum Aufruhr reizt«. Der Prozess gegen Campe wird sich bis zum Oktober 1832 hinziehen. Im November 31 folgt das Verbot in Preußen, der Frankfurter Senat droht Börne mit Entzug der Pension. Ein leidenschaftlicher Meinungskrieg in der deutschen Presse entfesselt sich: Börnes jüdische Herkunft bietet neben seiner Franzosenfreundlichkeit das Motiv für einen ausufernden Schlagabtausch.

Zu Beginn des Jahres 1832 antwortet Börne seinen Kritikern im *Herings-Salat* (*74. Brief aus Paris*) mit einem globalen Rundumschlag. Bei den führenden Männern des süddeutschen Liberalismus, den Professoren Rotteck und Welcker findet er Zustimmung; die radikalen Exponenten der republikanischen Bewegung in der Pfalz, August Wirth, Philipp Jakob Siebenpfeiffer und Joseph Savoye, erkennen in Börne ihren Mitstreiter. Im Februar 1832 wird er, wie auch Heine, Gründungsmitglied der Pariser Filiale der in Zweibrücken gegründeten »Nationalassoziation zur Verteidigung der Freiheit der Presse«. Noch vor seiner Abreise nach Deutschland gibt Börne als Flugblattautor wie als Redner der Bewegung entscheidende Impulse.

Zur selben Zeit spielt sich die schwerste Krise seines Privatlebens ab. Jeannette Wohl will, ohne die enge Freundschaft mit Börne aufzugeben, den jungen Frankfurter Kaufmann und Börneverehrer Salomon Strauss heiraten, den sie dem Freund bereits im vorigen Sommer vorgestellt hatte. Börne ringt sich zum Verzicht auf die Freundin durch und feiert mit dem Paar die Verlobung in Baden-Baden. Am 27. Mai nimmt er am Hambacher Fest, der ersten großen demokratischen Demonstration im vormärzlichen Deutschland, teil. Als »Verfasser der Briefe aus Paris« wird »der deutsche Börne« dort bejubelt. Der Bundestag reagiert auf das rheinbayrische Fest mit einer Verschärfung der Karlsbader Beschlüsse: Die repressiven 6 Artikel, auch »Frankfurter Juliordonnanzen« genannt, stellen ein umfassendes Verbot der freien Presse, der politischen Vereine und die Knebelung der Universitäten dar. Die Liberalen werden erneut mundtot gemacht und erfahren mit dem Scheitern des »Frankfurter Wachensturms« im April des darauf folgenden Jahres ihre vorläufig tiefste Niederlage. Einige der Anführer der schlecht vorbereiteten Frankfurter Unternehmung wird Börne in Straßburg treffen.

Den Spätsommer 1832 hatte Börne in der Schweiz verlebt, wo er Kontakt zu prominenten eidgenössischen Staatsmännern, darunter dem Naturphilosophen und oppositionellen Politiker Paul Ignaz Troxler, aufnahm. Einige Wochen verbrachte er als Gast auf dem am Zürichsee gelegenen Landgut des abwesenden Grafen Bentzel-Sternau, einem Treffpunkt europäischer Liberaler und politischer Flüchtlinge. Die Reise in die Urkantone hinterlässt bei ihm einen tiefen, von landschaftlicher Schönheit und historischen Erinnerungen geprägten Eindruck. Die Lektüre Johannes von Müllers ergänzt seine Begeisterung für die republikanische Vergangenheit der Schweiz.

1833

Auch den nächsten Sommer zieht es ihn wieder in die helvetischen Regionen: Nach gemeinsam mit dem Ehepaar Strauß verbrachten Wochen im Berner Oberland reist Börne in die Westschweiz, jetzt begleitet und geleitet von der Lektüre Voltaires, Rousseaus und Byrons.

Inzwischen sind um die Jahreswende 1832/33 weitere zwei Bände seiner Pariser Briefe erschienen, diesmal unter fingiertem Verlagsort. Nicht nur in Paris positiv aufgenommen, wecken sie Interesse und Zustimmung bei den Vertretern der jungen deutschen Literatur, den später so genannten Jungdeutschen. Gleichzeitig verschlechtern sich seine Beziehungen zu Heinrich Heine, den er im Herbst 1831 in Paris wieder getroffen hatte. Heine weigert sich, mit Börne gemeinsam zu publizieren. Ihre politischen Zielvorstellungen driften immer stärker auseinander, Heine distanziert sich von den deutschen Republikanern in Paris.

1833/34

Bei Börne nimmt das Projekt einer Geschichte der Französischen Revolution des 18. Jh. konkretere Formen an; doch nur in den beiden Winterperioden widmet er sich der Archivarbeit und schließlich den Entwürfen, in denen sein metahistorischer Standpunkt ebenso erkennbar wird wie seine Absicht, überparteilich auf die handelnden Figuren der Epoche zu blicken. Zwischen der im engeren Sinn historischen Arbeit sieht sich Börne durch das Erscheinen von Abbé Lamennais' *Paroles d'un croyant* wieder auf die Aktualität verwiesen: In wenigen Wochen übersetzt er in meisterhafter Sprache das umstrittene revolutionsträchtige Werk des fanatisch für die Volkssouveränität kämpfenden Priesters und feiert in Jakob Venedeys *Geächteten* das Buch als messianische Antwort auf seine eigenen Fragen (*Rettung*). Seine Freiexemplare verteilt Börne unter die deutschen Handwerker in Paris.

1835/36

Börnes erbitterte publizistische Auseinandersetzung mit Heine wird schließlich abgelöst von ihrer gemeinsamen Frontstellung gegenüber dem chauvinistischen Stuttgarter »Literaturpapst« Wolfgang Menzel. Zwar publiziert Börne in Menzels *Literaturblatt* seine letzte große Goethekritik (die Besprechung von Bettine von Arnims *Goethes Briefwechsel mit einem Kinde*), holt aber dann zu einer umfassenden Abstrafung des literarischen Denunzianten aus.

1837

Die in Paris grassierende Grippe lässt den Essay *Menzel der Franzosenfresser* zu Börnes letzter bedeutender Wortmeldung werden. Im Beisein seiner Freunde und seines treuen Dieners Konrad schließt Börne am 12. Februar die Augen. Bei seinem Leichenbegängnis auf dem Pariser Père Lachaise feiern die von Franzosen und Deutschen gehaltenen Grabreden den großen Humanisten und Völkerversöhner, über dessen letzter Ruhestätte sich, wie auf dem von David d'Angers gestalteten Grabmal symbolisiert, Freund und Feind die Hand reichten.

Literaturhinweise

1. Primärliteratur

Gesamtausgaben

Ludwig Börne. Gesammelte Schriften. 8 Bde. Hamburg: Hoffmann & Campe 1829–32.

Ludwig Börne. Gesammelte Schriften. 5 Bde. Stuttgart: Brodhag 1840 (Ausgabe letzter Hand).

Börne's Werke. Historisch-kritische Ausgabe in 12 Bden. Herausgegeben von Ludwig Geiger u. a. Berlin o. J. [1911–1914]. Es erschienen nur die Bde. 1–3, 6, 7, 9.

Ludwig Börne. Sämtliche Schriften und Briefe. Neu bearbeitet und herausgegeben von Inge und Peter Rippmann. 5 Bde. Bd. 1–3 Düsseldorf 1964. Bd. 4–5 Darmstadt 1968.
Dieser Ausgabe [= SSB] folgen die Texte des vorliegenden Bandes.

Einzelausgaben

Ludwig Börne: Menzel der Franzosenfresser. 1. Aufl. Paris 1837.

Briefe des jungen Börne an Henriette Herz. [Herausgegeben von August Varnhagen von Ense.] Leipzig 1861.

Ludwig Börnes Berliner Briefe 1828. Herausgegeben von Ludwig Geiger. Berlin 1905.

Auswahlausgaben

Börnes Werke in 2 Bden. Ausgewählt und herausgegeben von Helmut Bock und Walter Dietze. Weimar 1959.

Ludwig Börnes kritische Schriften. Ausgewählt, eingeleitet und erläutert von Edgar Schumacher. Zürich 1964.

Ludwig Börne. Monographie der deutschen Postschnecke. Skizzen, Aufsätze, Reisebilder. Auswahl und Nachwort von Jost Hermand. Stuttgart 1967.

Ludwig Börne. Menzel der Franzosenfresser und andere Schriften. Herausgegeben und eingeleitet von Walter Hinderer. Frankfurt a. M. 1969.

Ludwig Börne. Briefe aus Paris. Auswahl, Anmerkungen und Nachwort von Manfred Schneider. Stuttgart 1977.

2. Materialien und Sekundärliteratur

Materialien

Inge Rippmann: Börne-Index. Historisch-biographische Materialien. Ein Beitrag zu Geschichte und Literatur des Vormärz. 2 Bde. Berlin/New York 1985.

Ludwig Börne. Zum 200. Geburtstag des Frankfurter Schriftstellers. Katalog zur Ausstellung. Bearb. von Alfred Estermann. Mit Beiträgen von Alfred Grosser, Marcel Reich-Ranicki, Helmut Koopmann, Joseph A. Kruse u. a. Frankfurt a. M. 1986.

Biographien

Eduard Beurmann: Ludwig Börne als Charakter und in der Literatur. Frankfurt a. M. 1837.

Karl Gutzkow: Börnes Leben. 1. Aufl. Hamburg 1840.

Michael Holzmann: Ludwig Börne. Sein Leben und sein Wirken nach den Quellen dargestellt. Berlin 1888.

Ludwig Marcuse: Revolutionär und Patriot. Das Leben Börnes. Leipzig 1929. Unveränderter Nachdruck 1968.

Willi Jasper: Ludwig Börne. Keinem Vaterland geboren. Eine Biographie. Berlin 2003.

Monographien

Helmut Bock: Ludwig Börne. Vom Gettojuden zum Nationalschriftsteller. Berlin (Ost) 1962.

Manfred Schneider: Die kranke schöne Seele der Revolution. Heine, Börne, das »Junge Deutschland«, Marx und Engels. Frankfurt a. M. 1989.

Wolfgang Labuhn: Literatur und Öffentlichkeit im Vormärz. Das Beispiel Ludwig Börne. Königstein i.Ts. 1980.

Einzelstudien

Elmar Werner: Die Europaidee in Ludwig Börnes Schriften. Diss. Mainz 1963.

Rudger Booß: Ansichten der Revolution. Paris-Berichte deutscher Schriftsteller nach der Julirevolution 1830. Heine, Börne u.a. Köln 1977.

Johannes Weber: Libertin und Charakter. Heinrich Heine und Ludwig Börne im Werturteil der Literaturgeschichtsschreibung 1840–1918. Heidelberg 1984.

Hans Magnus Enzensberger: Ludwig Börne und Heinrich Heine. Ein deutsches Zerwürfnis. Frankfurt a.M. 1987.

Die Kunst – eine Tochter der Zeit. Neue Studien zu Ludwig Börne. Herausgegeben von Inge Rippmann und Wolfgang Labuhn. Bielefeld 1988.

Ludwig Börne: Deutscher, Jude, Demokrat. Beiträge der Konferenz an der Ben Gurion Universität des Negev 2001. Herausgegeben von Frank Stern und Maria Gierlinger. Berlin 2003.

Rachid l'Aoufir: Ludwig Börne un parisien pas comme les autres. Paris 2004.

Inge Rippmann: »Freiheit ist das Schönste und Höchste in Leben und Kunst.« Ludwig Börne zwischen Literatur und Politik. Bielefeld 2004.